国家自然科学基金资助项目

何新华　著

DYNAMIC FACTOR MODEL

Theory and Practice
on G20 Economies' Modeling

动态因子模型

理论与 G20 经济体建模实践

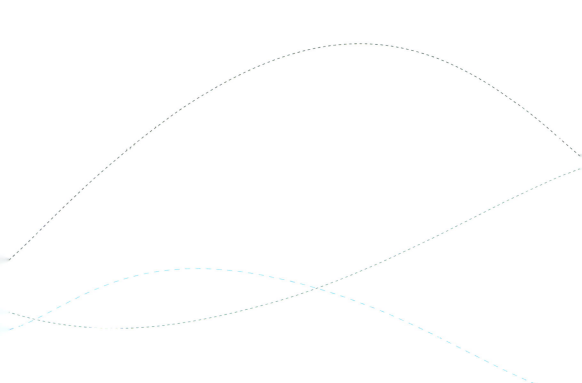

社会科学文献出版社
SOCIAL SCIENCES ACADEMIC PRESS (CHINA)

前　言

自 2010 年起，中国已成为全球第二大经济体。中国经济的快速崛起，令世人瞩目。经过 30 多年的改革开放，中国已与世界经济紧密地联系在一起。中国在世界经济中影响力与日俱增的同时，也越来越多地受到世界经济的影响与制约。在这种背景下，及时准确地把握我国主要贸易伙伴的宏观经济运行情况，对于我国宏观经济的平稳运行至关重要。

成立于 1999 年的二十国集团（G20）作为一个新的国际经济合作论坛，在全球经济合作中发挥着越来越重要的作用。G20 的成员包括：七国集团成员国的美国、日本、德国、法国、英国、意大利、加拿大；曾经的八国集团成员俄罗斯；作为一个经济实体的欧盟；澳大利亚、中国以及南非、阿根廷、巴西、印度、印度尼西亚、墨西哥、沙特阿拉伯、韩国和土耳其。这些国家（地区）的国民生产总值约占全世界的 85%，人口约占世界总人口的 2/3。能够对上述经济体的经济走势作出预测，则基本可对世界经济走势作出相对准确的判断。2014 年我国对 G20 经济体的贸易占我国进出口总额的 58%，是我国对外贸易的重要组成部分。GDP 增长率和通货膨胀率短期走势是宏观经济调控的主要观测指标，准确判断其短期走向、为制定宏观经济政策提供可靠的决策依据是本研究项目的主要目标。

对宏观经济指标的准确预测取决于两个重要因素，即原始数据和预测方法。原始数据的准确性取决于各国（地区）统计部门，我们无法干预，只能寄希望于通过选取恰当的预测方法以最大限度地提高预测精度。鉴于本研究项目的重点在于对 GDP 增长率和通货膨胀率的短期走势进行预测，在广泛调查研究各种经济预测方法的适用性的基础上，我最终决定采用动态因子模型这一技术手段为 G20 各经济体建立 GDP 增长率和通货膨胀率的短期预测模型。实践证明，所建模型中的绝大多数对相应经济指标的预测精度都已与国际货币基金组织出版的《世界经济发展报告》水平相当。

为了最大限度地减少人工干预所带来的预测误差，2015 年下半年，我尝试通过 Eviews 编程使整个模型构建过程实现完全自动化。现在只需从 CEIC 数据库中将数据导出至 Excel 文件，再将数据读入 Eviews，运行相应的 Eviews 程序（见附录五）即可得出预测结果。

本书共分三部分及附录：

第一部分由第一章至第四章组成，重点对为什么选择动态因子模型、动态因子模型的特点、建立通货膨胀率和 GDP 增长率动态因子模型需要解决的问题等进行了讨论；

第二部分由第五章至第八章组成，第五章以中国为例，全面介绍了通货膨胀率动态因子模型的建设过程，第六章至第八章则记录了各国家（地区）通货膨胀率动态因子模型的相关内容；

第三部分由第九章至第十二章组成，第九章以中国为例，全面介绍了 GDP 增长率动态因子模型建模过程，第十章至第十二章则记录了各国家（地区）GDP 增长率动态因子模型的相关内容；

附录则给出了包括完整的 Eviews 动态因子模型程序在内的相关信息。

感谢北京师范大学刘一萌等人协助完成了本书中动态因子模型基础变量表的翻译，以及对附录三和附录四的整理工作。当然，相关内容已经我审定，如存在错误当由我承担。

本研究项目得到了国家自然科学基金（项目编号 71173235）的资助。中国社会科学院创新工程给予了配套经费支持。

何新华

2017 年 5 月于北京

Contents

目　录

第一章

关于经济预测的几点思考

摘要： 进行经济预测必须要考虑其潜在的使用者的具体需求。作为经济计量研究领域最困难的经济建模，由于模型是对现实世界的极大简化，无论多么完美的预测模型在一定程度上都是不准确的。导致经济预测产生误差的原因很多。统计部门对基础数据的不断修订，对基于时间序列数据而进行的经济预测结果所产生的影响有时是灾难性的。综合考虑宏观经济数据的大 N 小 t 现象，选用最合适的经济预测方法，是保证得到有参考价值的预测结果的前提。

第一节 经济预测的服务对象

经济系统作为纷繁庞杂的社会系统的一部分，其运行轨迹受到众多因素的影响。对经济运行轨迹的探寻是经济学家们不懈的追求。

社会各界基于自身的需求对经济预测有着不同的期许。我们可以大致做如下划分：（1）普通居民想通过了解经济运行的趋势及时调整自身的投资和消费行为；（2）企业家密切关注经济运行状况以及时调整经营策略和方向；（3）机构投资者对经济运行状况高度关注，以捕获转瞬即逝的投资机会；（4）政府有关部门为及时制定相关政策，防止经济的过冷或过热，以保障宏观经济的平稳有序运行，更对及时把握经济运行状况有迫切的需求。

鉴于各界对经济预测的不同期许，对经济预测的时效性和预测精度的要求有着相当大的差异。普通居民或许只需要了解未来几年经济的大体走势。较之对整体宏观经济形势的预测，企业家或许对行业发展趋势的预测结果更感兴趣。机构投资者或许会对月度或更高频的预测更加关注。政府部门为及时出台宏观经济调控政策，或许不仅需要关注近期经济动向还需要把握更长时期的经济发展趋势。

"经济预测"这个词语显然太过宽泛，我们不仅可以把对任何经济指标的预测统称为经济预测，也可以把任何对未来经济的文字性描述称为经济预测。我们可以把基于大型宏观经济模型而做出的预测称为经济预测，也可以把对经济变量的简单自回归结果称为经济预测。显然，用户的需求是经济预测模型建立的前提。为满足不同需求而建立的经济预测模型必然是不同的。没有任何一个经济模型能够同时满足不同客户群的需求。认清这一点对于我们开展经济建模研究至关重要。

第二节　经济预测为什么让人望而却步

中国经济学教育科研网微信公众号 2016 年 4 月 9 日曾经转载过一篇中国人民大学经济学院周业安教授写的文章《何以水平越高的经济学家越不愿意预测？》，文中谈道"自费雪之后，水平越高的经济学家越不愿意预测，这是因为高水平经济学家对经济学的局限知之甚深，也就越不敢去预测了。反而是各种半桶水、或已不再从事理论研究的那些人，才会去预测"。此言虽有些偏激，但也确实道出了一

些实情。虽然对经济预测的需求与日俱增，但预测结果很快就被历史
数据检验对错的现实吓退了大多曾致力于经济预测的研究者。显然，
"高水平"的经济学家更乐于从事理论研究，发表些无从证明其真伪
的"高论"。

从历史的角度看，在经济学中支持实践的预测理论是建立在两个
假设的基础之上的：模型是现实经济的真实代表，以及经济结构将保
持相对稳定。但现实的情况是，预测模型并不准确，现实经济也常常
出现不可预期的变化。因此，不能做出准确的预测是相当普遍的事
（大卫·亨德里和尼尔·埃里克松，2003）。

D. F. 韩德瑞和秦朵（1998）从经济计量学方法论的角度将经济
计量研究归纳为四类。第一类对应于统计学中的概率论部分，即假定
生成经济数据过程的理论结构，包括所有的理论参数的值，是全部已
知的；第二类对应于统计学中的估计与推断，即仍假定理论结构是已
知的，但假定理论参数的值是未知的；第三类与我们通常所接触的实
际情况最为接近，即假定有关数据背后的理论生成结构也是未知的；
第四类是待预测的未来。因此，预测是经济计量研究领域内最困难的
一部分。

经济模型是对现实世界的极大简化。正如大卫·亨德里和尼尔·
埃里克松（2003）所说，经济学家们已认识到，无论多么完美的预
测模型，由于对现实事物进行了大量简化，因此从一定程度上来说任
何模型都是不准确的。

经济预测让人望而却步的另一个重要原因，即预测结果准确与否
会在短期内接受实际数据的考验。"当天气预测错误时，气象学家得
到的是新的超级计算机；当经济学家预测错误时，我们得到的是预算
削减。"（大卫·亨德里和尼尔·埃里克松，2003）这导致不少曾经
致力于经济预测的学者，不得不屈从于现实。

第三节　经济预测的误差来源

经济预测的误差来源于多个不同层面。认清这些误差来源，不仅对于设法提高预测精度至关重要，同时也有益于对预测结果的准确性树立正确的认识，即有益于对经济预测结果的解读和评判。

经济预测的误差可能来源于以下几个方面。

（1）经济预测模型是对现实的极大简化，任何预测模型都不可能穷尽所有的变量，因而在建模的过程中必然存在对变量的取舍，未能包括在模型中的部分变量很可能会对所预测的变量有一定的影响。

（2）任何依据经济计量方法建立的经济预测模型都不可避免地存在估计误差，因而依据所建模型做出的预测结果必然存在误差。

（3）经济预测的误差也可能来源于对原始数据的修订。宏观经济数据的不断更新和统计口径调整对以宏观经济时间序列数据为基础的经济计量模型建设者而言，可以说是无法绕开的梦魇。

以中国国内生产总值（GDP）数据为例，同一年度的 GDP 数据有以下几个不同版本，从核算角度的不同分为生产法 GDP、支出法 GDP 和收入法 GDP。从发布时间的先后，分为次年 1 月在《国民经济和社会发展统计公报》中发布的初步核算 GDP，次年 5 月随《中国统计摘要》发布的初步核实 GDP，次年 9 月随《中国统计年鉴》发布的最终核实 GDP。对于中国季度 GDP[①] 而言（仅有生产法核算数据），季度 GDP 初步核算数一般于季后 15 天左右完成，在季度国

---

① 见中国国家统计局网站，http：//www. stats. gov. cn/tjsj/zxfb/201501/t20150121_ 671820. html。

民经济运行情况新闻发布会和《中国经济景气月报》上公布；季度
GDP 初步核实数在年度 GDP 初步核实数发布后 45 天内完成，在《中
国经济景气月报》上公布；季度 GDP 最终核实数在年度 GDP 最终核
实数发布后 45 天内完成，在《中国经济景气月报》上公布，以上数
据也在国家统计局数据库①上同步公布。这一系列的修订统称为常规
修订。另外，在中国国家统计局不定期进行的相关调查活动后，还会
对 GDP 历史数据（包括年度数据和季度数据）进行一系列调整，即
所谓的全面修订②。由于我国从 1985 年才开始以联合国所推广的国民
经济核算体系（SNA）进行国民经济核算，至 1993 年正式开始公布
基于 SNA 体系的生产法和支出法年度 GDP 核算数据。1978～1992 年
的 GDP 数据是依据 SNA 原则在原物质平衡表体系（MPS）的基础上
补充得到的。在 1993～1995 年首次第三产业普查后，又对 1978～
1993 年国内生产总值进行过调整。《中国统计年鉴 2006》中注明：
"2005 年，根据第一次经济普查资料，按照《经济普查年度 GDP 核
算方案》的要求，重新计算了经济普查年度（即 2004 年）国内生产
总值数据，并利用趋势离差法（即先根据经济普查数据计算出历史
数据的趋势值，然后，利用原有历史数据实际值和趋势值的比例修订
根据经济普查数据计算的历史数据趋势值，得到新的历史数据修订
值）修订了国内生产总值历史数据。"《中国统计年鉴 2007》中注明：
"因 1999 年国际收支平衡表中的数据发生变化，故对该年支出法国内
生产总值做相应调整。"《中国统计年鉴 2008》中注明："2006 年全
国农业普查后，对 2005 年、2006 年第一产业数据进行了调整，2004
年及以前年份数据未做调整。"另外，根据《中国统计年鉴》中的注

---

① http://data.stats.gov.cn/workspace/index? m = hgjd.
② http://www.stats.gov.cn/tjsj/zxfb/201501/t20150121_ 671820. html.

释（见 1999 年以后各期），年鉴中所公布的最后一年的数据均非最终数据，并且如果遇到普查年，在能够获得更为详细的基础资料的情况下，国内生产总值的历史数据也会作相应调整（何新华，2010）。

当然，对宏观经济历史数据进行调整的情况并不仅限于中国[①]。对 GDP 数据进行修订是国际上通行的做法。例如，美国对季度 GDP 数据进行两次修订：一般在季后 15 天计算季度 GDP 初步数，在季后 45 天进行第一次修订，在季后 75 天进行第二次修订。美国的年度 GDP 数据要进行三次修订。此外，美国还利用每 5 年一次的普查资料对年度 GDP 数据进行全面修订。加拿大对季度 GDP 数据进行两次修订：一般在季后 60 天计算季度 GDP 初步数，在获得比较全面的资料后对初步数进行第一次修订。加拿大季度 GDP 核算以年度投入产出表为基准，待年度投入产出表编制出来后（一般滞后 4 年），对季度 GDP 数据进行最终修订，形成季度 GDP 最终数据。加拿大的年度 GDP 数据要修订 4 次，在每年第一季度对前 4 年的 GDP 数据进行修订，逐步形成最终数据。加拿大在开展普查、计算方法发生变化或调整基期时，也要对 GDP 历史数据进行修订。

在传统的结构型宏观经济模型中，一项数据的调整往往涉及对数个方程的重新估计，而重新估计方程时极有可能出现原方程中发现的结构不复存在的情形。例如，在我们所开发的"中国宏观经济季度模型 China_QEM"（何新华等，2005）中，共有 18 个行为方程，其中有 6 个方程包括 GDP，也就是说，一旦 GDP 数据有所调整，则这 6 个方程均需重新进行估计。因此，即使建立模型的样本区间相同，由于原始数据已经过调整，所得方程也可能有极大的不同，以原方程为

---

① http://www.bjstats.gov.cn/sjjd/jjgj/jjgc/200605/t20060528_42949.htm.

基础做出的预测结果自然也就不可能准确。

作为数据使用者，我们无法超越数据的生产者先验地知晓真实的数据，只能被动地尽量采用最新版本的数据进行模型的构建，并承担预测失误的后果。

（4）以时间序列数据为基础建立的经济预测模型，寄希望于对经济运行规律的发现，若经济运行机制已不同于模型得以建立的时间区间，则经济运行规律已发生变化，从而经济模型的预测结果必然会出现偏差。在对日本通货膨胀率建模初期，我们就遇到了因日本增加消费税而导致的日本消费者价格指数出现大幅波动，严重偏离原运行轨迹，从而预测结果出现严重失真的状况。不幸的是，不可重复性是经济系统固有的特性，因而只有在经济系统变化缓慢的情况下，经济预测模型才能给出相对准确的预测结果。

（5）预测期内各方的参与对经济运行轨迹必然产生影响，因而预测结果得以成立的"假设一切保持不变"（Ceteris Paribus）实际并不存在。一个显而易见的例子：假如政府对宏观经济进行调控，那么一旦政策得以实施必然会影响经济的运行轨迹。从这个意义上讲，或许只有对已经发生但尚未公布的数据进行预测（Nowcasting），才有可能做到预测结果的相对准确。

第四节　宏观经济数据的特点

宏观经济研究领域内的数据，相较于微观经济或其他社会科学研究领域内的数据，有其自身独有的特点，即大 N 小 t。

从具体时点看，反映宏观经济各不同侧面的数据包罗万象，不胜枚举。但从时间序列的角度看，不仅数据频率不一，而且每一个序列的长度又十分有限。这种现象不仅存在于广大发展中国家（地区），发达国家（地区）也同样如此。

以 CEIC 数据库中最具代表性的 GDP 数据为例，截至 2014 年底，中国的 GDP 年度数据仅有 62 个（始于 1952 年），GDP 季度数据仅有 63 个（始于 1999 年第一季度）；日本的 GDP 年度数据仅为 20 个（始于 1994 年），GDP 季度数据仅为 83 个（始于 1994 年第一季度）；美国 GDP 在所有国家（地区）中拥有最长的时间序列数据，其 GDP 年度数据仅为 85 个（始于 1929 年），GDP 季度数据也不过 271 个（始于 1947 年第一季度）[1]。

宏观经济数据的另一个突出特点是数据的不可重复性。宏观经济现象是在多种行为主体的共同参与下发生的，所有的数据只能通过观测得到，并且它们只能被记录而不能被人为重复。

在对宏观经济时间序列数据进行分析的过程中，重要的假设条件之一是在所研究的时间区间（样本区间）内经济运行机制保持不变，即各项理论参数值是固定不变的。显然，从现实经济运行情况看这是一个非常强的假设，因而客观上必然限制了样本区间的长度。

第五节　经济预测方法比较

Pagan（2003）根据不同经济计量方法对数据和理论的依赖程度给出了一幅非常形象的示意图，在此笔者仿照他的做法绘制出了图 1−1。从图中可以看出，动态随机一般均衡（DSGE）模型方法是最具理论依赖性的建模方法，而动态因子模型方法是最具数据依赖性的建模方

---

[1]　根据美国经济分析局（Bureau of Economic Analysis）网站（http：//www.bea.gov/national/index.htm）提供的数据看，美国 GDP 年度数据始于 1929 年，季度数据始于 1947 年。即便如此，在克莱茵建立第一个宏观经济模型时，GDP 年度数据也仅仅只有 20 多个观测点（Klein and Goldberger，1955）。

法。关于 DSGE 方法、伦敦经济学院（LSE）方法和向量自回归（VAR）方法的比较可见何新华（2007）的相关讨论。

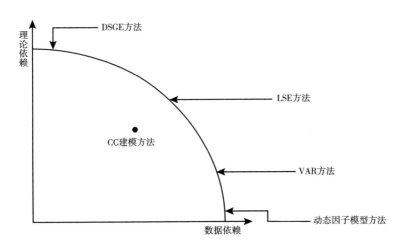

图 1 – 1　各种宏观经济计量建模方法比较

DSCE 模型高度依赖经济学理论。LSE 方法强调以探寻数据生成过程作为建模的出发点。虽然真正的数据生成过程是未知的，但 LSE 方法以现行经济理论为起点，结合公认的经济常识（common sense），并在对数据进行先期分析的基础上，力图找出对所关注变量产生影响的所有可能的因素。在将所有可能的影响因素纳入分析范围，形成一个"一般模型"之后，运用"检验、检验、再检验"的行为准则对该"一般模型"进行"约化"，以寻求信息损失最小的简洁模型（Hendry，2001）。作为 20 世纪 80 年代曾风靡全美国的 VAR 方法（Maddala and Kim，1998），其在经济预测中曾发挥了重要作用（Diebold，1998；Allen and Morzuch，2006）。在 VAR 方法出现之前，人们把太多的注意力放在了由经济理论所决定的具有因果关系的变量上，而忽略了经济系统的动态特性。对经济动态特性的关注，使只是把注意力集中在较小范围内的具有因果关系的变量之上的 VAR

方法也取得了令人瞩目的成绩。但由于宏观经济数据样本通常较小，而 VAR 方法随变量的增加和滞后阶数的加大，待估参数呈几何级增长，使 VAR 方法的应用受到了极大的限制。动态因子模型方法的问世，在一定程度上化解了 VAR 方法在实际应用中所遇到的困扰，其卓越的降维特性也使人们不再受限于对少量影响因素的研究。

综合考察 LSE 方法、VAR 方法和动态因子模型方法后，笔者认为，假如借鉴 LSE 方法中所奉行的以探寻数据生成过程作为建模的起点，然后充分利用动态因子模型的卓越的降维特性，再辅之以 VAR 方法对经济变量进行预测，应该能取得理想的预测结果。事实上，Faust 和 Wright（2013）在考察了多个预测模型之后已得出结论，认为非常简单地把当期数据和长期预测调查（long-run survey forecasts，LSF）相结合，就可以对相关统计指标做出很好的预测。鉴于 LSF 系多家预测机构综合考虑各种影响因素的预测结果，其在一定程度上恰恰反映的是动态因子模型中所提取的影响因子所具有的特性，但这里所涉及的因子均为与所需预测的变量高度相关的因子。

第六节　经济预测方法的选取

经济预测涉及经济运行的方方面面，我们可大致作如下划分。

（1）按预测变量所涵盖的地理范围可分为世界经济预测、区域经济预测、国别经济预测和省（市、县）经济预测。例如，在每年分春、秋两季出版的《世界经济展望》（*World Economic Outlook*）中，国际货币基金组织（IMF）会发表其有关世界经济、区域经济、国别经济等的预测结果；在经济合作与发展组织（OECD）的定期出版物《经济展望》（*Economic Outlook*）中会对 OECD 国家的经济运行情况进行预测；中国"经济蓝皮书"中会给出有关中国经济的预测结果；各省（市、县）也会针对本地经济进行预测。

（2）按预测指标进行分类，可分为宏观经济预测和微观经济预测。对宏观经济指标所进行的预测称为宏观经济预测，对微观经济指标所进行的预测称为微观经济预测。如对 GDP 增长率所进行的预测属于宏观经济预测，对产品价格所进行的预测属于微观经济预测。

（3）按拟预测区间的长短可分为短期预测、中期预测和长期预测。一般预测期在一年以内的称为短期预测，一年至五年称为中期预测，五年以上的称为长期预测。

（4）按预测结果划分，可分为对指标转折点出现时间的预测、对具体时点指标取值的点预测、对具体时点指标取值的区间预测等。

鉴于本研究项目旨在对 G20 所包括的经济体之 GDP 增长率和通货膨胀率的短期走势进行预测，所选用的预测方法必然要求满足以下条件：

（1）适用于对不同国别进行预测，最好能对不同国家建立标准化的预测操作流程；

（2）适用于对宏观经济指标进行预测，即预测的基础数据为大 N 小 t 类数据，同时要考虑基础数据中可能包括不同频率的数据；

（3）适用于进行短期经济预测，即需要操作简单，易于迅速获取预测结果；

（4）点预测不可缺少，但最好能给出区间预测，以方便对预测精度和宏观经济走势的判断。

针对以上要求，显然不宜选择建立大规模的宏观经济结构模型，一来其建模过程繁杂并且维护成本很高，二来其在预测精度上的表现也难满足要求。虽然 DSGE 模型近年来被广泛用于宏观经济预测，但考虑到其对经济学理论的过分依赖①，其预测结果在很大程度上难以反映宏观经济的真实运行轨迹。而 VAR 模型因其仅适用于对少量同频率变量建模，也无法满足本研究的需要。因而笔者最终把目光锁定在了动态因子模型上。

---

① 况且有些 DSEG 模型仅仅是看上去很美，但实际上却经不起推敲，见何新华（2014）的相关分析。

第二章

动态因子模型简介

摘要： 动态因子模型以其卓越的降维特性在经济预测领域独领风骚，它不仅使模型中所包括的解释变量的数目得到了极大的扩展，而且其对混频数据的处理能力也使经济预测模型得到了前所未有的发展。本章在简述动态因子模型发展的基础上，对采用动态因子模型进行经济预测时所需注意的技术细节进行了讨论。

第一节 什么是动态因子模型？

从开展宏观经济预测的角度出发，提高预测结果的准确性始终是经济学工作者所面临的一大挑战。第一章已述及影响预测结果准确性的各种因素。本章将集中讨论如何通过采用适当的宏观经济计量技术以最大限度地降低预测误差，提高预测精度。

现实中，各国宏观经济数据均具有大 N 小 t 的特征，即虽然可供使用的宏观经济指标数量异常庞大，但具体到每个宏观经济指标，其观测值的个数却极为有限。与此同时，不同频率的宏观经济指标大量存在（不仅有年度数据、半年数据、月度数据、季度数据，还有旬数据、周数据等），并且从发布时间上看一般具有相当长的时滞。长期以来，宏观经济计量研究者一直致力于寻找一种能够从上述混合型数据集中析出高质量信息的方法，以对特定宏观经济指标进行及时、准确的预测。能够大幅度进行空间维度压缩的动态因子模型的问世，为从纷繁庞杂的宏观经济指标中滤出对特定宏观经济指标有效的预测信息提供了可能。

$$Y_t = AF_t + e_t \tag{2-1}$$

$$F_t = B(L)F_{t-1} + \theta_t \tag{2-2}$$

典型的动态因子模型由以上两个方程组成，其中 Y_t（n 维列向量）为经标准化[①]后的观测变量；F_t（m 维列向量）为驱动系统的隐性因子即动态因子（$m \ll n$）；A（$n \times m$）和 B（L）（$m \times m$）为待估系数矩阵，e_t（n 维列向量）和 θ_t（m 维列向量）为随机扰动，并且假定两者不相关。

显然，上述动态因子模型具有典型的状态空间模型形式（高铁梅，2009）。方程（2-1）为量测方程（measurement equation）或信号方程（signal equation），方程（2-2）为转移方程（transition equation）或状态方程（state equation）。

第二节　动态因子模型发展概述

自 Geweke（1977）同 Sargent 和 Sims（1977）的开创性工作开始，动态因子模型已有了 40 年的发展历史。Geweke（1977）和

---

① 通过标准化可以去除各变量因计量单位的选取而对所提取的动态因子产生的影响。

Sargent 和 Sims（1977）的工作集中在频域，其主要致力于寻找动态因子结构存在的证据和因子估计的重要性，并不能据以直接对因子进行估计，因而也无法将其应用于预测。因此，有关动态因子模型的后续研究转向了可以对因子直接进行估计的时域之中。

根据 Stock 和 Watson（2011）的划分，对时域内动态因子模型的求解方法大致可划分为三个阶段。第一阶段，主要致力于对较低维度（N 较小）的动态因子模型的求解，所采用的估计方法主要是采用卡尔曼滤波的高斯极大似然法。在计算技术受到极大限制的 20 世纪 80 年代，参数估计过程中所需要进行的非线性优化客观上限制了待估参数的个数，因而也就限定了模型的规模，即模型中所包括的观测变量的个数。第二阶段，采取了求取均值（加权平均）的非参数估计法对动态因子模型进行求解，如采用主成分分析（principal components）对模型参数进行估计，模型规模得到了适度扩张。虽然模型中的观测变量仅限于相同频率，但当 N 足够大时，已可对待预测变量进行较为准确的预测。第三阶段，得益于计算技术的普及，2000 年以来已可对包括不同频率的大量观测序列的动态因子模型采用状态空间模型方法进行求解。由于所提取的动态因子涵盖了更多有价值的信息，对待预测变量的预测性能得到了进一步的改善。

第三节　动态因子模型的求解

对由式（2-1）和式（2-2）组成的动态因子模型一般可采用卡尔曼滤波（Kalman Filter）得出动态因子 F_t 及参数矩阵 A 和 B（L）的相应估计值。当前已有不少统计分析软件可进行状态空间模型的求解，具体操作虽有所差异，但实现起来并不难。在 Eviews 中对动态因子模型的求解大致分为以下几步。

第一，确定动态因子的个数。Bai 和 Ng（2002），Onatski（2010），以及常用的主成分分析均可用于确定动态因子的个数。从笔者的实践看，采用这几种方法给出的动态因子个数差异多在两个以内，并且在主成分分析中，当选取累积方差贡献率达到 85% 的因子个数时基本可以得到满意的结果。因此，从实践的角度看，不必过多纠结于各方法给出的因子个数间的差异，应把简单、高效视为首选。在原始数据集为混频（mixed frequency）数据且数据更新时间不一（"ragged" / "jagged" edge problem）的情况下，用于进行主成分分析的子集，不仅将只限于数据集中的最高频序列，而且需要在样本长度和所包括的序列个数间做出取舍。从笔者的实践来看，当该子集中的最长序列数量较少时，以牺牲样本长度换取序列个数的增加是较为可取的做法。

第二，为状态空间模型的求解设定迭代初值。状态空间模型在 Eviews 中是以迭代的方式进行求解的，因此在运行状态空间模型前必须对待求解的 A、B（L）、F_t 等赋予初始迭代值，同时对 e_t 和 θ_t 进行限定。F_t 的初始值可选用主成分分析中所获取的相应的主成分，A、B（L）可以通过单方程最小二乘法确定，e_t 和 θ_t 可以限定为 $V(e_t) = I$ 和 $V(\theta_t) = I$。

第三，求解状态空间模型。Eviews 中的状态空间模型为 sspace。运行 sspace 前，需要先定义相应的信号方程和状态方程，然后在给出迭代步长和迭代精度后方可运行。在求解的过程中，B（L）中的滞后阶数视 AIC（Akaike Information Criterion）或 SIC（Schwarz Information Criterion）的取值而定，即选取使 AIC 或 SIC 值最小的 B（L）滞后阶数。

值得注意的是，尽管状态空间模型适用于混频和样本期参差不齐的数据，但其适用范围也需满足一定的条件。从式（2 - 1）和式（2－2）可以看出，状态空间模型中的待估参数包括 A（$n \times m$）和 B（L）（$m \times m$）。由于 B（L）为对角阵，所以待估参数总计为（$n \times m$）＋（$m \times l$）个（l 为状态方程的滞后阶数）。因此，为保证状态空间模型能够运行，需要（$n \times m$）＋（$m \times l$）个连续观测值。换句话说，虽然并不要求包括在动态因子模型中的所有时间序列在整个样本区间内均有观测值，但当某时间点所有时间序列的观测值均缺失时，该点将被视为无效观测点，即被视为非连续观测值。例如，对于包括 35 个最高频率为月度数据的动态因子模型而言，若待提取的因子个数为 4，并且状态方程的滞后阶数为 3 的话，则需要至少含有一个有效数据的连续观测值的个数至少为 152，也就是需要至少 13 年的月度数据（152/12 = 12.7）才可对模型进行求解。在其他条件不变的情况下，当时间序列个数增加至 50 时，待估参数总计将达到 212 个，所需样本期长度将延长至 18 年（212/12 = 17.7）。所以，在选取原始数据的过程中，所选数据序列并非越多越好。

第四节 用动态因子模型进行预测

动态因子模型方法的问世，在一定程度上化解了 VAR 方法在实际应用中所遇到的困扰，其卓越的降维特性也使人们不再受限于对少量影响因素的研究。然而实践中人们却过分享受了这一特性，认为既然整个经济系统系由少量隐性因子所驱动，那么只要将所有能够收集到的变量尽可能多地纳入模型，则必然可以滤出所需隐性因子，从而对所关注的经济变量做出最佳预测。如 Stock 和 Watson（2002）在对通货膨胀的预测中选用了多达 143 个变量；Giannone 等（2008）在对 GDP 的预测中选用了超过 200 个变量。由于对影响因素无节制的涉猎，使所获取的动态因子失去了对所关注变量的针对性，因而使其预测效果不可避免地受到了影响，以至于 Stock 和 Watson（2011）得出了动态因子模型对通货膨胀率预测效果较差的结论。

另外，考虑到上一节中提到的动态因子模型对数据的要求，当越来越多的变量被纳入动态因子模型之后，待估参数必然迅速上升。而为了使状态空间模型能够运行，势必要增加样本期的长度。上一章曾提到，当样本期过长时，样本期内经济运行规律将有较大的概率已发生变化，从而将导致所滤出的动态因子对待预测变量的预测能力出现下降，甚至失去应有的预测能力。

实践中，比较可行而且应该遵守以下原则选取变量。一是所选取的变量应与待预测变量高度相关；二是所选取的变量间有高度的共性，即能够保证待提取的因子个数不至于太大；三是所选取的变量应该尽可能全面地涵盖所有对待预测变量有影响的因素；四是应该在保证状态空间模型能够运行的前提下尽可能地缩短样本期；五是应该尽可能多地选取高频数据，以保证数据的时效性；六是尽量不选取已停用（将不再更新）的变量；七是变量的选取必须以提高对待预测变量之预测的准确性为前提。

根据 Stock 和 Watson（2011）的观点，采用动态因子模型进行预测时，对预测期内动态因子的取值有两种处理方式，一是直接以样本期内的动态因子取值进行预测，即在对 h 期进行预测时以 Y_{t+h} 直接对 Y_t、F_t 及其滞后项进行回归；二是先以各动态因子构成一个 VAR 模型，对预测期内动态因子的取值进行预测，而后利用这些预测值对 Y_{t+h} 进行预测。从过去的实践看，两种方法并未表现出明显优劣。笔者选取了后一种方法，并且借助 PcGive 给出了扇形区间预测①。

本研究项目为 G20 内的大多数经济体建立了对 GDP 增长率和通

---

① 部分预测结果见 http://xinhuahe.blog.sohu.com/。

货膨胀率进行短期预测的动态因子模型。由于缺少相应的数据或利用
现有数据尚无法得出令人满意的预测结果，笔者最后不得不放弃了对
阿根廷 GDP 增长率和通货膨胀率（数据样本区间过短，只有一到两
年）的建模努力。

后续章节安排如下：接下来用两章的篇幅分别介绍通货膨胀率动
态因子模型和 GDP 增长率动态因子模型，然后以中国为例较为详细
地介绍通货膨胀率动态因子模型建模过程。随后将 G20 中其余经济
体的通货膨胀率动态因子模型分为 G7 及欧盟、其他亚洲经济体和其
余经济体分别进行讨论。在以中国为例较为详细地介绍 GDP 增长率
动态因子模型建模过程的基础上，同上将 G20 中其余经济体的 GDP
增长率动态因子模型分为 G7 及欧盟、其他亚洲经济体和其余经济体
分别进行讨论。

为方便读者尝试利用动态因子模型进行预测，本书最后以附录的
形式给出动态因子模型的 Eviews 程序。

第三章

通货膨胀率动态因子模型

摘要：本章首先讨论了通货膨胀率的影响因素，其次简要讨论了不同口径的通货膨胀率定义，对采用动态因子模型进行通货膨胀率预测的实践进行了简要回顾。通过对比《世界经济展望》和中国"经济蓝皮书"中的相关预测结果，证实预测结果是可信的并且具有较高的精度。最后对建模实践中所遇到的问题进行了分析。

第一节 通货膨胀率的影响因素

通货膨胀或通货紧缩是一种货币现象，当过多的货币追逐一定量的商品或服务时就必然会出现价格的上涨，反之当一定量的货币面对过多的商品或服务时就必然出现价格的下跌。

从宏观经济层面上看，反映整体价格水平的指标主要有两个，即 GDP 减缩指数和居民消费价格指数（也称作消费者价格指数）。GDP 减缩指数受限于 GDP 的发布频率，目前多数国家（地区）只能做到每季度发布一次，部分国家（地区）甚至仅发布年度数据，因而时效性较差。相比之下，多数国家（地区）都能以月度频率发布的居民消费价格指数更具参考意义，因而也是实践中更常使用的指标。

反映一般价格水平的居民消费价格指数受到众多因素的影响。从居民消费价格指数的生产过程看，其综合了食品、烟酒、饮料、服装、家庭用设备及维修、医疗保健、交通、通信、娱乐、教育、文化、居住等商品和服务的价格变动。从价格传导过程看，作为下游的居民消费价格指数不仅间接受到如商品零售价格指数、农产品价格指数、工业品出厂价格指数等上游产品类价格指数的影响，还间接受到诸多服务类价格指数的影响。而上述产品类价格指数又进一步受到诸如原材料价格指数、生产资料价格指数、燃料动力价格指数等生产性投入品类价格指数的影响。从货币供应的角度看，货币供应量的消长、市场利率的高低，以及更进一步的存款准备金率的调整、基础货币的投放、外汇储备存量的增减、财政赤字的多少等均可对居民消费价格指数产生影响。从资产配置的角度看，股指的波动会对实体经济中货币的流通产生影响，因而也会间接对居民消费价格指数产生影响。从购买力的角度看，人均收入的波动，以及人均工资的增速、失业率的上升或下降，反映消费者意愿的消费者信心指数等，都会对居民消费价格指数产生影响。进一步看，影响上述因素的国内生产总值增长速度及第一、二、三产业的增长速度均会间接影响到居民消费价格指数。在开放经济条件下，国际市场上商品和服务价格的涨跌，以及汇率的波动也会对居民消费价格指数产生影响。

可见，通过居民消费价格指数的变动可以完整地反映一个经济体的整体价格变动情况。因而，对通货膨胀或通货紧缩进行研究，就必须同时考虑到以上诸多因素的影响，简单择取部分变量所进行的分析必然是片面的和值得商榷的。

第二节　各种不同口径的通货膨胀率数据

现实中，居民消费价格指数有多种不同的统计口径。从时间维度上划分，可分为年度居民消费价格指数、季度居民消费价格指数、月度居民消费价格指数。从基期维度上划分，则可分为同比居民消费价格指数、环比居民消费价格指数和定基比居民消费价格指数。从地域上划分，如在我国可分为国家、省（自治区、直辖市）、市（地区）、县等居民消费价格指数。从群体上划分，如在我国可分为城镇居民消费价格指数和农村居民消费价格指数。理解各种不同口径居民消费价格指数间的关系是准确选择和使用数据的前提。在此，我们仅讨论国家层面的居民消费价格指数。

首先，年度居民消费价格指数分为以上年为基期和以特定年份为基期的价格指数，前者用于描述年度价格变动情况，后者用于描述相对于特定年份的价格变动情况。如 2015 年《中国统计年鉴》中的表 5－1 就是以上年为基期的价格指数，可以看到 2014 年居民消费价格指数为 102.0（上年 = 100），即相对上年本年度消费者价格上升了 2%。2015 年《中国统计年鉴》中的表 5－2 则给出了以 1978 年为基期的居民消费价格指数，2014 年居民消费价格指数为 606.7（1978 年 = 100）。记 t 年度以上年为基期的价格指数为 $P_t^{上年=100}$，t 年度以特定年份为基期的价格指数为 $P_t^{特定年份=100}$，则两种价格指数间的关系如下：

$$P_t^{上年=100} = \frac{P_t^{特定年份=100}}{P_{t-1}^{特定年份=100}} \times 100\% \qquad (3-1)$$

所以，对于年度价格指数而言，当能够找到以特定年度为基期的价格指数，但缺乏以上年为基期的价格指数时，可以特定年度为基期的价格指数推导出以上年为基期的价格指数。

其次，季度价格指数分为季同比价格指数和定基比季度价格指数。季同比价格指数指以上年同一季度为基期的价格指数，定基比季度价格指数指以特定时期为基期的价格指数。如根据 CEIC 数据库，2015 年第 4 季度中国居民消费价格指数同比为 1.468%，同期中国以 2010 年 = 100 的定基比居民消费价格指数为 115.200。若记 t 年度 i 季度同比价格指数为 $P_{t,i}$，t 年度 i 季度以特定时期为基期的价格指数为 $P_{t,i}^{特定时期=100}$，则两种价格指数间的关系如下：

$$P_{t,i} = \left(\frac{P_{t,i}^{特定时期=100}}{P_{t-1,i}^{特定时期=100}} - 1 \right) \times 100\% \qquad (3-2)$$

根据 CEIC 数据库，2014 年第四季度以 2010 年 = 100 的定基比居民消费价格指数为 113.533，根据式（3-2）得（115.200/113.533 -1）×100% = 1.468%，即为 2015 年第四季度居民消费价格指数同比数据。

值得一提的是，由于价格波动呈现较强的季节特性，多数国家会对季度价格数据进行季节调整。所谓季节调整是指依据时间序列所包含的 4 种变动要素（即长期趋势要素、循环要素、季节变动要素和不规则要素）对数据进行相应调整，以去除其中的季节变动要素所带来的影响。Census X12 季节调整方法是最常用的季节调整方法，具体做法请参阅高铁梅（2009）。

另外，我国还公布一种累计同比价格指数，分别有 1 季度同比价格指数、1~2 季度同比价格指数、1~3 季度同比价格指数、1~4 季度同比价格指数。显然，1~4 季度同比价格指数等同于以上年为基期的年度价格指数，1 季度累计同比价格指数与 1 季度同比价格指数相同。但 1~2 季度（半年）同比价格指数和 1~3 季度（前三季度）

累计同比价格指数与季同比价格指数间并无直接对应关系。在引用这类数据时需加以注意。

最后，月度价格指数分为月同比价格指数、月环比价格指数和定基比月度价格指数。月同比价格指数指以上年同月为基期的价格指数，月环比价格指数指以上月为基期的价格指数，定基比月度价格指数则是以特定时期为基期的价格指数。如根据 2016 年 1 月《中国经济景气月报》，2015 年 12 月我国同比居民消费价格指数为 101.6，环比居民消费价格指数为 100.5。

需要指出的是，月度居民消费价格指数与季度和年度居民消费价格指数间的关系比较复杂，并不能直接进行转换，详见何新华（2006）的讨论。

第三节　通货膨胀率预测

构建动态因子模型时应遵循的变量选取原则已在前一章中讨论过。具体到构建通货膨胀率动态因子模型的实践，笔者遵循了以下原则。首先，从经济学的角度出发，选取对通货膨胀率有直接影响的诸多变量（见本章第一节）形成一个初选的数据集。其次，对该初选的数据集从统计学的角度出发，通过计算各变量与通货膨胀率间的相关系数，剔除其中与通货膨胀率相关性较小的变量后形成最终用于构建通货膨胀率动态因子模型的数据集。

在实际对 G20 经济体通货膨胀率动态因子模型的建模中，由于受到数据来源等多方面的限制，尽管不同经济体选取的变量不尽相同，但在遵循上述原则的基础上，对多数经济体的通货膨胀率动态因子模型的构建中仅选用了 30 个左右的变量。

自 2015 年年初开始，依据本研究项目所建动态因子模型做出的预测结果相继被公布在互联网上①。从实际经济运行情况看，预测结果令人满意。例如，2015 年 3 月 5 日，笔者预测我国 CPI 将逐步企稳回升而并非如绝大多数人所预期的将陷入负增长②；2015 年 5 月 13日，笔者预测 CPI 同比增长率为负的概率已降至零③。事实上，2015年我国 CPI 同比增长率的最低点为 0.8%，出现在 2015 年 1 月④。再如，2015 年 5 月 12 日，笔者的预测结果显示，美国 CPI 年内月同比增长率将运行在 2% 以下，据此笔者大胆做出了与绝大多数人完全不同的判断："年内美联储加息的可能性极小！"⑤ 2015 年 12 月 9 日，笔者依据预测结果判断"美联储 12 月份加息已成定局"⑥。事实上，美联储 2015 年 12 月 16 日例会后宣布了加息决定。又如，2015 年 5月 22 日，笔者依据预测结果判断"俄罗斯通货膨胀率年底降至 11%左右的目标恐难实现"⑦。事实上，2015 年 12 月俄罗斯通货膨胀率仍高达 12.9%。2015 年 5 月 26 日，笔者的预测显示英国陷入通货紧缩的可能性较大⑧。根据目前已公布的数据，2015 年英国 CPI 同比自 2 月份起一直在 -0.1% ~ 0.1% 区间波动，并且 9 月、10 月两月连续出现了同比 -0.1%。

国际货币基金组织每年春、秋两季发布《世界经济展望》报告，其预测结果在世界经济研究领域有很高的影响力。对其 2014 年春季（4 月 8 日公布）和秋季（10 月 7 日公布）报告进行分析发现，春季对 G20 经济体 CPI 的预测与实际值相比，平均绝对误差为 0.6 个百分

---

① http：//xinhuahe. blog. sohu. com/.

② http：//xinhuahe. blog. sohu. com/308054206. html.

③ http：//xinhuahe. blog. sohu. com/308795031. html.

④ 我国公布 CPI 数据的时滞为 10 日左右，2015 年 2 月份的数据于 3 月 10 日公布。

⑤ http：//xinhuahe. blog. sohu. com/308781232. html.

⑥ http：//xinhuahe. blog. sohu. com/310847268. html，本文阅读量超过 7000 人次。

⑦ http：//xinhuahe. blog. sohu. com/308885581. html.

⑧ http：//xinhuahe. blog. sohu. com/308923688. html.

点，秋季对 G20 经济体 CPI 的预测与实际值相比，平均绝对误差为 0.3 个百分点。国内最具影响的"经济蓝皮书"亦分春、秋两季对中国 CPI 进行预测（春季报告在每年 4～5 月出版，秋季报告最初在 10 月出版，但近年逐渐推后，至今出版日期已推迟至年初，故本年前 11 个月份的 CPI 数据已公布）。2010～2014 年"经济蓝皮书"春季报告对 CPI 的预测与实际值相比，平均绝对误差为 0.7 个百分点；秋季报告对本年 CPI 的预测与实际值相比，平均绝对误差为 0.1 个百分点；秋季报告对次年 CPI 的预测与实际值相比，平均绝对误差为 1.2 个百分点。

相比之下，笔者采用动态因子模型所给出的 CPI 点预测结果，经与实际值进行比较，第一个月的平均绝对误差为 0.149 个百分点，第二个月的平均绝对误差为 0.205 个百分点，第三个月的平均绝对误差为 0.281 个百分点，第四个月的平均绝对误差为 0.377 个百分点，第五个月的平均绝对误差为 0.574 个百分点，第六个月的平均绝对误差为 0.934 个百分点[①]。

由于笔者所有的预测结果均以区间预测而非仅仅点预测的形式给出，客观上使预测结果更具参考价值。以区间预测的形式给出预测结果，在当前国内宏观经济预测领域尚属首例，在国际宏观经济预测领域也是不多见的。

第四节　G20 经济体通货膨胀率动态因子模型建设情况

在 2012 年本研究项目正式立项后，经过数年的努力，G20 经济体通货膨胀率动态因子模型相继建成（见表 3 - 1），并自 2015 年年初开始投

---

① 以上统计包括对加拿大、美国、中国、英国、法国、德国、意大利、欧盟、俄罗斯等 2015 年 3 月至 2015 年 10 月所做的预测。

入使用，但由于种种原因不仅各经济体模型的建成时间跨越了整整一年，而且对阿根廷通货膨胀率动态因子模型的建设最终也只能选择了放弃。

表 3 - 1　G20 通货膨胀率动态因子模型建设进度

国家（地区）	完成情况	备注
阿 根 廷	未完成	时间过短,只一两年
澳 大 利 亚	完成	2016 年 1 月 27 日建成
巴 西	完成	2016 年 1 月 8 日建成
加 拿 大	完成	2015 年 6 月 10 日建成
中 国	完成	2015 年 3 月 5 日建成
法 国	完成	2015 年 6 月 3 日建成
德 国	完成	2015 年 5 月 26 日建成
印 度	完成	2016 年 1 月 7 日建成
印度尼西亚	完成	2016 年 1 月 13 日建成
意 大 利	完成	2015 年 6 月 8 日建成
日 本	完成	2015 年 5 月 19 日建成
韩 国	完成	2016 年 1 月 11 日建成
墨 西 哥	完成	2015 年 1 月 12 日建成
俄 罗 斯	完成	2015 年 5 月 22 日建成
沙特阿拉伯	完成	2016 年 1 月 11 日建成
南 非	完成	2016 年 1 月 12 日建成
土 耳 其	完成	2016 年 1 月 11 日建成
英 国	完成	2015 年 5 月 26 日建成
美 国	完成	2015 年 5 月 12 日建成
欧 盟	完成	2015 年 5 月 20 日建成

第五节　通货膨胀率动态因子模型
建模实践中遇到的问题

尽管笔者对 G20 各经济体通货膨胀率动态因子模型的建模实践证实了这一宏观经济预测手段是可行的，并且其预测结果也达到了令人满意的精度，为进一步开展有效的通货膨胀率预测带来了希望，但是笔者的建模实践也发现了动态因子模型所面临的不少挑战。下面略举几例。

笔者在建模中遇到了三种来自数据方面的挑战。

第一种情形，虽然名称相同，但数据序列长度不一，定义不同，难以组合成一个跨越整个样本期的完整的时间序列。例如 CEIC 数据库中有关 2000~2016 年巴西失业率统计有三个序列（见图3-1）：第一个（序列 1353701）时间跨度为 2000 年 1 月至 2002 年 12 月，所注明的数据来源为巴西央行（Central Bank of Brazil）；第二个（序列 1355101）时间跨度为 2001 年 10 月至 2016 年 2 月，所注明的数据来源为巴西地理与统计研究所（Brazilian Institute of Geography and Statistics）；第三个（序列 367049217）始自 2012 年 3 月，所注明的数据来源也是巴西地理与统计研究所，是目前巴西失业率唯一一个仍在更新的序列。根据数据库中的说明，编码为 1355101 的数据序列仅包括了累西腓、萨尔瓦多等 6 个城区，而编码为 367049217 的数据序列则扩展至对 20 多个城区的统计。从重合时段的数据看，巴西央行

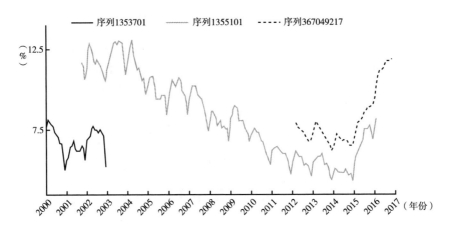

图 3-1 巴西失业率

资料来源：CEIC 数据库。

与巴西地理与统计研究所的指标显然不同，而从定义看巴西地理与统计研究所的两个失业率统计序列也存在巨大差异。巴西通货膨胀率模型始建于 2016 年 1 月 8 日（见表 3 - 1），当时考虑到采用第二个序列仅缺少 2000 年 1 月至 2001 年 9 月的数据，而这部分数据处于模型样本期的初期，对未来的通货膨胀率预测影响较小，故选用了第二个序列。然而 2016 年 2 月起该数据序列停止更新后，仍在更新中的第三个序列至 2016 年底仅有 57 个数据点，2012 年 2 月及以前的数据又因口径与第二个序列差异较大无法据以补齐，在动态因子模型中缺少失业率数据是否会对模型的预测产生大的影响还有待进一步观察。

第二种情形，原本正常更新的数据序列不再更新，并且不存在可替代序列的情形亦较常见。例如，CEIC 数据库中有关巴西实际工资指数（Real Average Wage Index，编码 256109901）的数据时间跨度为 2000 年 12 月至 2015 年 12 月（数据来源为巴西地理与统计研究所），之后不再更新。遗憾的是，搜遍 CEIC 数据库也未能找到可以替代这一序列的相关数据。无奈之下，在后期更新时笔者只能放弃这一原本有益于预测 CPI 走势的序列。当多个时间序列同时出现此类情形时，对已建成的动态因子模型而言自然是灾难性的，也就是说，我们不得不重新选取数据，构建一个全新的动态因子模型。

第三种情形，由于意外冲击导致原有数据序列波动异常。例如，由于日本于 2014 年 4 月 1 日起将消费税率自 5% 上调至 8%，日本月同比 CPI 增长率从 2014 年 3 月的 1.6% 迅速上升至 2014 年 4 月的 3.4%，而一年之后则从 2015 年 3 月的 2.3% 迅速回落至 2015 年 4 月的 0.6%。于 2015 年 5 月 19 日建成的日本通货膨胀率动态因子模型虽然明确给出了通货膨胀率即将迅速下降的预测[①]，但由于当时基础

---

① http://xinhuahe.blog.sohu.com/308843180.html.

数据截至 2015 年 3 月，笔者对通货膨胀率迅猛下降的时点还是出现了近两个月的误判。不过好在当前笔者的动态因子模型的运行速度有了较大的提升，新数据公布之后可以迅速校正预测结果，一定程度上可以弥补其对转折点预测的时效性（见图 3 - 2）。

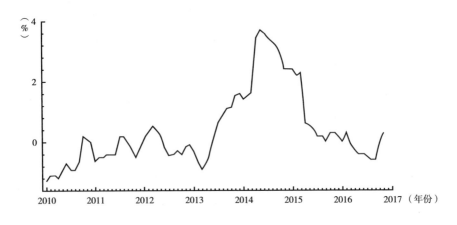

图 3 - 2　日本通货膨胀率

资料来源：CEIC 数据库。

建模实践中笔者还发现，采用不同样本区间所建立的动态因子模型存在较大的不同，而与理论上应保持相对稳定的假设相左。例如，在对中国通货膨胀率建模的过程中，当样本期为 2000 年 1 月至 2015 年 1 月时，笔者得到了图 3 - 3 中所示的 3 个动态因子。而当样本期为 2000 年 1 月至 2015 年 3 月时，笔者则得到了图 3 - 4 中所示的 3 个动态因子。两个不同样本期中所得到的动态因子并不相同。其实，这一结果从动态因子模型的建模过程中很好理解。

为避免因计量单位的不同对所提取的因子产生影响，在提取动态因子之前需要先对用于提取动态因子的数据集中的序列进行标准化。当样本区间不同时，各序列的均值和标准差绝非理论上假定的保持不变，而是会有所差异，这样一来在样本区间发生变化后，实际上我们

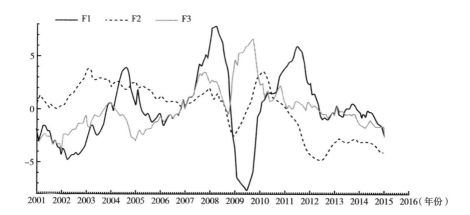

图 3 - 3　中国 CPI 动态因子模型中所提取的动态因子（1）

注：样本期 2000 年 1 月至 2015 年 1 月。

资料来源：笔者计算。

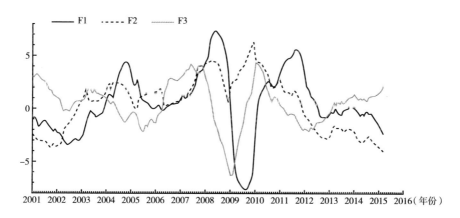

图 3 - 4　中国 CPI 动态因子模型中所提取的动态因子（2）

注：样本期 2000 年 1 月至 2015 年 3 月。

资料来源：笔者计算。

所得到的是一个全新的数据集①。尽管这个数据集与之前的数据集在进行标准化之前大部分是重合的，但在这个全新的数据集中所提取的

———————————

　① 请注意，这里尚不包括因数据统计口径和对历史数据进行更新所带来的变化。

31

动态因子肯定不会完全与之前所提取的动态因子重合。当然如果考虑到因数据统计口径和对历史数据进行更新，抑或是因某些数据序列已停止更新而不得不重新选取数据进行替代时，新提取的因子将更加偏离之前所提取的因子。

不过，尽管孤立地看各动态因子间存在差异，但当将每次所提取的动态因子进行综合时，其中所包括的信息却是高度一致的，因而将其用于对相关变量的预测所产生的结果也是值得期待的。详见第五章中的相关分析。

第四章

GDP 增长率动态因子模型

摘要： 本章首先讨论了 GDP 增长率的影响因素，为筛选构建动态因子模型的数据集提供指导。其次重点分析了 GDP 增长率预测中将高频信息向低频信息转换的问题。在列举本研究项目预测结果的基础上，对预测精度进行了分析。鉴于预测精度已可媲美国际货币基金组织的《世界经济展望》和中国社会科学院发布的"经济蓝皮书"，表明采用动态因子模型对 GDP 增长率进行预测不仅是可行的，而且是非常值得推广的一种简便、高效的预测方法。

第一节　GDP 增长率的影响因素

　　GDP 增长率是受社会各界关注度较高的经济指标之一。从该统计指标的生产过程看，GDP 增长率是报告期相对基期的不变价 GDP 与基期 GDP 之比。也就是说，GDP 增长率不仅取决于现价 GDP 总量的增长，同时也取决于报告期相对基期的价格水平的变动。相对而言，最为常用的 GDP 增长率为年度增长率。

根据核算方法的不同，分别有生产法、支出法和收入法等三种不同口径的 GDP 数据。

生产法 GDP 采用增加值核算。从核算的过程看，其可进一步分解为第一产业增加值、第二产业增加值和第三产业增加值，并且通常第二产业增加值还会细分为工业增加值和建筑业增加值。

支出法 GDP 关注使用核算。从核算的过程看，其可进一步分解为消费、投资和进出口，即通常所称的"三驾马车"。其中消费进一步分为居民消费（含非政府组织消费）和政府消费；投资进一步分为固定资本形成和存货投资；进出口进一步分为进口和出口。

收入法 GDP 从要素收入的角度进行核算。从核算的过程看，其可进一步分解为劳动者报酬、生产税净额、固定资产折旧和营业盈余。

鉴于 GDP 增长率是以不变价 GDP 进行计算的，因而无论是采用生产法、支出法，还是收入法对不变价 GDP 进行计算均需对各对应分项进行价格减缩。换句话说，所有与上述指标相对应的价格指数均将参与 GDP 增长率的计算过程。当然，由于 GDP 增长率可以视为其分项增长率的加权平均值，因此各分项增长率亦可视为 GDP 增长率的影响因素。从下面的式（4 - 1）和式（4 - 2）可以很清楚地分辨出上述关系。

记 Y_t 为 t 年度现价 GDP，Y_t^c 为 t 年度不变价 GDP；$Y_{i,t}$ 为 t 年度 GDP 第 i 个子项的现价，其对应的不变价为 $Y_{i,t}^c$；t 年度 GDP 增长率记为 y_t，其子项对应的增长率记为 $y_{i,t}$。假设 GDP 共有 n 个子项，则有下式成立：

$$y_t = \left(\frac{Y_t^c}{Y_{t-1}^c} - 1 \right) \times 100\% = \sum_{i=1}^n \left(\frac{Y_{i,t-1}^c}{Y_{t-1}^c} \times y_{i,t} \right) \qquad (4 - 1)$$

记 P_t 为 t 年度的 GDP 减缩指数，$P_{i,t}$ 为 t 年度 GDP 第 i 个分项的减缩指数，则（4 - 1）式可进一步改写为：

$$y_t = \sum_{i=1}^{n} \left(\frac{Y_{i,t-1}/P_{i,t-1}}{Y_{t-1}/P_{t-1}} \times y_{i,t} \right) \qquad (4-2)$$

三种 GDP 核算数据中，目前支出法 GDP 使用频率最高，生产法 GDP 次之，收入法 GDP 使用频率最低。

当前大部分经济体对 GDP 实行季度核算，少数经济体仅对 GDP 实行年度核算。然而，部分经济体开展季度 GDP 核算的时间较短，早期 GDP 核算数据仅有年度数据。由于各经济体所公布的 GDP 各子项数据多与 GDP 同频率，要想在对 GDP 增长率的预测中利用更高频数据中所包含的有价值的参考信息，则将 GDP 各子项的影响因素包括在 GDP 增长率动态因子模型中就成为一个必然的选项。因而，在笔者的建模实践中大量可以获取的高频数据如商品零售总额、财政收支、用电量、失业率、收入、实际工资增长率、利率、汇率、消费者信心指数、股票指数等均被纳入了原始数据集。作为影响开放性经济体 GDP 增长的重要国际因素，英国布伦特原油价格指数和波罗的海干散货运价指数也被纳入了原始数据集。

第二节 高频信息向低频信息的转换

上节提到，为了能有效利用高频数据中所包含的信息对 GDP 增长率进行预测，笔者在 GDP 增长率动态因子模型的原始数据集中加入了大量可以获取的高频数据信息。得益于 Eviews 软件中状态空间模型对混频数据的处理能力，笔者可以顺利从原始混频数据集中提取到月度频率的动态因子。接下来，如何采用月度频率的动态因子对季度频率的 GDP 增长率进行预测则是一个无法回避的问题。

Qin 和 He（2012）的研究证明，高频经济变量对低频经济变量的影响主要在于其同等频率部分，换句话说，高频经济变量中所含的高频信息并未能对低频变量提供有价值的预测信息，反而是高频经济变量中所包含的与待预测变量同频率的信息更为可取。即高频经济变量之所以被用于对低频经济变量进行预测主要因为其提供信息的及时性。这一特性促使笔者做出了下述选择。

依据第二章所确定的原则，首先以所提取的月度动态因子构成一个 VAR 模型，对预测期内动态因子的月度取值进行了预测；其次，把所提取的月度动态因子连同其预测值转入季度空间；最后在季度空间内对季度 GDP 增长率采用最小二乘法建模得出相应的预测结果。针对 Eviews 中提供的几种将月度数据转换为季度数据的方式，通过反复试验，最后确定了以季度内月度动态因子最后月份的取值作为相应季度动态因子取值的做法。建模实践表明，这一做法是可取的。

第三节　GDP 增长率预测

自 2015 年 12 月开始，依据本研究项目所建动态因子模型做出的 GDP 增长率预测结果相继被公布在互联网上[①]。从实际经济运行情况看，预测结果还是比较令人满意的。例如，2015 年 12 月 30 日笔者依据预测结果得出结论，中国"今年（2015 年）第 4 季度 GDP 增长率将继续走低，年度 GDP 增长率低于 7% 已无悬念"（基础数据截至 2015 年 11 月）[②]。根据中国国家统计局 2016 年 2 月 29 日发布的《2015 年国民经济和社会发展统计公报》[③]，2015 年中国 GDP 增长率为 6.9%。根据中国国家统计局 2016 年 1 月 20 日发布的《2015 年 4 季度和我国全年 GDP 初步核算结果》，2015 年 1~4 季度 GDP 年同比

[①]　http：//xinhuahe. blog. sohu. com/.

[②]　http：//xinhuahe. blog. sohu. com/320997404. html.

[③]　http：//www. stats. gov. cn/tjsj/zxfb/201602/t20160229_ 1323991. html.

增长率分别为 7.0%、7.0%、6.9% 和 6.8%，全年 GDP 增长率为6.9%[1]。

2016 年 1 月 26 日，笔者依据预测结果认为"2015 年第 4 季度美国 GDP 同比增长率将为 2.14%，略低于 2015 年第 3 季度。预计 2015 年 GDP 增长率将在 2.5% 左右，并且 2016 年美国经济仍将延续增长态势，年度 GDP 增长率低于 2% 的可能性不大"（基础数据截至 2015 年 11 月）[2]。根据美国经济分析局（Bureau of Economic Analysis）2016 年 1 月 29 日发布的数据[3]，2015 年美国 GDP 年度增长率为 2.4%，2015 年第 3 季度 GDP 同比增长率为 2.0%，第 4 季度 GDP 同比增长率为 1.8%。美国经济分析局于 2016 年 2 月 26 日将 2015 年第 4 季度 GDP 同比增长率修订为 1.9%[4]。2016 年 3 月 25 日将 2015 年第 4 季度 GDP 同比增长率修订为 2.0%[5]。

2016 年 1 月 28 日，笔者预测英国"2015 年第 4 季度 GDP 同比增长率将延续下滑之势，季同比增长率在 2% 左右，2016 年 GDP 增长率高于 2% 的可能性较小"（基础数据截至 2015 年 11 月）[6]。根据英国国家统计局 2016 年 2 月 25 日[7]和 3 月 2 日[8]公布的数据，2015 年第 4 季度 GDP 同比增长率为 1.9%。

2016 年 2 月 23 日，笔者预测"2016 年巴西经济将陷入严重衰退，GDP 增长率有可能达到 −6% 以下"[9]。根据巴西国家统计局公布

---

① http：//www.stats.gov.cn/tjsj/zxfb/201601/t20160120_ 1306759.html.

② http：//xinhuahe.blog.sohu.com/321188192.html.

③ https：//www.bea.gov/newsreleases/national/gdp/2016/gdp4q15_ adv.htm.

④ https：//www.bea.gov/newsreleases/national/gdp/2016/gdp4q15_ 2nd.htm.

⑤ https：//www.bea.gov/newsreleases/national/gdp/2016/gdp4q15_ 3rd.htm.

⑥ http：//xinhuahe.blog.sohu.com/321201817.html.

⑦ https：//www.ons.gov.uk/releases/ukgdpsecondestimateocttodec2015.

⑧ https：//www.ons.gov.uk/releases/ukeconomicreviewmar2016.

⑨ http：//xinhuahe.blog.sohu.com/321311264.html.

的数据，2015 年巴西 GDP 增长率为 −3.8%，2016 年前三季度 GDP 增长率累计同比已跌落至 −4% 以下[1]，持续的衰退已成定局。

2016 年 2 月 23 日，利用截至 2015 年 12 月的数据，笔者的动态因子模型给出了 "2016 年韩国 GDP 将在 2.5% 以上"[2] 的结论。根据韩国央行网站 2017 年 1 月 25 日公布的数据，2016 年韩国 GDP 初步核算数据为 2.7%[3]。

2016 年 3 月 2 日，同样利用截至 2015 年 12 月的数据，笔者的动态因子模型给出了 "2016 年印度 GDP 增长率将居金砖国家首位"[4] 的结论。截至 2017 年 1 月 10 日，CIEC 数据库中的数据印证了上述结论。

由国际货币基金组织每年春、秋两季发布的《世界经济展望》（WEO）报告，在世界经济预测领域有着广泛的影响。春季 WEO 在每年 4 月中旬发布，此时大多数国家（地区）仅公布了第一季度的数据，其对年度数据的预测包括对第二、第三和第四季度的预测。秋季 WEO 在每年 10 月初发布，这时大多数国家（地区）已公布前半年的数据，其对年度数据的预测其实是对下半年数据的预测。笔者对其 2015 年春季和 2015 年秋季报告进行分析发现（见表 4 − 1），春季 WEO 对 G20 经济体经济增长率的预测与实际值相比，平均绝对误差为 0.681；秋季 WEO 对 G20 经济体经济增长率的预测与实际值相比，平均绝对误差为 0.295。去除已公布实际值的部分，WEO 春季预测平均季度预测误差为 0.908（ = 0.681 × 4/3），秋季预测平均季度预测误差为 0.59（ = 0.295 × 4/2）。

---

[1] http：//www.ibge.gov.br/english/estatistica/indicadores/pib/pib-vol-val_ 201603_ 3.shtm.
[2] http：//xinhuahe.blog.sohu.com/321312273.html.
[3] http：//ecos.bok.or.kr/jsp/use/reportdata_ e/ReportDataDetail.jsp.
[4] http：//xinhuahe.blog.sohu.com/321362498.html.

表 4-1 国际货币基金组织对 G20 国家（地区）
2015 年经济增长率的预测

单位：%，百分点

国家 （地区）	春季预测 （1）	秋季预测 （2）	实际值 （3）	预测误差		绝对预测误差	
				春季 （4）	秋季 （5）	春季 （6）	秋季 （7）
阿 根 廷	-0.311	0.411	2.459	2.770	2.048	2.770	2.048
澳 大 利 亚	2.845	2.373	2.444	-0.401	0.071	0.401	0.071
巴 西	-1.026	-3.026	-3.848	-2.822	-0.822	2.822	0.822
加 拿 大	2.157	1.041	1.078	-1.079	0.037	1.079	0.037
中 国	6.762	6.813	6.900	0.138	0.087	0.138	0.087
法 国	1.160	1.160	1.274	0.114	0.114	0.114	0.114
德 国	1.620	1.509	1.483	-0.137	-0.026	0.137	0.026
印 度	7.460	7.259	7.563	0.103	0.304	0.103	0.304
印 度 尼 西 亚	5.199	4.660	4.794	-0.405	0.134	0.405	0.134
意 大 利	0.487	0.802	0.760	0.273	-0.042	0.273	0.042
日 本	1.044	0.591	0.539	-0.505	-0.052	0.505	0.052
韩 国	3.281	2.661	2.612	-0.669	-0.049	0.669	0.049
墨 西 哥	2.997	2.312	2.465	-0.532	0.153	0.532	0.153
俄 罗 斯	-3.833	-3.825	-3.727	0.106	0.098	0.106	0.098
沙 特 阿 拉 伯	2.972	3.430	3.486	0.514	0.056	0.514	0.056
南 非	2.002	1.397	1.265	-0.737	-0.132	0.737	0.132
土 耳 其	3.148	3.044	3.985	0.837	0.941	0.837	0.941
英 国	2.718	2.517	2.245	-0.473	-0.272	0.473	0.272
美 国	3.135	2.568	2.596	-0.539	0.028	0.539	0.028
欧 盟	1.847	1.887	2.321	0.474	0.434	0.474	0.434

注：预测误差为实际值减预测值，绝对预测误差为预测误差的绝对值。

资料来源：①春季预测取自 2015 年 4 月《世界经济展望》报告，http://www.imf.org/external/pubs/ft/weo/2015/01/weodata/index.aspx；②秋季预测取自 2015 年 10 月《世界经济展望》报告，http://www.imf.org/external/pubs/ft/weo/2015/02/weodata/index.aspx；③实际值取自 2016 年 10 月《世界经济展望》报告，http://www.imf.org/external/pubs/ft/weo/2016/02/weodata/index.aspx。

2010 年以来，中国"经济蓝皮书"每年在 12 月中上旬发布对当年和次年的中国经济预测数据，每年 4 ~ 5 月发表对当年的中国经济预测数据（见表 4 - 2）。2010 ~ 2015 年中国"经济蓝皮书"年底对当年中国 GDP 增长率的预测与实际值相比，平均绝对误差为 0.14 个百分点；春季对当年中国 GDP 增长率的预测与实际值相比，平均绝对误差为 0.26 个百分点；年底对次年中国 GDP 增长率的预测与实际值相比，平均绝对误差为 0.44 个百分点。去除已公布实际值的前三个季度，蓝皮书对当年第四季度的预测误差相当于 0.56 个百分点（ = 0.14 × 4）。去除已公布实际值的第一季度，蓝皮书对当年第二至四季度的预测误差相当于 0.35 个百分点（ = 0.26 × 4/3）。

表 4 - 2　"中国经济形势分析与预测"课题组对中国经济增长率的预测

单位：%，百分点

年份		2011	2012	2013	2014	2015
实际值		9.5	7.9	7.8	7.3	6.9
预测	年初	10	8.9	8.2	7.5	7
	春季	9.6	8.7	8	7.4	7
	年底	9.2	7.7	7.7	7.3	7
预测误差	年初	- 0.5	- 1	- 0.4	- 0.2	- 0.1
	春季	- 0.1	- 0.8	- 0.2	- 0.1	- 0.1
	年底	0.3	0.2	0.1	0	- 0.1
预测绝对误差	年初	0.5	1	0.4	0.2	0.1
	春季	0.1	0.8	0.2	0.1	0.1
	年底	0.3	0.2	0.1	0	0.1

注：表中预测误差为实际值减预测值；预测绝对误差指预测误差的绝对值。

资料来源：实际值取自国家统计局网站历年全国统计公报（http://www.stats.gov.cn/tjsj/tjgb/ndtjgb/），预测值取自历年《中国经济形势分析与预测》（http://www.pishu.cn/），其余为笔者计算。

2015 年 12 月至 2016 年 3 月，笔者相继公布了对澳大利亚、巴西、加拿大、中国、法国、德国、印度、印度尼西亚、意大利、韩

国、俄罗斯、沙特阿拉伯、英国、美国和欧盟的预测结果。根据
CEIC 数据库中提供的数据，截至 2017 年 1 月底澳大利亚和俄罗斯的
最新经济增长率数据尚分别为 2015 年第二季度和 2015 年第三季度①，
因此笔者仅对其余 13 个国家（地区）的预测数据与实际数据进行了
比较（见表 4-3）。结果显示，预测期为一个季度时的平均绝对误差
为 0.761 个百分点，预测期为两个季度时的平均绝对误差为 0.629 个
百分点，预测期为三个季度时的平均绝对误差为 1.289 个百分点，预
测期为一年时的平均绝对误差为 1.555 个百分点。

表 4-3　动态因子模型预测误差比较

单位：百分点

国家（地区）	模型给出的预测误差				实际绝对预测误差			
	第一季度	第二季度	第三季度	第四季度	第一季度	第二季度	第三季度	第四季度
澳 大 利 亚	0.565	0.718	0.876	1.015	1.142	1.776	2.868	1.974
巴　　　西	1.216	1.850	2.328	2.727	0.134	1.442	2.713	2.691
加　拿　大	0.634	0.934	1.208	1.485	1.249	1.404	2.343	2.928
中　　　国	0.781	0.960	1.074	1.160	0.750	0.450	0.300	0.150
法　　　国	0.491	0.567	0.678	0.753	0.285	0.395	0.394	—
德　　　国	0.747	0.997	1.143	1.237	0.387	0.529	0.419	—
印　　　度	1.387	1.784	1.925	2.232	0.842	0.457	1.190	—
印度尼西亚	0.481	0.512	0.521	0.548	0.204	0.168	0.534	0.245
意　大　利	0.682	1.181	1.696	2.317	0.348	0.355	0.919	—
日　　　本	1.326	1.757	2.003	2.150	—	—	—	—
韩　　　国	0.914	1.284	1.554	1.772	0.284	0.429	0.234	—
墨　西　哥	1.094	1.679	2.223	2.742	0.941	2.328	3.881	3.712
俄　罗　斯	1.664	2.114	2.415	2.544	3.483	1.124	0.021	2.810
沙特阿拉伯	1.780	1.783	2.567	2.193	4.391	0.768	5.272	3.254

① 后经查询，发现两国均系基期调整原序列停止更新所致。

续表

国家（地区）	模型给出的预测误差				实际绝对预测误差			
	第一季度	第二季度	第三季度	第四季度	第一季度	第二季度	第三季度	第四季度
南　　非	0.512	0.663	0.767	0.891	1.769	3.074	1.684	1.900
土　耳　其	2.226	2.223	2.523	2.983	3.233	1.592	2.947	11.386
英　　国	0.529	1.014	1.457	1.833	0.287	0.163	0.140	0.723
美　　国	0.700	0.972	1.170	1.423	0.264	1.074	1.678	1.886
欧　　盟	0.542	0.843	1.081	1.295	0.463	0.543	0.620	0.564
平　　均	0.837	1.129	1.416	1.613	0.761	0.629	1.289	1.555

注：①平均值系指笔者曾在 http：//xinhuahe. blog. sohu. com/上公布过预测结果，并且截至 2017 年 1 月底 CEIC 数据库中已公布相关数据的巴西、加拿大、中国、法国、德国、印度、印度尼西亚、意大利、韩国、沙特阿拉伯、英国、美国和欧盟的均值，不包括阴影中的国家；②实际绝对误差指模型给出的点预测与实际值间的误差绝对值。

进一步分析可以发现，笔者对巴西、加拿大和沙特阿拉伯 4 个季度的平均预测误差分别为 1.745 个、1.981 个和 3.421 个百分点。若将这三个国家去除，则其余 10 个国家（地区）的平均绝对预测误差将显著下降，预测期为一个季度时为 0.411 个百分点，预测期为两个季度时为 0.456 个百分点，预测期为三个季度时为 0.643 个百分点，预测期为一年时为 0.714 个百分点。上述事实说明，采用动态因子模型对 GDP 增长率进行的预测，其精度完全可以媲美国际货币基金组织《世界经济展望》和中国"经济蓝皮书"中的预测精度。考虑到为此所投入的财力和人力的巨大差距，采用动态因子模型的优势不言而喻。

第四节　G20经济体 GDP 增长率动态因子模型建设情况

本研究项目中，GDP 增长率动态因子模型不仅建设进度滞后于通货膨胀率动态因子模型，其完成情况也不尽如人意。除阿根廷因数据难以支持建模外，巴西、日本、墨西哥、俄罗斯、沙特阿拉伯、土耳其等国虽经反复筛选各种组合的数据集用于构建动态因子模型，但预测误差依然居高不下，未能达到理想的预测精度目标（见表4-4）。

表 4-4 G20 经济增长率动态因子模型建设进度

国别（地区）	完成情况	备注
阿 根 廷	未完成	可以获取的数据不支持建模
澳 大 利 亚	完成	2016 年 2 月 17 日建成
巴 西	完成	2016 年 2 月 23 日建成
加 拿 大	完成	2016 年 1 月 26 日建成
中 国	完成	2015 年 12 月 30 日建成
法 国	完成	2016 年 2 月 5 日建成
德 国	完成	2016 年 2 月 23 日建成
印 度	完成	2016 年 3 月 2 日建成
印 度 尼 西 亚	完成	2016 年 1 月 28 日建成
意 大 利	完成	2016 年 2 月 17 日建成
日 本	完成	2017 年 1 月 10 日建成（未发表）
韩 国	完成	2016 年 2 月 23 日建成
墨 西 哥	完成	2016 年 2 月 5 日建成（未发表）
俄 罗 斯	完成	2016 年 3 月 2 日建成
沙 特 阿 拉 伯	完成	2016 年 2 月 17 日建成
南 非	完成	2016 年 2 月 4 日建成（未发表）
土 耳 其	完成	2016 年 2 月 4 日建成（未发表）
英 国	完成	2016 年 1 月 28 日建成
美 国	完成	2016 年 1 月 26 日建成
欧 盟	完成	2016 年 2 月 4 日建成

　　然而实践表明，笔者采用扇形图的方式给出预测结果的决策是正确的。从表4-3可以看出，对于部分国家（地区），尽管模型给出的预测误差较大（首个季度预测误差即高于1个百分点），预测精度

不够理想，但与实际绝对预测误差相比笔者的预测仍是较为准确的。采用扇形图给出的预测结果中不仅包括点预测，而且包括以点预测为中心，以模型给出的预测误差为基础构建的 95% 的置信区间。经计算，实际 GDP 增长率超出预测所给出的置信区间的国家（地区）第一季度为 5 个，第二季度为 2 个，第三季度和第四季度为 3 个。鉴于目前笔者已完成完整的 Eviews 动态因子模型建模程序，对建模数据集的筛选工作将会更加便利和快速。未来构建出预测精度更高的 GDP 增长率动态因子模型还是非常值得期待的。

第五章

中国通货膨胀率动态因子模型

摘要：本章首先对 2000 年以来中国通货膨胀率的变化情况进行了回顾，其次列出了中国通货膨胀率动态因子模型所选定的数据集。在对模型构建进行简要介绍的基础上，对所提取的动态因子进行了讨论。最后对中国通货膨胀率动态因子模型的预测表现进行了客观评述。

第一节　21世纪中国通货膨胀历史回顾

进入 21 世纪以来，中国通货膨胀率经历了三次大的波动。首先，在工业品出厂价格指数（PPI）连续 5 个月同比负增长的带动下，自 2001 年 9 月开始，居民消费价格指数（CPI）出现了连续近 16 个月的月同比负增长。尽管在这次通货紧缩期间 CPI 同比最低仅有 -1.3%，但其持续时间之久同时伴随 PPI 月同比长达 20 个月负增长并且最低探至 -4.2%，使刚刚经历亚洲金融危机期间 CPI 月同比连续 27 个月负增长的中国倍感压力。走出通货紧缩的阴影之后，通货膨胀率缓慢回升，至 2004 年 6 月 CPI 月同比增长率重新回到 5% 以上并且连续 4 个月保持了这一高位，之后通货膨胀率开始逐步回落。

美国次贷危机爆发前，中国 CPI 月同比增长率开始迅速上升。2006 年 7 月，中国通货膨胀率尚只有 1%。到 2007 年 7 月，短短一年的时间 CPI 月同比增长率已升至 5.6%，半年后更进一步上升至 8.7%，达到 2000 年以来的最高点。之后随着全球金融危机的爆发，通货膨胀率迅速回落，通货紧缩再次来袭。2009 年 2 月至 2009 年 10 月 CPI 月同比增长率持续负增长，并且于 2009 年 7 月达到了本次通货紧缩的最低点 - 1.8%。与此同时，PPI 更上演了持续时间长达一年，并且最低达到 - 8.2% 的月同比负增长。

为应对全球金融危机，各国广泛采取了各种经济刺激手段。美国的量化宽松，欧盟的超低利率水平，加之中国实施的 4 万亿元经济刺激计划，在使经济增长快速走出低谷的同时，对通货膨胀产生的影响也迅速凸显。在摆脱负增长一年之后，CPI 月同比增长率已重返 5% 以上，并且于 2011 年 7 月创下了 6.5% 的 2000 年以来的第二个高通货膨胀率。自 2012 年 3 月起，PPI 月同比增长率再次陷入负增长，其长达 54 个月的负增长不仅刷新了历史纪录，也使各界对 CPI 或将再次步入负增长充满了忧虑。所幸，尽管自 2014 年下半年起 CPI 长期徘徊在较低水平，但毕竟未出现负增长。

综上所述，从中国 CPI 月同比增长率看，2000 年以来一直保持在个位数（见图 5 - 1）。虽然也曾有少量月份突破了 5%，但相比 20 世纪八九十年代高达 20% 以上的高通货膨胀率，整体看 2000 年以来中国通货膨胀率相对不高。在外汇储备从 21 世纪初的 1560 亿美元逐步攀升至 2014 年的近 4 万亿美元的背景下，央行不得不通过提高存款准备金率、发行央行票据等非常规手段回笼过量发行的货币，维持上述低通货膨胀水平更显不易。

第二节　中国通货膨胀率动态因子模型变量的选取

遵循第三章中所确定的原则，构建中国通货膨胀率动态因子模型

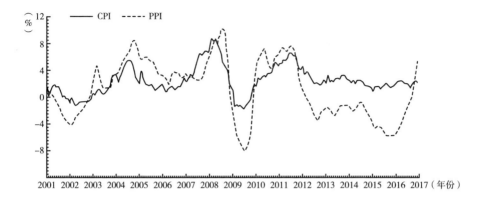

图 5 - 1　中国通货膨胀率

资料来源：CEIC 数据库。

主要选用了以下变量。

一是直接影响居民消费价格指数的八大价格指数，即食品类居民消费价格指数、烟酒及用品类居民消费价格指数、衣着类居民消费价格指数、家庭设备用品及维修服务类居民消费价格指数、医疗保健和个人用品类居民消费价格指数、交通和通信类居民消费价格指数、娱乐教育文化用品及服务类居民消费价格指数、居住类居民消费价格指数。二是反映不同消费群体的分城乡居民消费价格指数，即城镇居民消费价格指数和农村居民消费价格指数。三是影响居民消费价格指数的上游价格指数，即工业品出厂价格指数和商品零售价格指数。四是反映经济发展状况的消费者信心指数、国内生产总值指数、第二产业增加值指数、第三产业增加值指数、失业率等。五是反映货币供给的货币供应量 M1 和 M2 的增长率。六是反映货币宽松程度的三个月期上海银行间同业拆借利率。七是间接影响货币供给的外汇储备、央行基准利率、央行的再贴现率、存款准备金率、超额准备金率等。八是反映股票市场活跃程度的上证综合指数和深证综合指数。九是反映外部影响的进口价格指数和英国布伦特原油价格指数（见表 5 - 1）。

表 5-1　中国通货膨胀率动态因子模型基础变量

变量名称	频率	单位	起止时间	CEIC 编码	CEIC 注明的来源
居民消费价格指数 Consumer Price Index	月度	上年同期 =100	2000 年 1 月～2016 年 12 月	5724301	中国国家统计局
居民消费价格指数：食品 Consumer Price Index：Food	月度	上年同期 =100	2000 年 1 月～2016 年 12 月	5724401	中国国家统计局
居民消费价格指数：烟酒及用品 Consumer Price Index：Tobacco，Liquors and Articles	月度	上年同期 =100	2001 年1 月～2015 年12 月	5725201	中国国家统计局
居民消费价格指数：衣着 Consumer Price Index：Clothing	月度	上年同期 =100	2001 年 1 月～2016 年 12 月	5725301	中国国家统计局
居民消费价格指数：家庭设备用品及维修服务 Consumer Price Index：Household Facility	月度	上年同期 =100	2001 年1 月～2015 年12 月	5725401	中国国家统计局
居民消费价格指数：医疗保健和个人用品 Consumer Price Index：Medicines and Medical	月度	上年同期 =100	2001 年1 月～2015 年12 月	5725501	中国国家统计局
居民消费价格指数：交通和通信 Consumer Price Index：Transport & Telecom	月度	上年同期 =100	2001 年 1 月～2016 年 12 月	5725601	中国国家统计局
居民消费价格指数：娱乐教育文化用品及服务 Consumer Price Index：Recreation，Education & Cultural	月度	上年同期 =100	2001 年1 月～2015 年12 月	5725701	中国国家统计局

续表

变量名称	频率	单位	起止时间	CEIC 编码	CEIC 注明的来源
居民消费价格指数:居住 Consumer Price Index:Residence	月度	上年同期=100	2001 年 1 月～2016 年 12 月	5725801	中国国家统计局
居民消费价格指数:城镇 Consumer Price Index:Urban	月度	上年同期=100	2000 年 1 月～2016 年 12 月	5803501	中国国家统计局
居民消费价格指数:农村 Consumer Price Index:Rural	月度	上年同期=100	2000 年 1 月～2016 年 12 月	5805101	中国国家统计局
工业品出厂价格指数 Producer Price Index:Industrial Products	月度	上年同期=100	2000 年 1 月～2016 年 12 月	5793201	中国国家统计局
商品零售价格指数 Retail Price Index	月度	上年同期=100	2000 年 1 月～2016 年 11 月	5806701	中国国家统计局
消费者信心指数 Consumer Confidence Index	月度	—	2000 年 1 月～2016 年 11 月	5198401	中国国家统计局
国内生产总值指数 GDP:ytd:Index:PY=100	季度	上年同期=100	2000 年 1 季度～2016 年 3 季度	2113801	中国国家统计局
国内生产总值指数:第二产业 GDP:ytd:Index:PY=100:Secondary Industry	季度	上年同期=100	2000 年 1 季度～2016 年 3 季度	2114001	中国国家统计局

续表

变量名称	频率	单位	起止时间	CEIC 编码	CEIC 注明的来源
国内生产总值指数：第三产业 GDP：ytd：Index：PY = 100：Tertiary Industry	季度	上年同期 = 100	2000 年 1 季度 ~ 2016 年 3 季度	2114101	中国国家统计局
失业率 Unemployment Rate	季度	%	2000 年 1 季度 ~ 2016 年 3 季度	64364201	中国人力资源和社会保障部
货币供应量 M1：月同比增长率 Money Supply M1：YoY：Growth Rate	月度	%	2000 年 1 月 ~ 2016 年 11 月	7027601	中国人民银行
货币供应量 M2：月同比增长率 Money Supply M2：YoY：Growth Rate	月度	%	2000 年 1 月 ~ 2016 年 11 月	7027801	中国人民银行
外汇储备 Foreign Reserves	月度	美元（10 亿）	2000 年 1 月 ~ 2016 年 12 月	7012201	中国人民银行
上海银行同业拆借利率（三个月） Short Term Interest Rate：Month End：SHIBOR：3 Months	月度	年率%	2000 年 1 月 ~ 2016 年 12 月	142345601	中国人民银行
再贴现率 Policy Rate：Month End：Rediscount Rate	月度	年率%	2000 年 1 月 ~ 2016 年 12 月	7055901	中国人民银行
央行基准利率：年率 Central Bank Base Interest Rate：Annual	月度	年率%	2000 年 1 月 ~ 2016 年 12 月	7055601	中国人民银行

续表

变量名称	频率	单位	起止时间	CEIC 编码	CEIC 注明的来源
央行基准利率:存款准备金率 Central Bank Base Interest Rate: Required Reserve	月度	年率%	2000 年 1 月 ~ 2016 年 12 月	7055701	中国人民银行
央行基准利率:超额准备金率 Central Bank Base Interest Rate: Excess Reserve	月度	年率%	2000 年 1 月 ~ 2016 年 12 月	7055801	中国人民银行
上证综合指数 Index: Shanghai Stock Exchange: Composite	月度	1990 年 12 月 19 日 =100	2000 年 1 月 ~ 2016 年 12 月	13092401	上海股票交易所
深证综合指数 Index: Shenzhen Stock Exchange: Composite	月度	1991 年 4 月 3 日 =100	2000 年 1 月 ~ 2016 年 12 月	13088801	深圳股票交易所
进口价指数 Trade Index: Import: Unit Value	月度	上年同期 =100	2005 年 1 月 ~ 2016 年 11 月	69640501	中国海关总署
英国布伦特原油价格指数 Commodity Price Index:Petroleum:Spot:U. K. Brent	月度	2010 =100	2000 年 1 月 ~ 2016 年 11 月	217972901	国际货币基金组织

注:①变量名称中的英文为 CEIC 数据库中的变量名称;②起止时间以 2017 年 1 月 10 日 CEIC 数据库中的信息为准,斜体字的数据序列已停止更新。

第三节　中国通货膨胀率动态因子模型的构建

利用表 5 - 1 中列出的变量，笔者于 2015 年年初首次尝试进行了中国通货膨胀率动态因子模型的构建。依据当时能够获取的最新数据，笔者选取了 2000 年 1 月至 2015 年 1 月作为样本期。

在对原始数据通过差分和求取增长率等手段消除单位根影响得到平稳时间序列后，笔者首先对样本期内的各变量进行了标准化，然后利用其中的月度数据确定了将提取的因子个数，接下来利用 Eviews 程序中的状态空间模型在上述由 29 个变量组成的变量集中提取出了 3 个动态因子并采用 VAR 模型对这 3 个动态因子进行了预测，最后通过 ADL 模型对中国通货膨胀率进行了预测①。图 5 - 2 给出了各变量所对应的因子载荷。

第三章中曾提到，当数据更新后，利用新样本数据重新计算动态因子时，即使基础变量集保持不变，并且历史数据也基本保不变，但由于样本区间已发生变化，对各变量进行标准化时所用均值和标准差已发生变化，因而新获取的动态因子也会有所变化。然而，由于所提取的变量集中的信息是高度一致的，因而反映在各变量所对应的因子载荷上必然是相对稳定的，这一点从图5 - 2和图 5 - 3 的对比中可以得出明确的结论。

然而，若历史数据已发生变化，或者由于部分数据序列不再更新而不得不另外选取合适的基础数据序列时，则意味着将获取一组全新的动态因子，这时将不存在任何技术手段可以保证前后预测的一致性。从笔者的建模实践看，比较可行的做法只能是尽量选取预测误差较小的新的基础变量集。

---

①　预测结果见 http://mp. weixin. qq. com/s/v47iKG-epbvxxIWW8OiPXQ。

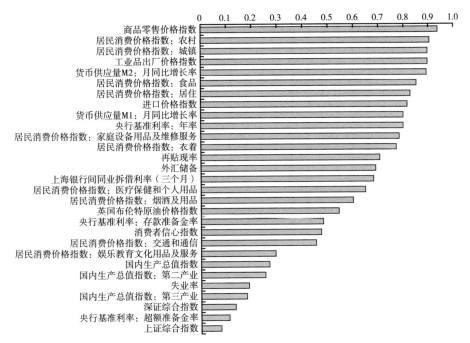

图 5 - 2 中国通货膨胀率动态因子模型中各变量所对应的因子载荷 (1)

注：样本期为 2000 年 1 月至 2015 年 1 月；对应的动态因子见图 3 - 3。

资料来源：笔者计算。

第四节 中国通货膨胀率动态因子模型预测效果简析

图 5 - 4 为依据 2000 年 1 月至 2015 年 1 月的样本数据所建立的动态因子模型于 2015 年 3 月 5 日做出的预测。从预测结果看，CPI 月同比增长率已接近走出低点，落入负增长区间的概率较小。因此，尽管当时主流分析认为 CPI 即将陷入负增长，笔者却依据模型预测结果得出了不同的结论，即"尽管同比 CPI 指数（2015 年）2 月份仍将走低，但自 3 月份起将逐步企稳回升。"国家统计局于 2015 年 3 月 10 日公布了 2015 年 2 月份 CPI 数据，结果显示我国 CPI 同比增长率为 1.4%，已高于 2015 年 1 月的 0.8%，印证了笔者的结论。

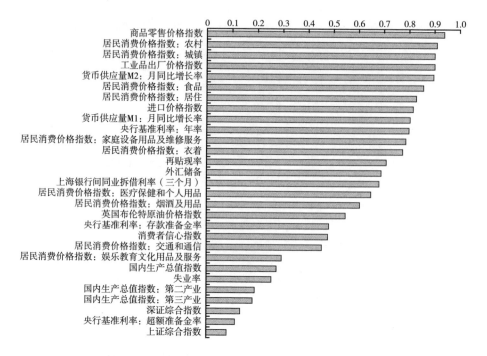

图 5 – 3　中国通货膨胀率动态因子模型中各变量所对应的因子载荷（2）

注：样本期为 2000 年 1 月至 2015 年 3 月；对应的动态因子见图 3 – 4。

资料来源：笔者计算。

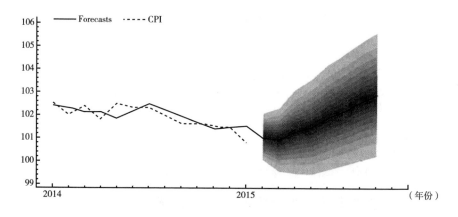

图 5 – 4　中国 CPI 预测（1）

注：基础数据截至 2015 年 1 月。

　　图 5 - 5 为依据 2000 年 1 月至 2015 年 3 月的数据所建立的动态因子模型于 2015 年 5 月 13 日做出的预测。从区间预测结果看，CPI 月同比增长率不存在出现负值的可能。鉴此，笔者得出结论"通货紧缩风险已近尾声"，"可以跟通货紧缩说拜拜了"。根据国家统计局公布的数据，本轮 CPI 月同比增长率的最低点出现在 2015 年 1 月。实践证明，中国 CPI 动态因子模型的预测是经得起实践检验的。

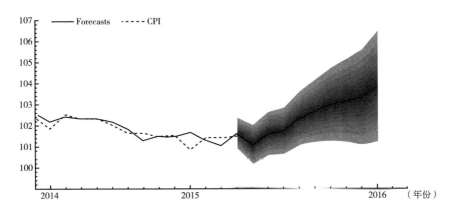

图 5 - 5　中国 CPI 预测（2）

注：基础数据截至 2015 年 3 月。

　　对比两次预测结果可以发现，基础数据发生变化后，预测结果将随之发生变化。不过，经与实际数据进行比较可以发现，对 6 个月以内的通货膨胀率所做的预测其绝对误差在 1 个百分点之内；实际预测误差随预测期的延长而增加，半年以上的实际预测误差迅速扩大。不过，3 个月之内的实际预测误差大大小于扇形图所给出的区间，显示了区间预测具有较高的参考价值。

　　2015 年 12 月 8 日，笔者依据 2000 年 1 月至 2015 年 10 月的数据再次建立动态因子模型，并根据模型预测结果得出结论"我国通货膨胀率仍将在低位运行，但陷入通货紧缩的可能性极小"。事实再次证明，模型给出的预测结果经受住了时间的考验。

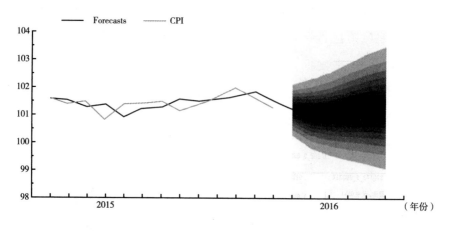

图 5 - 6　中国 CPI 预测（3）

注：基础数据截至 2015 年 10 月。

较为遗憾的是，2016 年底笔者所在的中国社会科学院因故暂停了 CEIC 数据库的订阅。尽管许多科研人员因研究工作需要呼吁恢复该数据库的订购，但至本书完稿之时问题仍未得到解决。通过 CEIC 数据库工作人员的协助，笔者得以利用其提供的临时账户于 2017 年 1 月集中更新了所有动态因子模型原有的数据序列。不过遗憾的是，中国 CPI 动态因子模型所选定的数据序列中有 4 个序列因统计口径调整已停止更新，为采用原模型进行预测带来了较大的不确定性。而重新选取数据集，一方面需要数据库的支持，另一方面也需要花费较多的精力，限于时间和精力，未再做进一步的尝试。

第六章

七国集团及欧盟
通货膨胀率动态因子模型

摘要：本章收录了本研究项目中对七国集团及欧盟通货膨胀率所建的动态因子模型的相关内容。从建模实践看，为各动态因子模型选取的基础变量集基本蕴含了预测各国（地区）通货膨胀率所需信息，依据各动态因子模型之预测结果得出的结论经受住了时间的考验。由于部分数据序列已停止更新，在未来的建模实践中需要调整部分变量。

第一节　美国通货膨胀率动态因子模型

得益于经济全球化的快速发展，来自发展中国家的大量质优价廉的商品压低了美国国内的物价水平。自 20 世纪 80 年代后期开始，美国开始迈入了被经济学家誉为大缓和（Great Moderation）的黄金时代。21 世纪之初，这一趋势得到了延续。由美国次贷危机引发的全球金融危机的爆发，使美国通货膨胀水平迅速上升。2008 年 7 月美国通货膨胀率达到了 5.5%，创下了 2000 年以来的最高纪录。随后，形势发生逆转，通货膨胀率在一年之内迅速下跌至最低点 -2%。在经过多次降息已使联邦基金利率降至历史低点后，美联储又通过多次实施量化宽松政策才使美国走出通货紧缩的阴影。2011 年 9 月，美国通货膨胀率回升至全球金融危机后的高点，达到了 3.8%。但随后通货膨胀率再次呈下降趋势，并且于 2015 年初再次陷入负增长。2015 年下半年起通货膨胀率再次缓慢回升（见图 6 - 1）。

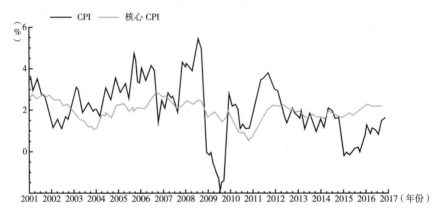

图 6 - 1　美国通货膨胀历史轨迹

资料来源：笔者根据 CEIC 数据库中的相关数据整理。

除了以 CPI 表示的通货膨胀率外，在美联储货币政策决策中更为重要的参考数据是扣除食品和能源类消费的所谓"核心通货膨胀率"。从以往的经验数据看，当核心通货膨胀率超过 2% 时美联储倾向于加息。

本研究项目所建立的美国通货膨胀率动态因子模型基于 31 个基础变量（见表 6 - 1）组成的数据集。具体有以下八个主要组成部分：（1）计算美国消费者价格指数的八大类基础价格数据，即食品和饮料类居民消费价格指数、住房类居民消费价格指数、服装类居民消费价格指数、交通类居民消费价格指数、医疗卫生类居民消费价格指数、娱乐类居民消费价格指数、教育和通信类居民消费价格指数、其

表 6 - 1 美国通货膨胀率动态因子模型基础变量

变量名称	频率	单位	起止时间	CEIC 编码	CEIC 注明的来源
城市居民消费价格指数（不含食品和能源） CPI U：sa：All Items Less Food and Energy	月度	1982 ~ 1984 = 100	2000 年 1 月 ~ 2016 年 11 月	41107001	美国劳工统计局
居民消费价格指数月同比增长率 Consumer Price Index：YoY：sa	月度	%	2000 年 1 月 ~ 2016 年 11 月	211485602	CEIC 生成
城市居民消费价格指数：食品和饮料 Consumer Price Index：Urban：sa：Food and Beverages	月度	1982 ~ 1984 = 100	2000 年 1 月 ~ 2016 年 11 月	41091201	美国劳工统计局
城市居民消费价格指数：住房 Consumer Price Index：Urban：sa：Housing	月度	1982 ~ 1984 = 100	2000 年 1 月 ~ 2016 年 11 月	41096101	美国劳工统计局
城市居民消费价格指数：服装 Consumer Price Index：Urban：sa：Apparel	月度	1982 ~ 1984 = 100	2000 年 1 月 ~ 2016 年 11 月	41098201	美国劳工统计局
城市居民消费价格指数：交通 Consumer Price Index：Urban：sa：Transport	月度	1982 ~ 1984 = 100	2000 年 1 月 ~ 2016 年 11 月	41100201	美国劳工统计局
城市居民消费价格指数：医疗卫生 Consumer Price Index：Urban：sa：Medical Care	月度	1982 ~ 1984 = 100	2000 年 1 月 ~ 2016 年 11 月	41101601	美国劳工统计局
城市居民消费价格指数：娱乐 Consumer Price Index：Urban：sa：Recreation	月度	1997 年 12 月 = 100	2000 年 1 月 ~ 2016 年 11 月	41102901	美国劳工统计局
城市居民消费价格指数：教育和通信 Consumer Price Index：Urban：sa：Education and Communication（EC）	月度	1997 年 12 月 = 100	2000 年 1 月 ~ 2016 年 11 月	41103901	美国劳工统计局

续表

变量名称	频率	单位	起止时间	CEIC 编码	CEIC 注明的来源
城市居民消费价格指数：其他商品与服务 Consumer Price Index：Urban：sa：Other Goods and Services（GS）	月度	1982～1984 = 100	2000 年 1 月～2016 年 11 月	41102501	美国劳工统计局
城市居民消费价格指数：所有商品 CPI U：sa：All Commodities	月度	1982～1984 = 100	2000 年 1 月～2016 年 11 月	41104601	美国劳工统计局
城市居民消费价格指数：服务 CPI U：sa：Services	月度	1982～1984 = 100	2000 年 1 月～2016 年 11 月	41104801	美国劳工统计局
城市居民消费价格指数（不含食品） CPI U：sa：All Items Less Food	月度	1982～1984 = 100	2000 年 1 月～2016 年 11 月	41105301	美国劳工统计局
生产者价格指数：中间材料 （DC）PPI：Intermediate Materials（IM）	月度	1982 = 100	2000 年1 月～2015 年12 月	212197902	美国劳工统计局
生产者价格指数：制造业中间材料 （DC）PPI：IM：Manufacturing	月度	1982 = 100	2000 年1 月～2015 年12 月	212198002	美国劳工统计局
进口价格指数：工业化国家 Import Price Index：Industrialized Countries	月度	2000 = 100	2000 年 1 月～2016 年 11 月	41211301	美国劳工统计局
进口价格指数：其他国家 Import Price Index：Other Countries	月度	2000 = 100	2000 年 1 月～2016 年 11 月	41211601	美国劳工统计局
实际国内生产总值同季同比增长率 Real GDP：YoY：sa	季度	%	2000 年 1 季度～2016 年 3 季度	211484002	CEIC 生成

续表

变量名称	频率	单位	起止时间	CEIC 编码	CEIC 注明的来源
国内生产总值:个人消费支出 GDP: 2009p: saar: Personal Consumption Expenditures	季度	美元(10 亿)	2000 年 1 季度 ~ 2016 年 3 季度	287909304	美国经济分析局
失业率 Unemployment Rate	月度	%	2000 年 1 月 ~ 2016 年 12 月	40952001	美国劳工统计局
国际收支经常账户 BOP: Current Account: Balance	季度	美元(百万)	2000 年 1 季度 ~ 2016 年 3 季度	355506537	美国经济分析局
储备资产 Reserve Assets	月度	美元(10 亿)	2000 年 1 月 ~ 2016 年 11 月	42140101	美国联邦储备委员会
货币供应 M1 US: Money Supply: M1	月度	美元(10 亿)	2000 年 1 月 ~ 2016 年 10 月	217879001	国际货币基金组织
货币供应 M2 US: Money Supply: M2	月度	美元(10 亿)	2000 年 1 月 ~ 2016 年 10 月	217879601	国际货币基金组织
联邦基金利率 Policy Rate: Month End: Fed Funds Rate	月度	年率%	2000 年 1 月 ~ 2016 年 12 月	211485902	美国联邦储备委员会
费城美联储同步指数 Coincident Index: Philadelphia Fed: US	月度	—	2000 年 1 月 ~ 2016 年 12 月	53263402	费城联邦储备银行

续表

变量名称	频率	单位	起止时间	CEIC 编码	CEIC 注明的来源
纽约商业状况指数 Report on Business: New York Business Condition Index: sa	月度	—	2000 年 1 月 ~2016 年 12 月	204460402	纽约供应管理研究所 ISM-New York
当前商业状况指数 Report on Business: Current Business Condition Index: sa	月度	—	2000 年 1 月 ~2016 年 12 月	204460202	纽约供应管理研究所 ISM-New York
纽约证券交易所综合指数 Equity Market Index: Month End: NYSE Composite	月度	2002 年 12 月 31 日 =5000	2000 年 1 月 ~2016 年 12 月	43911201	CEIC 生成
纳斯达克综合指数 Index: Nasdaq Composite	月度	1971 年 2 月 5 日 =100	2000 年 1 月 ~2016 年 12 月	43911801	纳斯达克股票市场
道琼斯综合指数 Index: Dow Jones: Composite Average	月度	1934 年 1 月 2 日 =39.57	2000 年 1 月 ~2016 年 12 月	43909401	道琼斯公司
英国布伦特原油价格指数 Commodity Price Index: Petroleum: Spot: U.K. Brent	月度	2010 =100	2000 年 1 月 ~2016 年 11 月	217972901	国际货币基金组织

注：①变量名称中的英文为 CEIC 数据库中的变量名称；②起止时间以 2017 年 1 月 10 日 CEIC 数据库中的信息为准，斜体字的数据序列已停止更新。

他商品和服务类居民消费价格指数①；（2）从各个不同角度计算的居民消费价格指数：如居民消费价格指数月同比增长率、商品类居民消费价格指数、服务类居民消费价格指数、扣除食品的居民消费价格指数；（3）反映上游价格变动的生产者价格指数；（4）反映外部影响因素的进口价格指数、国际收支经常账户和英国布伦特原油价格指数；（5）反映货币供应的 M1、M2、联邦基金利率和储备资产；（6）影响资产配置的股票市场走势；（7）反映购买力的个人消费支出、失业率；（8）各种经济景气指数。

美国 CPI 月度数据一般于次月 15 日到 20 日之间公布。2014 年10 月至 2015 年 11 月的数据发布日期见表 6 - 2。美国公布的 CPI 月度数据主要有三个，一是针对城市中全体消费者的 CPI - U，二是针对城市中的全体消费者的链式指数 C - CPI - U，三是针对城市中有固定工资收入者的 CPI - W。美国劳工部（BLS）自 1978 年 1 月起开始编制 CPI - U。CPI - W 较 CPI - U 所涵盖的范围要小，但其历史更为久远，可追溯至 1913 年。用于编制这两个价格指数的价格数据是一样的，区别仅在于所用的权重不同。BLS 自 2002 年 8 月起开始编制 C - CPI - U（数据始于 2000 年 1 月），所用价格数据与CPI - U 和 CPI - W 相同，但计算 C - CPI - U 所使用的公式和权重不同。在计算 C - CPI - U 的公式中考虑到了消费者选用不同消费品和服务来满足相同消费水平的可能。由于这种计算需要更多消费支出方面的数据支持，而这些数据的获取有一定的滞后期，因而其数据的发布分为三步，第一次为初步数据，之后还有两次定期的修订。

---

① 美国 CPI 编制方法见 http：//www.bls.gov/opub/hom/pdf/homch17.pdf。

表 6－2 美国 CPI 数据发布时间

数据所在月份	数据发布时间	数据所在月份	数据发布时间
2014 年 10 月	2014 年 11 月 20 日上午 8:30	2015 年 5 月	2015 年 6 月 18 日上午 8:30
2014 年 11 月	2014 年 12 月 17 日上午 8:30	2015 年 6 月	2015 年 7 月 17 日上午 8:30
2014 年 12 月	2015 年 1 月 16 日上午 8:30	2015 年 7 月	2015 年 8 月 19 日上午 8:30
2015 年 1 月	2015 年 2 月 26 日上午 8:30	2015 年 8 月	2015 年 9 月 16 日上午 8:30
2015 年 2 月	2015 年 3 月 24 日上午 8:30	2015 年 9 月	2015 年 10 月 15 日上午 8:30
2015 年 3 月	2015 年 4 月 17 日上午 8:30	2015 年 10 月	2015 年 11 月 17 日上午 8:30
2015 年 4 月	2015 年 5 月 22 日上午 8:30	2015 年 11 月	2015 年 12 月 15 日上午 8:30

资料来源：根据美国劳工部（BLS）网站（http://www.bls.gov/schedule/news_release/cpi.htm）上的信息整理。

美国在编制 CPI 的实践中，先后已经历了六次大的调整，这些调整包括样本、权重、所涵盖的范围及计算方法等，最近一次修订是在 1998 年。

以上三种 CPI 的编制，均采用了拉氏指数及指数平均。从 CEIC 数据库中公布的权重看，尽管调整幅度有限，但自 1998 年 1 月起每月都有变动。

本研究项目对美国通货膨胀率动态因子模型的构建始于 2015 年 5 月。在 2000 年 1 月至 2015 年 3 月的样本期内，共提取出了 5 个动态因子。利用这 5 个动态因子对美国通货膨胀率进行的预测提示："美国通货膨胀率（月同比）年内（2015 年）将基本维持在 2% 的政策目标之内，因此，可以推断，年内美联储加息的可能性极小！"[1]

2015 年 12 月 9 日，在 2000 年 1 月至 2015 年 10 月的样本期内，笔者再次利用提取出的 5 个动态因子进行了预测，结果显示"（2015 年）12 月份美国核心通货膨胀率已逼近 2% 的政策目标，将于 12 月份召开的美联储例会后宣布加息似已无悬念。"[2]

---

① http://xinhuahe.blog.sohu.com/308781232.html.
② http://xinhuahe.blog.sohu.com/310847268.html.

从美国经济实际运行情况看，上述结论经受住了历史的考验。事实证明，基于上述 31 个变量所构建的动态因子模型可以对美国通货膨胀率给出令人满意的预测结果。图 6 - 2 为样本期 2000 年 1 月至 2015 年 3 月内各变量所对应的因子载荷。图 6 - 3 和图 6 - 4 分别为 2015 年 5 月 12 日和 2015 年 12 月 9 日所做预测。

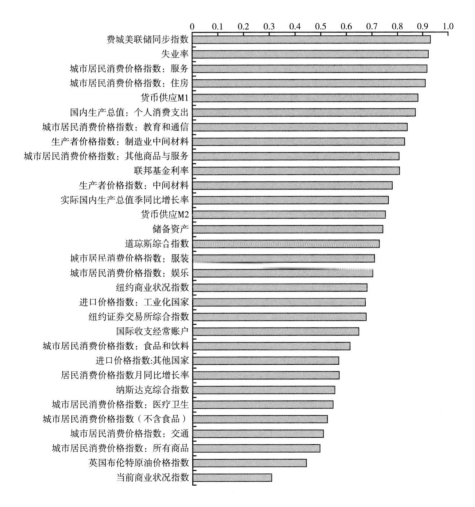

图 6 - 2　美国通货膨胀率动态因子模型中各变量所对应的因子载荷

注：样本期为 2000 年 1 月至 2015 年 3 月。

资料来源：笔者计算。

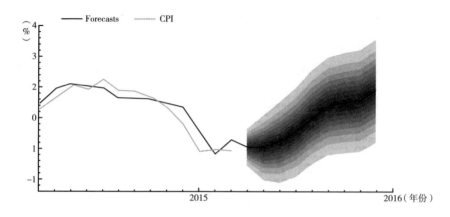

图 6 – 3　美国通货膨胀率预测（1）

注：基础数据截至 2015 年 3 月。

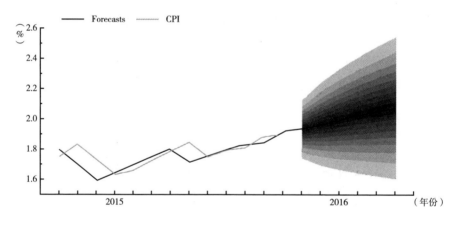

图 6 – 4　美国通货膨胀率预测（2）

注：基础数据截至 2015 年 10 月。

第二节　日本通货膨胀率动态因子模型

进入 21 世纪后，日本通货紧缩依然，并且 CPI 月同比增长率在 2002 年 2 月一度达到了 – 1.6%。不过此后日本通货紧缩的形势出现转机，CPI月同比增长率开始围绕0点上下小幅波动。美国次贷危机引发的全球金融危机，使刚刚走出通货紧缩泥潭的日本再次陷入了长达3年多的通货紧缩之中，并且CPI月同比增长率在2009年10月下探至−2.5%，为2000年以来的最低点。为应对老龄化带来的养老金支付压力，日本政府自2014年4月1日起将消费税从5%上调至8%。CPI月同比增长率随即从2014年3月的1.6%猛增至4月的3.4%和5月的3.7%，但之后通货膨胀率开始缓慢下降。到2015年4月，CPI月同比增长率已从3月的2.3%降至0.6%，增税对通货膨胀率的影响渐渐消退，2016年3月起CPI月同比增长率复又进入负增长的轨道（见图6−5）。

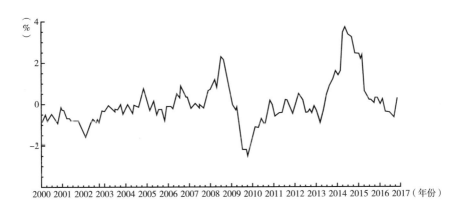

图 6−5 日本通货膨胀历史轨迹

资料来源：笔者根据 CEIC 数据库中的相关数据整理。

本研究项目所建立的日本通货膨胀率动态因子模型基于31个基础变量（见表6−3）组成的数据集。具体有以下六个主要组成部分：（1）计算日本消费者价格指数的十大类基础价格数据，即食品类居民消费价格指数，住房类居民消费价格指数，燃料、电力和水费类居民消费价格指数，家具和设备类居民消费价格指数，服装与鞋类居民消费价格指数，医疗卫生类居民消费价格指数，交通和通信类居民消

表 6 - 3 日本通货膨胀率动态因子模型基础变量

变量名称	频率	单位	起止时间	CEIC 编码	CEIC 注明的来源
居民消费价格指数月同比增长率 Consumer Price Index：YoY	月度	%	2000 年 1 月 ～2016 年 11 月	316224301	日本统计局
居民消费价格指数月同比增长率：食品 Consumer Price Index：YoY：Food	月度	%	2000 年 1 月 ～2016 年 11 月	316224801	日本统计局
居民消费价格指数月同比增长率：住房 Consumer Price Index：YoY：Housing	月度	%	2000 年 1 月 ～2016 年 11 月	316225101	日本统计局
居民消费价格指数月同比增长率：燃料、电力和水费 Consumer Price Index：YoY：Fuel, Light and Water Charge	月度	%	2000 年 1 月 ～2016 年 11 月	316225201	日本统计局
居民消费价格指数月同比增长率：家具和设备 Consumer Price Index：YoY：Furniture and Household Utensils	月度	%	2000 年 1 月 ～2016 年 11 月	316225301	日本统计局
居民消费价格指数月同比增长率：服装与鞋类 Consumer Price Index：YoY：Clothes and Footwear	月度	%	2000 年 1 月 ～2016 年 11 月	316225401	日本统计局
居民消费价格指数月同比增长率：医疗卫生 Consumer Price Index：YoY：Medical Care	月度	%	2000 年 1 月 ～2016 年 11 月	316225501	日本统计局

续表

变量名称	频率	单位	起止时间	CEIC 编码	CEIC 注明的来源
居民消费价格指数月同比增长率:交通和通信 Consumer Price Index: YoY: Transportation and Communication	月度	%	2000 年 1 月 ~ 2016 年 11 月	316225601	日本统计局
居民消费价格指数月同比增长率:教育 Consumer Price Index: YoY: Education	月度	%	2000 年 1 月 ~ 2016 年 11 月	316225701	日本统计局
居民消费价格指数月同比增长率:文化和娱乐 Consumer Price Index: YoY: Culture and Recreation	月度	%	2000 年 1 月 ~ 2016 年 11 月	316225801	日本统计局
居民消费价格指数月同比增长率:杂项 Consumer Price Index: YoY: Miscellaneous	月度	%	2000 年 1 月 ~ 2016 年 11 月	316225901	日本统计局
服务业生产者价格指数 Services Producer Price Index(SPPI): All Items	月度	2010 = 100	2000 年 1 月 ~ 2016 年 11 月	355499087	日本银行
生产者价格指数 Producer Price Index(PPI)	月度	2010 = 100	2000 年 1 月 ~ 2016 年 11 月	327788801	日本银行
进口价格指数 Import Price Index: JPY Basis(JB): All Commodities	月度	2010 = 100	2000 年 1 月 ~ 2016 年 11 月	327721401	日本银行
名义国内生产总值 Gross Domestic Product: Nominal	季度	日元(10 亿)	2000 年 1 季度 ~ 2016 年 3 季度	320575501	日本经济社会综合研究所(ESRI)

续表

变量名称	频率	单位	起止时间	CEIC 编码	CEIC 注明的来源
国内生产总值:私人消费 GDP: DD: Private: Personal Consumption	季度	日元（10 亿）	2000 年 1 季度 ~2016 年 3 季度	320575601	日本经济社会综合研究所（ESRI）
中央政府债务 Central Government Debt	月度	日元（10 亿）	2000 年 1 月 ~2016 年 11 月	23808301	日本银行
失业率 Unemployment Rate	月度	%	2000 年 1 月 ~2016 年 11 月	23991701	日本统计局
月平均现金收入 Avg Monthly Cash Earnings（AMCE）：>5 Employees：All Industries	月度	日元（千）	2000 年 1 月 ~2016 年 11 月	24018501	日本厚生劳动省
国际收支经常账户 BoP: Current Account（CA）	月度	日元（10 亿）	2000 年 1 月 ~2016 年 10 月	353664257	日本银行
货币供应:M3 Money Stock: Avg: Money Supply: M3	月度	日元（10 亿）	2003 年 4 月 ~2016 年 11 月	175327202	日本银行
货币供应:M2 Money Stock: Avg: Money Supply: M2	月度	日元（10 亿）	2003 年 4 月 ~2016 年 11 月	175327102	日本银行
货币供应:M1 Money Stock: Avg: Money Supply: M1	月度	日元（10 亿）	2003 年 4 月 ~2016 年 11 月	175327302	日本银行
基础货币 Monetary Base: Monthly Average	月度	日元（10 亿）	2000 年 1 月 ~2016 年 12 月	25038701	日本银行

续表

变量名称	频率	单位	起止时间	CEIC 编码	CEIC 注明的来源
准备金月均余额 Reserves: Balance: Monthly Average (MA)	月度	日元(10亿)	2005年1月~2016年11月	143131301	日本银行
平均有效准备金率 Reserves Required: Average Effective Reserve Rate	月度	%	2000年1月~2016年10月	25036801	日本银行
银行间即期汇率:日元兑美元 FOREX: Inter-Bank: Spot Rate	月度	日元/美元	2000年1月~2016年12月	25451801	日本银行
融资券利率(3个月) Financing Bills: Rate: 3 Months	月度	年率%	2000年11月~2016年11月	50053101	日本银行
国库券利率(6个月) Treasury Bills: Rate: 6 Months	月度	年率%	2000年1月~2016年11月	50053201	日本银行
政府债券收益率(10年期) Bonds Yield: Government Bonds: Newly Issued: 10 Years: Month End	月度	年率%	2000年1月~2016年11月	27805501	日本银行
日经指数 Nikkei225 Equity Market Index: Month End: Nikkei 225 Stock	月度	1949年5月16日=176.21	2000年1月~2016年12月	27825501	CEIC 生成
英国布伦特原油价格指数 Commodity Price Index: Petroleum: Spot: U. K. Brent	月度	2010=100	2000年1月~2016年11月	217972901	国际货币基金组织

注:①变量名称中的英文为 CEIC 数据库中的变量全称;②起止时间以 2017 年 1 月 10 日 CEIC 数据库中的信息为准。

费价格指数，教育类居民消费价格指数，文化和娱乐类居民消费价格
指数，其他商品和服务类居民消费价格指数；（2）反映上游价格变
动的生产者价格指数，包括服务业生产者价格指数和生产者价格指
数；（3）反映外部影响因素的进口价格指数、国际收支经常账户、
汇率和英国布伦特原油价格指数；（4）反映货币供应的基础货币、
M1、M2、M3、准备金月均余额、平均有效准备金率，以及不同期限
的国债利率；（5）影响资产配置的股票市场走势；（6）反映购买力
的 GDP、私人消费、失业率、月平均现金收入和中央政府债务。

日本 CPI 月度数据一般于次月下旬公布，2015 年日本 CPI 数据
的发布时间见表 6 - 4。

表 6 - 4   2015 年日本 CPI 数据发布时间

数据所在月份	数据发布时间	数据所在月份	数据发布时间
2015 年 1 月	2015 年 2 月 27 日上午 8:30	2015 年 7 月	2015 年 8 月 28 日上午 8:30
2015 年 2 月	2015 年 3 月 27 日上午 8:30	2015 年 8 月	2015 年 9 月 25 日上午 8:30
2015 年 3 月	2015 年 5 月 1 日上午 8:30	2015 年 9 月	2015 年 10 月 30 日上午 8:30
2015 年 4 月	2015 年 5 月 29 日上午 8:30	2015 年 10 月	2015 年 11 月 27 日上午 8:30
2015 年 5 月	2015 年 6 月 26 日上午 8:30	2015 年 11 月	2015 年 12 月 25 日上午 8:30
2015 年 6 月	2015 年 7 月 31 日上午 8:30	2015 年 12 月	2016 年 1 月 29 日上午 8:30

注：上年财政年度均值一般在 5 月上旬公布，上一年年度均值一般在 1 月份公布。
资料来源：根据日本统计局网站（http：//www. stat. go. jp/english/data/cpi/
1582. htm）上的信息整理。

本研究项目对日本通货膨胀率动态因子模型的构建始于 2015 年
5 月。在 2000 年 1 月至 2015 年 3 月的样本期内，共提取出了 5 个动
态因子。依据这 5 个动态因子对日本通货膨胀率进行预测后得出结
论："年内（2015 年）通货膨胀率（月同比消费者价格指数）将在

低位运行，以日元贬值助推出口或将继续。"尽管日本统计局已公布的数据印证了上述结论，但 2015 年 4 月起日本 CPI 月同比增长率再次逼近零点附近，而非模型预测的 1% 以上，预测值与实际值相比出现了较大误差。图 6 - 6 为在样本期 2000 年 1 月至 2015 年 3 月上各变量所对应的因子载荷。图 6 - 7 为 2015 年 5 月 19 日所做预测。

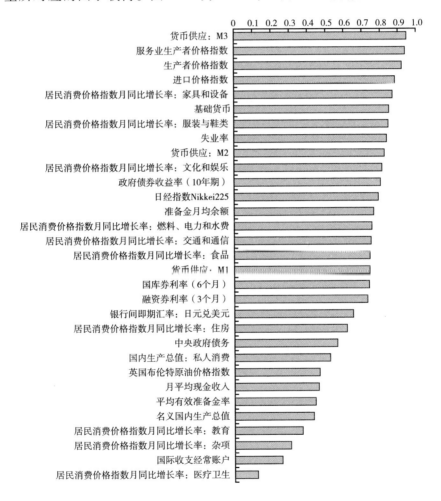

图 6 - 6　日本通货膨胀率动态因子模型中各变量所对应的因子载荷

注：样本期为 2000 年 1 月至 2015 年 3 月。
资料来源：笔者计算。

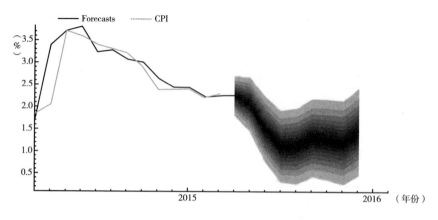

图 6 - 7　日本通货膨胀率预测

注：基础数据截至 2015 年 3 月。

第三节　德国通货膨胀率动态因子模型

作为欧元区内最大的经济体，欧元的诞生给德国经济发展带来了一次难得的机遇。德国通货膨胀率在经历欧元诞生初期短暂的上升后，直到全球金融危机爆发前，基本位于 2% 以下的水平。全球金融危机的爆发，推高了德国的通货膨胀水平，一度使德国通货膨胀率达到了 2000 年以来的最高点 3.3%（2008 年 7 月）。但随着金融危机的蔓延，德国通货膨胀率同其他发达经济体一样快速回落，并陷入短暂的负增长。之后伴随着欧债危机的出现，德国通货膨胀水平再次回到 2% 以上。随着欧债危机的持续，德国通货膨胀水平又一次回落至 2015 年 1 月的 - 0.3%，并且徘徊在通货紧缩边缘长达一年之久。直到 2017 年才走出通货紧缩的阴影（见图 6 - 8）。

本研究项目所建立的德国通货膨胀率动态因子模型基于 31 个基础变量（见表 6 - 5）组成的数据集。具体有以下八个主要组成部分：（1）计算德国消费者价格指数的 12 类基础价格数据，即食品与非酒

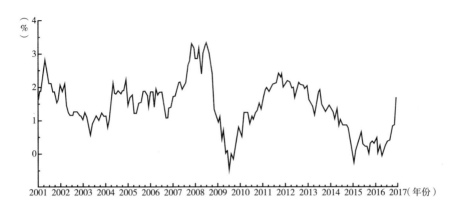

图 6 - 8　德国通货膨胀历史轨迹

资料来源：笔者根据 CEIC 数据库中的相关数据整理。

精饮料类居民消费价格指数，酒精饮料和烟草类居民消费价格指数，服装与鞋类居民消费价格指数，住房、水电气及其他燃料类居民消费价格指数，家具设备类居民消费价格指数，医疗卫生类居民消费价格指数，交通类居民消费价格指数，通信类居民消费价格指数，娱乐与文化类居民消费价格指数，教育类居民消费价格指数，餐饮住宿类居民消费价格指数，杂项商品和服务类居民消费价格指数；（2）反映上游价格变动的生产者价格指数和批发价格指数；（3）反映整体价格水平的国内生产总值平减指数季同比增长率；（4）反映外部影响因素的进口价格指数和布伦特原油价格指数；（5）反映货币供应的M3、储备资产、法定准备金率、长短期利率；（6）影响资产配置的股票市场走势；（7）反映购买力的 GDP、居民消费、政府消费、失业率、薪资水平；（8）反映经济运行状况的商品景气指数和经济景气指数。

德国月度 CPI 一般在次月中旬公布，2015 年的数据发布时间见表 6 - 6。

表 6 - 5　德国通货膨胀率动态因子模型基础变量

变量名称	频率	单位	起止时间	CEIC 编码	CEIC 注明的来源
居民消费价格指数 Consumer Price Index(CPI)：2010 = 100	月度	2010 = 100	2000 年 1 月 ~2016 年 12 月	352718101	德国联邦统计局
居民消费价格指数：食品与非酒精饮料 CPI：2010 = 100：Food & Non Alcoholic Beverages(F&B)	月度	2010 = 100	2000 年 1 月 ~2016 年 11 月	352718301	德国联邦统计局
居民消费价格指数：酒精饮料和烟草 CPI：2010 = 100：Alcoholic Beverages & Tobacco(AT)	月度	2010 = 100	2000 年 1 月 ~2016 年 11 月	352719801	德国联邦统计局
居民消费价格指数：服装与鞋类 CPI：2010 = 100：Clothing & Footwear(CF)	月度	2010 = 100	2000 年 1 月 ~2016 年 11 月	352720301	德国联邦统计局
居民消费价格指数：住房、水电气及其他燃料 CPI：2010 = 100：Housing，Water，Electricity，Gas&Other Fuels(HF)	月度	2010 = 100	2000 年 1 月 ~2016 年 11 月	352702101	德国联邦统计局
居民消费价格指数：家具设备 CPI：2010 = 100：Furnishings，Household Equipment etc.（FE）	月度	2010 = 100	2000 年 1 月 ~2016 年 11 月	352703601	德国联邦统计局
居民消费价格指数：医疗卫生 CPI：2010 = 100：Health	月度	2010 = 100	2000 年 1 月 ~2016 年 11 月	352705301	德国联邦统计局
居民消费价格指数：交通 CPI：2010 = 100：Transport	月度	2010 = 100	2000 年 1 月 ~2016 年 11 月	352681301	德国联邦统计局

续表

变量名称	频率	单位	起止时间	CEIC 编码	CEIC 注明的来源
居民消费价格指数:通信 CPI: 2010 = 100: Communications	月度	2010 = 100	2000 年 1 月 ~2016 年 11 月	352683101	德国联邦统计局
居民消费价格指数:娱乐与文化 CPI: 2010 = 100: Recreation & Culture（RC）	月度	2010 = 100	2000 年 1 月 ~2016 年 11 月	352683601	德国联邦统计局
居民消费价格指数:教育 CPI: 2010 = 100: Education	月度	2010 = 100	2000 年 1 月 ~2016 年 11 月	352672601	德国联邦统计局
居民消费价格指数:餐饮住宿 CPI: 2010 = 100: Hotels, Cafes & Restaurants（HR）	月度	2010 = 100	2000 年 1 月 ~2016 年 11 月	352673101	德国联邦统计局
居民消费价格指数:杂项商品与服务 CPI: 2010 = 100:Miscellaneous Goods & Services（MS）	月度	2010 = 100	2000 年 1 月 ~2016 年 11 月	352673601	德国联邦统计局
生产者价格指数 Producer Price Index（PPI）: 2010 = 100	月度	2010 = 100	2000 年 1 月 ~2016 年 11 月	352742601	德国联邦统计局
批发价格指数（机动车除外） Wholesale Price Index（WPI）: Except Motor Vehicles（MV）: 2010 = 100	月度	2010 = 100	2000 年 1 月 ~2016 年 11 月	353710667	德国联邦统计局
进口价格指数 Import Price Index: 2010 = 100	月度	2010 = 100	2000 年 1 月 ~2016 年 11 月	298410804	德国联邦统计局

续表

变量名称	频率	单位	起止时间	CEIC 编码	CEIC 注明的来源
国内生产总值 GDP	季度	欧元 （10 亿）	2000 年 1 季度 ~ 2016 年 3 季度	356965687	德国联邦统计局
国内生产总值：居民最终消费支出 GDP：DD：FCE：Households & NPISH	季度	欧元 （10 亿）	2000 年 1 季度 ~ 2016 年 3 季度	357208807	德国联邦统计局
国内生产总值：政府最终消费支出 GDP：DD：FCE：Government（Govt）	季度	欧元 （10 亿）	2000 年 1 季度 ~ 2016 年 3 季度	357208827	德国联邦统计局
国内生产总值平减指数季同比增长率 GDP Deflator：YoY：swda	季度	%	2000 年 1 季度 ~ 2016 年 3 季度	217203602	CEIC 生成
登记失业率 Registered Unemployment Rate	月度	%	2000 年 1 月 ~ 2016 年 12 月	14777401	德国联邦劳工局
协商工资薪金水平（小时计） Negotiated Wage & Salary Level：2010 = 100：Hourly Basis（HB）	月度	2010 = 100	2000 年 1 月 ~ 2016 年 10 月	357211487	德意志联邦银行
货币存量 M3 Money Stock：Chg：M3	月度	欧元 （10 亿）	2000 年 1 月 ~ 2016 年 11 月	14862001	德意志联邦银行
法定准备金率 Reserve Ratio：Euro Area	月度	%	2000 年 1 月 ~ 2016 年 12 月	14881401	德意志联邦银行
国际储备：官方储备资产 （DC）Intl Reserve：Official Reserve Assets（RA）	月度	欧元 （百万）	2000 年1 月 ~ 2015 年12 月	53750602	德意志联邦银行

续表

变量名称	频率	单位	起止时间	CEIC 编码	CEIC 注明的来源
政策利率:再贷款 Policy Rate: Month End: Main Refinancing Operations	月度	年率%	2000 年 1 月 ~ 2016 年 12 月	14912201	欧洲中央银行
短期利率:EURIBOR(3 个月) Short Term Interest Rate: Month End: EURIBOR: 3 Months	月度	年率%	2000 年 1 月 ~ 2016 年 12 月	227810902	欧洲银行联合会
政府债券收益率(3 ~ 5 年剩余期限) Government Bonds Yield: Residual Maturity: 3 to 5 Years	月度	年率%	2000 年 1 月 ~ 2016 年 12 月	54538202	德意志联邦银行
商业景气指数 Business Climate: Balance	月度	—	2000 年 1 月 ~ 2016 年 12 月	312953101	慕尼黑大学莱布尼茨经济研究所
经济景气指数 DE: Economic Sentiment Index: sa: NACE 2	月度	—	2000 年 1 月 ~ 2016 年 12 月	236022102	欧洲委员会经济与金融事务委员会
德国 DAX 股指 Equity Market Index: Month End: DAX	月度	1987 年 12 月 30 日 = 1000	2000 年 1 月 ~ 2016 年 12 月	15398101	德意志交易所集团
英国布伦特原油价格指数 Commodity Price Index: Petroleum: Spot: U. K. Brent	月度	2010 = 100	2000 年 1 月 ~ 2016 年 11 月	217972901	国际货币基金组织

注:①变量名称中的英文为 CEIC 数据库中的变量名称;②起止时间以 2017 年 1 月 10 日 CEIC 数据库中的信息为准,斜体字中的数据序列已停止更新。

表 6 – 6　2015 年德国月度 CPI 发布时间

数据所在月份	数据发布时间	数据所在月份	数据发布时间
2015 年 1 月	2015 年 2 月 12 日	2015 年 7 月	2015 年 8 月 13 日
2015 年 2 月	2015 年 3 月 12 日	2015 年 8 月	2015 年 9 月 11 日
2015 年 3 月	2015 年 4 月 15 日	2015 年 9 月	2015 年 10 月 13 日
2015 年 4 月	2015 年 5 月 13 日	2015 年 10 月	2015 年 11 月 12 日
2015 年 5 月	2015 年 6 月 16 日	2015 年 11 月	2015 年 12 月 11 日
2015 年 6 月	2015 年 7 月 14 日	2015 年 12 月	2016 年 2 月 19 日

资料来源：依据德国联邦统计局网站（https：//www.destatis.de/EN/）上的信息整理。

　　本研究项目建立的德国通货膨胀率动态因子模型始建于 2015 年 5 月下旬。在 2000 年 1 月至 2015 年 3 月的样本期内，共提取到 5 个动态因子。各变量所对应的因子载荷见图 6 – 9。

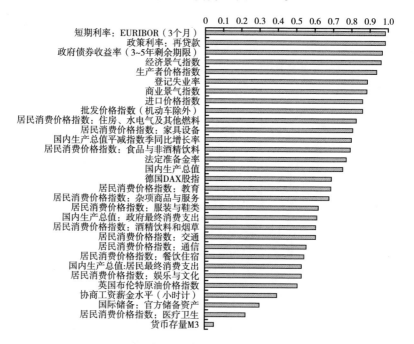

图 6 – 9　德国通货膨胀率动态因子模型中各变量所对应的因子载荷

注：样本期为 2000 年 1 月至 2015 年 3 月。

资料来源：笔者计算。

根据所提取的 5 个动态因子对德国通货膨胀率所做的预测，得出了"年内（2015 年）德国通货膨胀率将在低位运行"的结论[①]，德国联邦统计局现已公布的数据印证了这一结论。2015 年 5 月 26 日的预测结果见图 6 - 10。

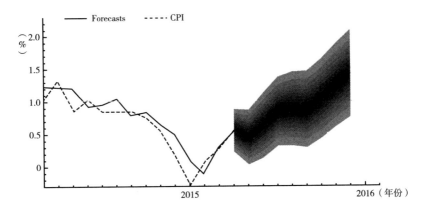

图 6 - 10　德国通货膨胀率动态因子模型预测结果

注：基础数据截至 2015 年 3 月。

第四节　法国通货膨胀率动态因子模型

法国为欧元区的第二大经济体，欧元的诞生使法国通货膨胀率在 21 世纪之初也同样停留在了较低的水平，全球金融危机爆发前法国 CPI 月同比增长率一直在 1% ~2.5% 区间内小幅波动。同其他发达国家类似，在全球金融危机的冲击下，法国通货膨胀率经历了过山车般的振荡。先是在 2007 年下半年快速攀升，至 2008 年 7 月达到 3.6% 的 2000 年以来的最高点。之后急转直下，至 2009 年 7 月达到 -0.7% 的 2000 年以来最低点。在经历短暂的通货紧缩之后，通货膨胀率快速回

---

① 　http：//xinhuahe. blog. sohu. com/308923766. html.

调至金融危机前的水平。但 2011 年 11 月之后复又进入下降通道，并于
2015 年 1 月跌至负增长后徘徊在通货紧缩的边缘（见图 6 - 11）。

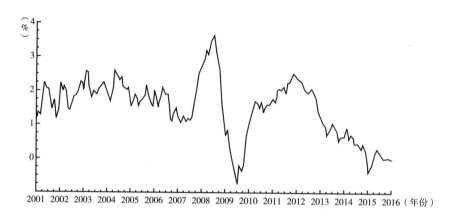

图 6 - 11　法国通货膨胀历史轨迹

资料来源：笔者根据 CEIC 数据库中的相关数据整理。

本研究项目所建立的法国通货膨胀率动态因子模型基于 30 个基
础变量（见表 6 - 7）组成的数据集。具体有以下九个主要组成部分：
（1）计算法国居民消费价格指数的 12 类基础价格数据，即食品与非
酒精饮料类居民消费价格指数，酒精饮料和烟草类居民消费价格指
数，服装与鞋类居民消费价格指数，住房、水电气及其他燃料类居民
消费价格指数，家具设备类居民消费价格指数，医疗卫生类居民消费
价格指数，交通类居民消费价格指数，通信类居民消费价格指数，娱
乐与文化类居民消费价格指数，教育类居民消费价格指数，餐饮住宿
类居民消费价格指数，其他商品和服务类居民消费价格指数；（2）
与欧元区统计口径相同的统一消费者价格指数（HICP）；（3）来自消
费者调查的消费者综合指数；（4）反映货币供应的 M1、M2、M3，
以及长短期利率；（5）影响资产配置的股票市场走势；（6）反映购
买力的居民消费，各不同部门的增加值、失业率；（7）反映经济运

表 6 - 7　法国通货膨胀率动态因子模型基础变量

变量名称	频率	单位	起止时间	CEIC 编码	CEIC 注明的来源
居民消费价格指数 Consumer Price Index（CPI）	月度	1998＝100	2000 年1 月～2015 年12 月	77130601	法国国家经济与统计研究所
居民消费价格指数：食品与非酒精饮料 CPI：Food and Non Alcoholic Beverages（FN）	月度	1998＝100	2000 年1 月～2015 年12 月	77130801	法国国家经济与统计研究所
居民消费价格指数：酒精饮料和烟草 CPI：Alcoholic Beverages and Tobacco（AT）	月度	1998＝100	2000 年1 月～2015 年12 月	77132201	法国国家经济与统计研究所
居民消费价格指数：服装与鞋类 CPI：Clothing and Footwear（CF）	月度	1998＝100	2000 年1 月～2015 年12 月	77132801	法国国家经济与统计研究所
居民消费价格指数：住房,水电气及其他燃料 CPI：Housing, Water, Gas, Electricity and Other Fuels（HW）	月度	1998＝100	2000 年1 月～2015 年12 月	77133501	法国国家经济与统计研究所
居民消费价格指数：家具设备 CPI：Furnishing,Household and Maintenance Equipment（FH）	月度	1998＝100	2000 年1 月～2015 年12 月	77134701	法国国家经济与统计研究所
居民消费价格指数：医疗卫生 CPI：Health	月度	1998＝100	2000 年1 月～2015 年12 月	77136101	法国国家经济与统计研究所
居民消费价格指数：交通 CPI：Transport（TS）	月度	1998＝100	2000 年1 月～2015 年12 月	77136701	法国国家经济与统计研究所

变量名称	频率	单位	起止时间	CEIC 编码	CEIC 注明的来源
居民消费价格指数:通信 CPI: Communication	月度	1998=100	2000 年1 月~2015 年12 月	77138201	法国国家经济与统计研究所
居民消费价格指数:娱乐与文化 CPI: Recreation and Culture (RC)	月度	1998=100	2000 年1 月~2015 年12 月	77138501	法国国家经济与统计研究所
居民消费价格指数:教育 CPI: Education	月度	1998=100	2000 年1 月~2015 年12 月	77140601	法国国家经济与统计研究所
居民消费价格指数:餐饮住宿 CPI: Hotels, Cafes and Restaurants (HC)	月度	1998=100	2000 年1 月~2015 年12 月	77140701	法国国家经济与统计研究所
居民消费价格指数:其他商品与服务 CPI: Other Goods and Services (OG)	月度	1998=100	2000 年1 月~2015 年12 月	77141201	法国国家经济与统计研究所
统一消费者价格指数(HICP) FR: Harmonized Index of Consumer Price (HICP)	月度	2005=100	2000 年1 月~2016 年11 月	95863001	欧盟统计局
消费者综合指数 Consumer Survey: sa: Consumer Synthetic Index	月度	年率%	2000 年1 月~2016 年12 月	306821001	法国国家经济与统计研究所
国内生产总值:居民最终消费支出 GDP: swda: Final Consumption Expenditures (CE): Household	季度	欧元(10 亿)	2000 年1 季度~2016 年3 季度	355022097	法国国家经济与统计研究所

续表

变量名称	频率	单位	起止时间	CEIC 编码	CEIC 注明的来源
国内生产总值:农产品增加值 GDP: swda: VA: Agricultural Goods	季度	欧元 (10 亿)	2000 年 1 季度 ~ 2016 年 3 季度	355023937	法国国家经济与统计研究所
国内生产总值:工业增加值 GDP: swda: VA: Industry	季度	欧元 (10 亿)	2000 年 1 季度 ~ 2016 年 3 季度	355024017	法国国家经济与统计研究所
国内生产总值:可贸易服务增加值 GDP: swda: VA: Services: Tradable	季度	欧元 (10 亿)	2000 年 1 季度 ~ 2016 年 3 季度	355024127	法国国家经济与统计研究所
国内生产总值:非贸易服务增加值 GDP: swda: VA: Services: Non Tradable	季度	欧元 (10 亿)	2000 年 1 季度 ~ 2016 年 3 季度	355024107	法国国家经济与统计研究所
一般政府债务 Debt: General Government (GG)	季度	欧元 (10 亿)	2000 年 1 季度 ~ 2016 年 3 季度	292281901	法国国家经济与统计研究所
债务占国内生产总值比重 Debt: % of GDP	季度	%	2000 年 1 季度 ~ 2016 年 3 季度	292282001	法国国家经济与统计研究所
平均失业率 Unemployment Rate: Average: sa	季度	%	2000 年 1 季度 ~ 2016 年 3 季度	353689487	法国国家经济与统计研究所
货币供应量:M1 MFIs: Monetary Liabilities: France: M1	月度	欧元 (百万)	2000 年 1 月 ~ 2016 年 11 月	105308501	法兰西银行
货币供应量:M2 MFIs: Monetary Liabilities: France: M2	月度	欧元 (百万)	2000 年 1 月 ~ 2016 年 11 月	105308601	法兰西银行
货币供应量:M3 MFIs: Monetary Liabilities: France: M3	月度	欧元 (百万)	2000 年 1 月 ~ 2016 年 11 月	105308701	法兰西银行

续表

变量名称	频率	单位	起止时间	CEIC 编码	CEIC 注明的来源
政策利率：再贷款 Policy Rate: Month End: Main Refinancing Operations	月度	年率%	2000 年 1 月 ~ 2016 年 12 月	212090302	欧洲中央银行
政府债券收益率（10 年期） Government Bond Yield: Monthly Average: 10 Years	月度	%	2000 年 1 月 ~ 2016 年 12 月	259762101	法兰西银行
法国城市商业景气指数 Business Survey: Metropolitan France: Business Sentiment Indicator	月度	%	2000 年 1 月 ~ 2016 年 12 月	285215504	法国国家经济与 统计研究所
法国股指 CAC 40 Equity Market Index: Month End: CAC 40	月度	1987 年 12 月 31 日 = 1000	2000 年 1 月 ~ 2016 年 12 月	77587201	泛欧证券交易所
英国布伦特原油价格指数 Commodity Price Index: Petroleum: Spot: U. K. Brent	月度	2010 = 100	2000 年 1 月 ~ 2016 年 11 月	217972901	国际货币基金组 织

注：①变量名称中的英文为 CEIC 数据库中的变量名称；②起止时间以 2017 年 1 月 10 日 CEIC 数据库中的信息为准，斜体字的数据序列已停止更新（估计是由基期调整所致）。

行状况的商业景气指数；（8）反映外部影响因素的布伦特原油价格指数；（9）反映政务水平的政府债务和债务占 GDP 的比重。

法国月度 CPI 一般在次月中旬公布。

本研究项目建立的法国通货膨胀率动态因子模型始建于 2015 年 6 月上旬。在 2000 年 1 月至 2015 年 3 月的样本期内，共提取到 5 个动态因子。各变量所对应的因子载荷见图 6 – 12。

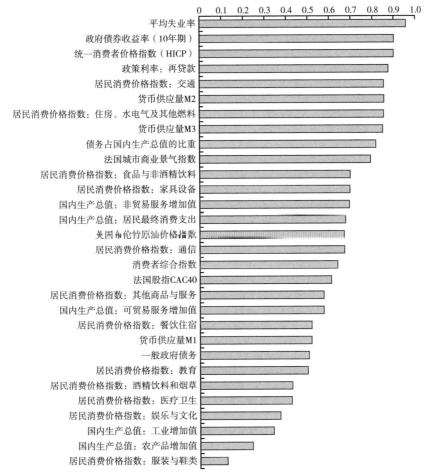

图 6 – 12　法国通货膨胀率动态因子模型中各变量所对应的因子载荷

注：样本期为 2000 年 1 月至 2015 年 3 月。

资料来源：笔者计算。

根据所提取的 5 个动态因子对法国通货膨胀率所做的预测于 2015 年 6 月 3 日公布，根据预测结果得出了"法国年内（2015 年）通货膨胀率将在超低水平运行，尚难言已摆脱通货紧缩阴影"。[①] 法国国家经济与统计研究所公布的数据印证了上述结论，至 2016 年初法国月同比居民消费价格指数仍在 0 上下徘徊。

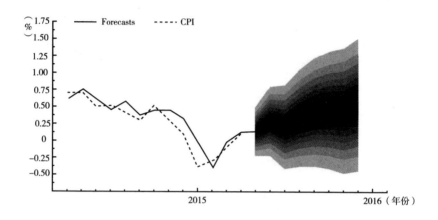

图 6 - 13 法国通货膨胀率动态因子模型预测结果

注：基础数据截至 2015 年 3 月。

第五节 英国通货膨胀率动态因子模型

进入 21 世纪以来，在第一个十年的前半期，没有加入欧元区的英国的通货膨胀水平得到了较好的控制，月同比居民消费价格指数一直稳定在 2% 以内。2005 年起英国通货膨胀有所上升，全球金融危机的爆发使英国通货膨胀率于 2008 年 9 月达到了 5.2%，创下了

[①] http://xinhuahe.blog.sohu.com/309005753.html.

2000 年以来的最高纪录。之后尽管回调迅速，但仅回落至 2009 年 9 月的 1.1%，并未像欧元区中的德国和法国那样陷入通货紧缩。触底后的英国通货膨胀率再度上升，并于约两年后再次升至 5.2% 的水平。然而通货膨胀率随后的走势却一路下滑，直至 2015 年徘徊在通货紧缩的边缘达半年之久。2015 年年底前方才步出通货紧缩的阴影。

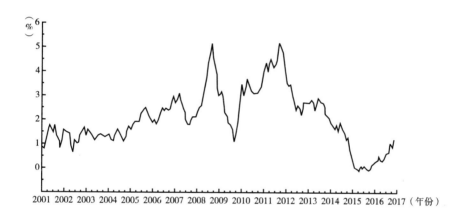

图 6-14 英国通货膨胀历史轨迹

资料来源：笔者根据 CEIC 数据库中的相关数据整理。

本研究项目所建立的英国通货膨胀率动态因子模型基于 33 个基础变量（见表 6-8）组成的数据集。具体有以下八个主要组成部分：（1）计算英国居民消费价格指数的 12 类基础价格数据，即食品与非酒精饮料类统一消费者价格指数，酒精饮料和烟草类统一消费者价格指数，服装与鞋类统一消费者价格指数，住房、水电气及其他燃料类统一消费者价格指数，家具设备及维修类统一消费者价格指数，医疗卫生类统一消费者价格指数，交通类统一消费者价格指数，通信类统一消费者价格指数，娱乐与文化类统一消费者价格指数，教育类统一

表 6 - 8　英国通货膨胀率动态因子模型基础变量

变量名称	频率	单位	起止时间	CEIC 编码	CEIC 注明的来源
居民消费价格指数增长率 Consumer Price Index：YoY	月度	%	2000 年 1 月～2016 年 11 月	209932802	英国国家统计局
统一消费者价格指数：食品与非酒精饮料 HICP：2005 = 100：Food & Non-Alcoholic Beverages	月度	2005 = 100	2000 年1 月～2015 年12 月	93433301	英国国家统计局
统一消费者价格指数：酒精饮料和烟草 HICP：2005 = 100：Alcoholic Beverages & Tobacco	月度	2005 = 100	2000 年1 月～2015 年12 月	93433401	英国国家统计局
统一消费者价格指数：服装与鞋类 HICP：2005 = 100：Clothing & Footwear	月度	2005 = 100	2000 年1 月～2015 年12 月	93433501	英国国家统计局
统一消费者价格指数 (SA)：住房、水电气及其他燃料 HICP：2005 = 100：Housing, Water, Electricity, Gas & Other Fuels	月度	2005 = 100	2000 年1 月～2015 年12 月	93433601	英国国家统计局
统一消费者价格指数：家具设备及维护 HICP：2005 = 100：Furniture, Household Equip & Routine Maintenance	月度	2005 = 100	2000 年1 月～2015 年12 月	93433701	英国国家统计局

续表

变量名称	频率	单位	起止时间	CEIC 编码	CEIC 注明的来源
统一消费者价格指数:医疗卫生 HICP: 2005 = 100: Health	月度	2005 = 100	2000 年1 月~2015 年12 月	93433801	英国国家统计局
统一消费者价格指数:交通 HICP: 2005 = 100: Transport	月度	2005 = 100	2000 年1 月~2015 年12 月	93433901	英国国家统计局
统一消费者价格指数:通信 HICP: 2005 = 100: Communication	月度	2005 = 100	2000 年1 月~2015 年12 月	93434001	英国国家统计局
统一消费者价格指数:娱乐与文化 HICP: 2005 = 100: Recreation & Culture	月度	2005 = 100	2000 年1 月~2015 年12 月	93434101	英国国家统计局
统一消费者价格指数:教育 HICP: 2005 = 100: Education	月度	2005 = 100	2000 年1 月~2015 年12 月	93434201	英国国家统计局
统一消费者价格指数:餐饮住宿 HICP: 2005 = 100: Restaurant & Hotels	月度	2005 = 100	2000 年1 月~2015 年12 月	93434301	英国国家统计局
统一消费者价格指数:杂项商品与服务 HICP: 2005 = 100: Misc Goods & Services	月度	2005 = 100	2000 年1 月~2015 年12 月	93434401	英国国家统计局
生产者价格指数:所有产品产出 Producer Price Index(PPI): Output: Net Sector: All Products	月度	2010 = 100	2000 年1 月~2016 年11 月	299090904	英国国家统计局

续表

变量名称	频率	单位	起止时间	CEIC 编码	CEIC 注明的来源
生产者价格指数：服务类 Producer Price Index（PPI）：Service： Gross Sector	季度	2010＝100	2000 年 1 季度 ~ 2016 年 3 季度	299058004	英国国家统计局
国内生产总值：最终总支出 GDP: Gross Final Expenditure	季度	英镑 （百万）	2000 年 1 季度 ~ 2016 年 3 季度	357563917	英国国家统计局
国内生产总值：居民最终消费支出 GDP: DE: Final Consumption Expenditure: Households	季度	英镑 （百万）	2000 年 1 季度 ~ 2016 年 3 季度	357563827	英国国家统计局
国内生产总值：政府最终消费支出 GDP: DE: Final Consumption Expenditure: General Government	季度	英镑 （百万）	2000 年 1 季度 ~ 2016 年 3 季度	357563847	英国国家统计局
国内生产总值平减指数增长率 GDP Deflator: YoY: sa	季度	％	2000 年 1 季度 ~ 2016 年 3 季度	209931402	CEIC 生成
一般政府债务 General Government Debt	季度	英镑 （百万）	2000 年 1 季度 ~ 2016 年 2 季度	358720107	英国国家统计局
失业率 Unemployment Rate: sa	月度	％	2000 年 1 月 ~ 2016 年 9 月	227973702	英国国家统计局

续表

变量名称	频率	单位	起止时间	CEIC 编码	CEIC 注明的来源
周平均收入 Nominal Average Weekly Earnings: sa: Total Pay（TP）: Whole Economy	月度	英镑	2000 年 1 月 ~2016 年 10 月	302906601	英国国家统计局
货币供应量 M0:纸币和硬币 Money Supply M0: Notes & Coins	月度	英镑 （百万）	2000 年 1 月 ~2016 年 12 月	16223801	英格兰银行
货币供应量 M1 Money Supply M1	月度	英镑 （百万）	2000 年 1 月 ~2016 年 11 月	56471501	英格兰银行
货币供应量 M2 Money Supply M2	月度	英镑 （百万）	2000 年 1 月 ~2016 年 11 月	56472101	英格兰银行
货币供应量 M3 Money Supply M3	月度	英镑 （百万）	2000 年 1 月 ~2016 年 11 月	56472701	英格兰银行
国际储备 Intl Reserves	月度	美元 （百万）	2000 年 1 月 ~2016 年 12 月	1218601	英格兰银行
短期利率:ICE LIBOR（3 个月） Short Term Interest Rate: Month End: ICE LIBOR: 3 Months	月度	年率率%	2000 年 1 月 ~2016 年 11 月	209933302	洲际交易所基准管理机构

续表

变量名称	频率	单位	起止时间	CEIC 编码	CEIC 注明的来源
英镑兑美元汇率 Exchange Rate against US $:Monthly Average	月度	英镑/美元	2000 年 1 月 ~2016 年 11 月	209932002	CEIC 生成
银行间英镑利率（3 个月）Sterling Interbank Rate: Monthly Average: 3 Months	月度	年率%	2000 年 1 月 ~2016 年 12 月	16298401	英格兰银行
政府债券收益率（10 年期）Government Bond Yield: Zero Coupon: 10 Years	月度	年率%	2000 年 1 月 ~2016 年 12 月	16301401	英格兰银行
经济景气指数 UK: Economic Sentiment Index: sa: NACE 2	月度	—	2000 年 1 月 ~2016 年 12 月	236027202	欧洲委员会经济与金融事务委员会
英国富时 100 指数 Equity Market Index: Month End: Actuaries Share: FTSE 100	月度	1983 年 12 月 30 日 = 100	2000 年 1 月 ~2016 年 12 月	16583801	金融时报
英国布伦特原油价格指数 Commodity Price Index: Petroleum: Spot: U. K. Brent	月度	2010 = 100	2000 年 1 月 ~2016 年 11 月	217972901	国际货币基金组织

注：①变量名称中的英文为 CEIC 数据库中的变量名称；②起止时间以 2017 年 1 月 10 日 CEIC 数据库中的信息为准，斜体字的数据序列已停止更新（估计是由基期调整所致）。

消费者价格指数，餐饮住宿类统一消费者价格指数，杂项商品和服务类统一消费者价格指数；（2）反映上游价格的生产者价格指数和反映总体价格水平的国内生产总值平减指数；（3）反映货币供应的M0、M1、M2、M3、国际储备，以及长短期利率；（4）影响资产配置的股票市场走势；（5）反映购买力的 GDP、居民消费、政府消费，以及失业率和周平均收入；（6）反映经济运行状况的经济景气指数；（7）反映外部影响因素的汇率和布伦特原油价格指数；（8）反映财政状况的政府债务。

英国月度居民消费价格指数一般在次月中旬公布，表 6-9 列出了 2015 年 6 月到 2016 年 5 月间英国居民消费价格指数的具体发布时间。

本研究项目对英国通货膨胀率动态因子模型的构建始于 2015 年 5 月。在 2000 年 1 月至 2015 年 3 月的样本期内，共提取出 5 个动态因子。各变量所对应的因子载荷见图 6-15。

表 6-9　英国消费者价格指数发布时间

数据对应月份	数据发布时间	数据对应月份	数据发布时间
2015 年 5 月	2015 年 6 月 16 日	2015 年 11 月	2015 年 12 月 15 日
2015 年 6 月	2015 年 7 月 14 日	2015 年 12 月	2016 年 1 月 19 日
2015 年 7 月	2015 年 8 月 18 日	2016 年 1 月	2016 年 2 月 16 日
2015 年 8 月	2015 年 9 月 15 日	2016 年 2 月	2016 年 3 月 22 日
2015 年 9 月	2015 年 10 月 13 日	2016 年 3 月	2016 年 4 月 12 日
2015 年 10 月	2015 年 11 月 17 日	2016 年 4 月	2016 年 5 月 17 日

资料来源：英国国家统计局网站。

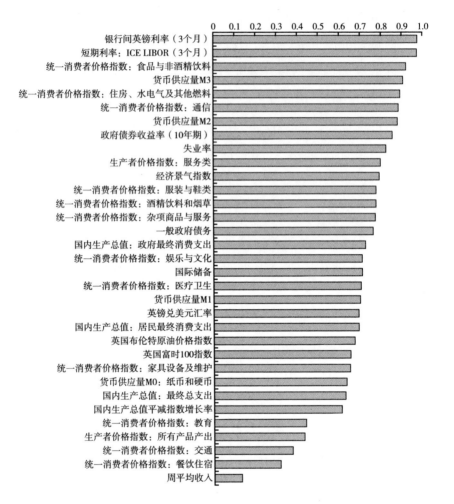

图 6 - 15　英国通货膨胀率动态因子模型中各变量所对应的因子载荷

注：样本期为 2000 年 1 月至 2015 年 3 月。

资料来源：笔者计算。

　　利用这 5 个动态因子对英国通货膨胀率进行的预测表明："英国年内（2015 年）恐难走出通货紧缩的阴影。"① 从英国国家统计局已

---

　　① http://xinhuahe.blog.sohu.com/308923688.html.

公布的数据看，直到 2015 年 11 月份英国才出现摆脱通货紧缩的迹象。而在长达半年的预测期内英国月同比居民消费价格指数增长率一直徘徊在零点附近。事实证明笔者依据英国通货膨胀率动态因子模型给出的上述判断是正确的。

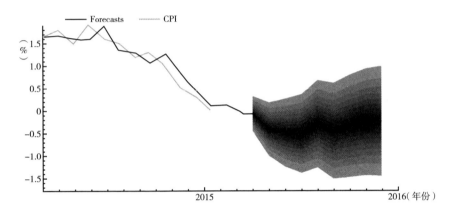

图 6 - 16　英国通货膨胀率动态因子模型预测结果

注：基础数据截至 2015 年 3 月。

第六节　意大利通货膨胀率动态因子模型

意大利是世界第八大经济体，也是欧元区内仅次于德国和法国的第三大经济体。得益于加入欧元区，从 2001 年起直至全球金融危机爆发前长达 7 年的时间内意大利通货膨胀率在小幅波动中呈下降态势。2007 年 5 月，意大利月同比居民消费价格指数增长率已从 2001 年 1 月的 3% 降至 1.5%。全球金融危机爆发后，意大利通货膨胀率同样经历了巨幅波动。先是在短短一年内迅速从 1.5% 上升至 4.1%，之后在一年内快速降至 0，呈现断崖式下跌。在全球金融危机冲击之下，经济本就较为脆弱的意大利不久之后即深陷主权债务危机，成为

"欧猪五国"① 之一。在此背景下，意大利通货膨胀率再度逐步攀升至 2012 年 3 月的 3.3%。半年之后意大利通货膨胀率开始下降，并步入通货紧缩（见图 6 – 17）。

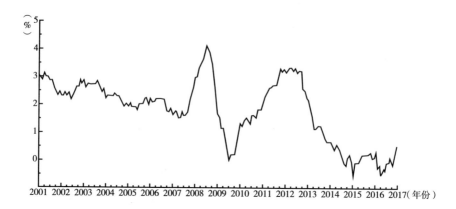

2001 2002 2003 2004 2005 2006 2007 2008 2009 2010 2011 2012 2013 2014 2015 2016 2017（年份）

图 6 – 17　意大利通货膨胀历史轨迹

资料来源：笔者根据 CEIC 数据库中的相关数据整理。

本研究项目所建立的意大利通货膨胀率动态因子模型基于 30 个基础变量（见表 6 – 10）组成的数据集。具体有以下八个主要组成部分：（1）计算意大利消费者价格指数的 12 类基础价格数据，即食品与非酒精饮料类居民消费价格指数，酒精饮料和烟草类居民消费价格指数，服装与鞋类居民消费价格指数，住房、水电及燃料类居民消费价格指数，家具设备类居民消费价格指数，医疗卫生类居民消费价格指数，交通类居民消费价格指数，通信类居民消费价格指数，娱乐与文化类居民消费价格指数，教育类居民消费价格指数，餐饮住宿类居民消费价格指数，其他商品与服务类居民消费价格指数；（2）反映

───────────

① 指相继陷入主权债务危机的葡萄牙（Portugal）、意大利（Italy）、爱尔兰（Ireland）、希腊（Greece）和西班牙（Spain）。这五个欧洲国家因其英文国名首字母组合"PIIGS"和英文单词"Pigs"（猪）相似，故被称作"欧猪五国"。

表 6 - 10 意大利通货膨胀率动态因子模型基础变量

变量名称	频率	单位	起止时间	CEIC 编码	CEIC 注明的来源
居民消费价格指数增长率 Consumer Price Index: YoY	月度	%	2000 年 1 月 ~ 2016 年 12 月	211169902	CEIC 生成
统一消费者价格指数 (HCPI) Harmonised Consumer Price Index (HCPI)	月度	2005 = 100	2001 年 1 月 ~ 2016 年 1 月	94857101	意大利国家统计局
居民消费价格指数:食品与非酒精饮料 CPI: Food & Non-Alcoholic Beverages (FN)	月度	2010 = 100	2000 年 1 月 ~ 2016 年 1 月	308389501	意大利国家统计局
居民消费价格指数:酒精饮料和烟草 CPI: Alcoholic Beverages & Tobacco	月度	2010 = 100	2000 年 1 月 ~ 2016 年 1 月	308422001	意大利国家统计局
居民消费价格指数:服装与鞋类 CPI: Clothing & Shoes	月度	2010 = 100	2000 年 1 月 ~ 2016 年 1 月	308397201	意大利国家统计局
居民消费价格指数:住房、水电及燃料 CPI: Housing, Water, Electricity & Fuel (HWEF)	月度	2010 = 100	2000 年 1 月 ~ 2016 年 1 月	308401701	意大利国家统计局
居民消费价格指数:家具设备 CPI: Furnishings, Household Equipment & Routine (FM)	月度	2010 = 100	2000 年 1 月 ~ 2016 年 1 月	308433701	意大利国家统计局
居民消费价格指数:医疗卫生 CPI: Health Services & Health-Related Expenses	月度	2010 = 100	2000 年 1 月 ~ 2016 年 1 月	308443601	意大利国家统计局

续表

变量名称	频率	单位	起止时间	CEIC 编码	CEIC 注明的来源
居民消费价格指数：交通 CPI: Transport	月度	2010=100	2000 年 1 月~2016 年 1 月	308446701	意大利国家统计局
居民消费价格指数：通信 CPI: Communications	月度	2010=100	2000 年 1 月~2016 年 1 月	308454001	意大利国家统计局
居民消费价格指数：娱乐与文化 CPI: Recreation, Shows and Culture（RC）	月度	2010=100	2000 年 1 月~2016 年 1 月	308455901	意大利国家统计局
居民消费价格指数：教育 CPI: Education	月度	2010=100	2000 年 1 月~2016 年 1 月	308412801	意大利国家统计局
居民消费价格指数：餐饮和住宿服务 CPI: Catering & Accommodation Services	月度	2010=100	2000 年 1 月~2016 年 1 月	308414701	意大利国家统计局
居民消费价格指数：其他商品与服务 CPI: Other Goods & Services	月度	2010=100	2000 年 1 月~2016 年 1 月	308426701	意大利国家统计局
生产者价格指数（不含建筑业） PPI: 2010=100: Excl Construction	月度	2010=100	2000 年 1 月~2016 年 1 月	353309201	意大利国家统计局
居民消费价格指数预期（未来 12 个月） Expectation on CPI: Next 12 Mths	季度	%	2000 年 1 季度 ~ 2016 年 3 季度	209106902	意大利银行
国内生产总值：最终消费支出 GDP: Final Consumption Expenditure（FCE）	季度	欧元（百万）	2000 年 1 季度 ~ 2016 年 3 季度	358713897	意大利国家统计局

续表

变量名称	频率	单位	起止时间	CEIC 编码	CEIC 注明的来源
国内生产总值:居民最终消费支出 GDP: FCE: Households & NPISH (HN)	季度	欧元（百万）	2000 年 1 季度～2016 年 3 季度	358713907	意大利国家统计局
国内生产总值:政府最终消费支出 GDP: FCE: General Government	季度	欧元（百万）	2000 年 1 季度～2016 年 3 季度	358713917	意大利国家统计局
一般政府债务 General Govt Debt	月度	欧元（百万）	2000 年 1 月～2016 年 10 月	358676347	意大利银行
一般政府债务:非居民 General Govt Debt: Non Residents	月度	欧元（百万）	2000 年 1 月～2016 年 9 月	358676467	意大利银行
失业率 Labour Market: Unemployment Rate: sa	月度	%	2004 年 1 月～2016 年 11 月	317122701	意大利国家统计局
国际收支经常账户 Balance of Payments (BoP): Current Account	月度	欧元（百万）	2000 年 1 月～2016 年 10 月	358722917	意大利银行
货币供应量 M1 Money Supply M1	月度	欧元（百万）	2000 年 1 月～2016 年 10 月	97584401	意大利银行
货币供应量 M2 Money Supply M2	月度	欧元（百万）	2000 年 1 月～2016 年 10 月	205592202	意大利银行
货币供应量 M3 Money Supply M3	月度	欧元（百万）	2000 年 1 月～2016 年 10 月	21684701	意大利银行

续表

变量名称	频率	单位	起止时间	CEIC 编码	CEIC 注明的来源
短期利率:EURIBOR（3 个月） Short Term Interest Rate: Month End: EURIBOR: 3 Months	月度	年率%	2000 年 1 月～2016 年 12 月	211826902	欧洲银行联合会
10 年期国债收益率 Government Treasury Bonds Yield: 10 Year	月度	年率%	2000 年 1 月～2016 年 11 月	103954301	意大利银行
银行同业存款隔夜利率 Interbank Deposit Market: Average: Overnight	月度	年率%	2000 年 1 月～2016 年 10 月	21699301	意大利银行
经济景气指数 IT: Economic Sentiment Index: sa: NACE 2	月度	—	2000 年 1 月～2016 年 12 月	236022702	欧洲委员会经济与金融事务委员会
英国布伦特原油价格指数 Commodity Price Index: Petroleum: Spot: U. K. Brent	月度	2010＝100	2000 年 1 月～2016 年 11 月	217972901	国际货币基金组织

注：①变量名称中的英文为 CEIC 数据库中的变量名称；②起止时间以 2017 年 1 月 10 日 CEIC 数据库中的信息为准，斜体字的数据序列已停止更新（估计是由基期调整所致）。

上游价格变动的生产者价格指数；（3）反映整体价格水平的统一消费者价格指数（HCPI）；（4）反映外部影响因素的国际收支经常账户和布伦特原油价格指数；（5）反映货币供应的 M1、M2、M3、长短期利率；（5）反映购买力的居民消费、政府消费、失业率；（7）反映经济运行状况的经济景气指数；（8）政府债务状况。

意大利月度 CPI 一般在次月 13～15 日公布。

本研究项目对意大利通货膨胀率动态因子模型的构建始于 2015年 6 月。在 2000 年 1 月至 2015 年 4 月的样本期内，共提取出 4 个动态因子。各变量所对应的因子载荷见图 6－18。

利用这 4 个动态因子对意大利通货膨胀率进行的预测首次发表于 2015 年 6 月 8 日，根据动态因子模型的预测得出如下结论："意大利通货膨胀率将缓慢回升，并且最迟在第四季度摆脱通货紧缩威胁。虽不如德国乐观，但要好于法国。"[1] 从已发表的数据看，上述结论基本正确。2015 年 5 月到 2016 年 1 月意大利月同比居民消费价格指数增长率已转为正值。不过自 2016 年 2 月起又再次转为负增长。

第七节　加拿大通货膨胀率动态因子模型

进入 21 世纪以来，加拿大通货膨胀率起伏较大，呈现较强的波动特性。首先，2001 年在 3.9%～0.62% 区间起落，第一季度月同比居民消费价格指数尚在 3% 以下，第二季度则上升至近 4%，第三季度重回 3% 以下，第四季度延续下降趋势至 1% 以下。2002 年则一路上行至 4.4%。2003 年又从年初 4.7% 的高位回落至年末的 1.6%。2004～2007 年波动幅度有所减弱，除 2006 年第四季度略低外，基本

---

① http://xinhuahe.blog.sohu.com/309048760.html.

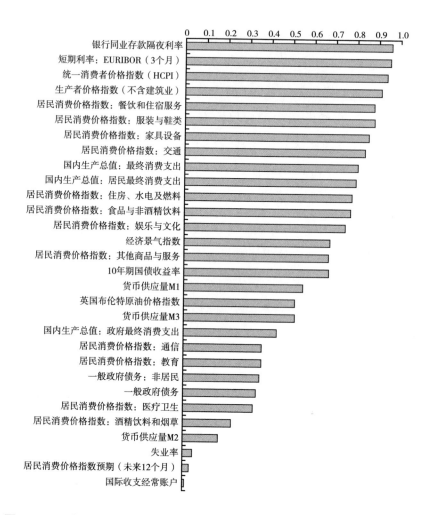

图 6 – 18　意大利通货膨胀率动态因子模型中各变量所对应的因子载荷

注：样本期为 2000 年 1 月至 2015 年 4 月。

资料来源：笔者计算。

维持在 2% 左右。全球金融危机爆发后，加拿大通货膨胀率先是再次回升到 3% 以上，然后调头急转直下，跌向通货紧缩。2010 年后再现大幅波动，2011 年月平均达到近 3%，2013 年后则除 2014 年略高外，基本徘徊在 1% 上下，低通胀显现（见图 6 – 20）。

本研究项目所建立的加拿大通货膨胀率动态因子模型基于 27 个

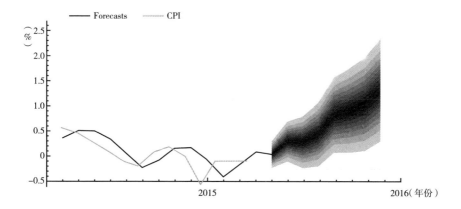

图 6 – 19　意大利通货膨胀率动态因子模型预测结果

注：基础数据截至 2015 年 4 月。

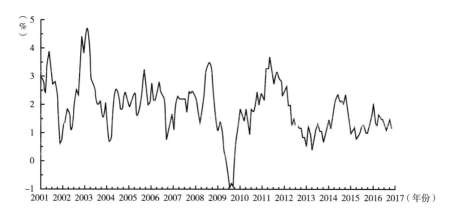

图 6 – 20　加拿大通货膨胀历史轨迹

资料来源：笔者根据 CEIC 数据库中的相关数据整理。

基础变量（见表 6 – 11）组成的数据集。具体有以下七个主要组成部分：（1）计算加拿大消费者价格指数的部分基础价格数据，即食品类居民消费价格指数、家具设备类居民消费价格指数、服装与鞋类居民消费价格指数、交通类居民消费价格指数、医疗卫生类居民消费价格指数、娱乐与教育类居民消费价格指数；（2）从不同角度计算的

表 6 – 11　加拿大通货膨胀率动态因子模型基础变量

变量名称	频率	单位	起止时间	CEIC 编码	CEIC 注明的来源
居民消费价格指数 Consumer Price Index	月度	2002 = 100	2000 年 1 月 ~ 2016 年 11 月	176840702	加拿大央行
居民消费价格指数:食品 Consumer Price Index:Food	月度	2002 = 100	2000 年 1 月 ~ 2016 年 11 月	212506902	加拿大统计局
居民消费价格指数:家具设备 Consumer Price Index: Household Operations, Furnishings and Equipment	月度	2002 = 100	2000 年 1 月 ~ 2016 年 11 月	212507102	加拿大统计局
居民消费价格指数:服装与鞋类 Consumer Price Index: Clothing and Footwear	月度	2002 = 100	2000 年 1 月 ~ 2016 年 11 月	212507202	加拿大统计局
居民消费价格指数:交通 Consumer Price Index: Transportation	月度	2002 = 100	2000 年 1 月 ~ 2016 年 11 月	212507302	加拿大统计局
居民消费价格指数:医疗卫生 Consumer Price Index: Health and Personal Care	月度	2002 = 100	2000 年 1 月 ~ 2016 年 11 月	212507402	加拿大统计局
居民消费价格指数:娱乐与教育 Consumer Price Index: Recreation, Education and Reading	月度	2002 = 100	2000 年 1 月 ~ 2016 年 11 月	212507502	加拿大统计局

续表

变量名称	频率	单位	起止时间	CEIC 编码	CEIC 注明的来源
居民消费价格指数：商品 Consumer Price Index：Goods	月度	2002＝100	2000 年 1 月 ~2016 年 11 月	212507702	加拿大统计局
居民消费价格指数：服务 Consumer Price Index：Services	月度	2002＝100	2000 年 1 月 ~2016 年 11 月	212507802	加拿大统计局
居民消费价格指数：能源 Consumer Price Index：Energy	月度	2002＝100	2000 年 1 月 ~2016 年 11 月	212508302	加拿大统计局
核心居民消费价格指数 Consumer Price Index：Core	月度	2002＝100	2000 年 1 月 ~2016 年 11 月	176840902	加拿大央行
工业品价格指数 Industrial Product Price Index（IPPI）：NAPCS	月度	2010＝100	2000 年 1 月 ~2016 年 10 月	301138604	加拿大统计局
进口价格指数 Import Price Index：BoP	月度	2007＝100	2000 年 1 月 ~2016 年 10 月	348631202	加拿大统计局
国内生产总值 Gross Domestic Product（GDP）：CSNA2012	季度	加元 （百万）	2000 年 1 季度 ~ 2016 年 3 季度	281078503	加拿大统计局
国内生产总值：居民最终消费支出 GDP：CSNA2012：FCE：Household（HH）	季度	加元 （百万）	2000 年 1 季度 ~ 2016 年 3 季度	281078703	加拿大统计局

续表

变量名称	频率	单位	起止时间	CEIC 编码	CEIC 注明的来源
国内生产总值:政府最终消费支出 GDP：CSNA2012：FCE：General Govt	季度	加元 （百万）	2000 年 1 季度 ~ 2016 年 3 季度	281079403	加拿大统计局
失业率 Unemployment Rate：sa	月度	%	2000 年 1 月 ~ 2016 年 12 月	212501102	加拿大统计局
周平均收入 Average Weekly Earnings	月度	加元	2000 年 1 月 ~ 2016 年 10 月	321669601	加拿大统计局
员工工资（所有行业） Employees Wages：All Industries	月度	加元（千）	2000 年 1 月 ~ 2016 年 12 月	278699503	加拿大统计局
经常账户收入 Balance of Payments（BoP）：BPM6：Current Account(CA)：Receipts：sa	季度	加元 （百万）	2000 年 1 月 ~ 2016 年 9 月	281095603	加拿大统计局
货币供应量 M3 Money Supply：M3：Gross	月度	加元 （百万）	2000 年 1 月 ~ 2016 年 10 月	208831602	加拿大央行
货币供应量 M2 Money Supply：M2 +：Gross	月度	加元 （百万）	2000 年 1 月 ~ 2016 年 9 月	208833002	加拿大央行
货币供应量 M1 Money Supply：M1 +：Gross	月度	加元 （百万）	2000 年 1 月 ~ 2016 年 10 月	208833902	加拿大央行

续表

变量名称	频率	单位	起止时间	CEIC 编码	CEIC 注明的来源
政策性利率：隔夜拆借目标利率 Policy Rate：Month End：Overnight Target Rate	月度	年率%	2000 年 1 月～2016 年 12 月	227634602	加拿大央行
国库券收益率（三个月期） Short Term Interest Rate：Month End：Treasury Bills Yield：3 Months	月度	年率%	2000 年 1 月～2016 年 12 月	255506202	加拿大央行
加元兑美元汇率 Exchange Rate against US $：Monthly Average	月度	加元/美元	2000 年 1 月～2016 年 12 月	212024902	CEIC 生成
加拿大股票价格指数 CA：Index：Share Price	月度	2010＝100	2000 年 1 月～2016 年 11 月	219272101	国际货币基金组织
英国布伦特原油价格指数 Commodity Price Index： Petroleum： Spot： U. K. Brent	月度	2010＝100	2000 年 1 月～2016 年 11 月	217972901	国际货币基金组织

注：①变量名称中的英文为 CEIC 数据库中的变量名称；②起止时间以 2017 年 1 月 10 日 CEIC 数据库中的信息为准，斜体字的数据序列已停止更新。

109

居民消费价格指数，如商品类居民消费价格指数、服务类居民消费价格指数、能源类居民消费价格指数、核心居民消费价格指数；（3）反映上游价格变动的工业品价格指数；（4）反映外部影响因素的进口价格指数、汇率、经常账户收入和布伦特原油价格指数；（5）反映货币供应的 M1、M2、M3、长短期利率；（6）影响资产配置的股票市场走势；（7）反映购买力的 GDP、居民消费、政府消费、失业率、工资。

加拿大月度 CPI 一般在次月 15～25 日公布。

本研究项目对加拿大通货膨胀率动态因子模型的构建始于 2015 年 6 月。在 2000 年 1 月至 2015 年 4 月的样本期内，共提取了 5 个因子。各变量所对应的因子载荷见图 6-21。

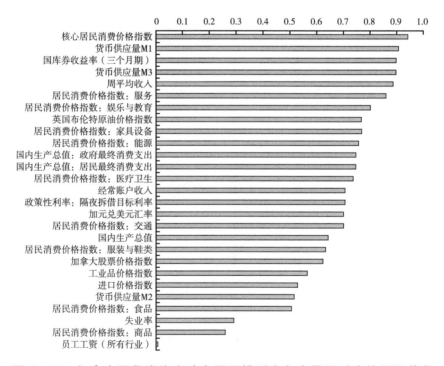

图 6-21 加拿大通货膨胀率动态因子模型中各变量所对应的因子载荷

注：样本期为 2000 年 1 月至 2015 年 4 月。

资料来源：笔者计算。

利用这 5 个动态因子对加拿大通货膨胀率进行的预测首次发表于 2015 年 6 月 10 日，根据动态因子模型的预测得出如下结论：“近年来北美自由贸易区内的两个主要成员国美国和加拿大的通货膨胀率呈现高度的同步性。采用动态因子模型所做的预测结果表明，这种同步性仍将继续。”① 从已发表的数据看，上述结论基本正确。虽然波动幅度存在差异，但两国通货膨胀率的转折点基本是同步的。

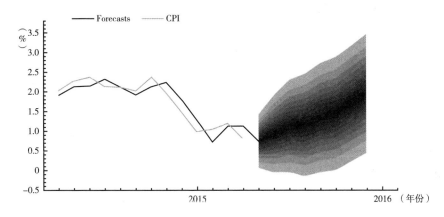

图 6 - 22　加拿大通货膨胀率动态因子模型预测结果

注：基础数据截至 2015 年 4 月。

第八节　欧盟通货膨胀率动态因子模型

1993 年《马斯特里赫特条约》的正式生效，标志着欧洲联盟（European Union，简称欧盟）的正式成立。从最初的 12 个成员国，几经扩充，现已发展至 28 个成员国，即英国、法国、德国、意大利、

---

① http：//xinhuahe. blog. sohu. com/309074744. html.

荷兰、比利时、卢森堡、丹麦、爱尔兰、希腊、葡萄牙、西班牙、奥
地利、瑞典、芬兰、保加利亚、塞浦路斯、爱沙尼亚、匈牙利、拉脱
维亚、立陶宛、马耳他、波兰、捷克共和国、罗马尼亚、斯洛伐克、
斯洛文尼亚、克罗地亚①。2016 年英国经全民公决，决定退出欧盟，
目前退出手续正在办理中。

欧洲中央银行（European Central Bank，ECB）成立于 1998 年 7
月 1 日，是为了适应欧元发行流通而设立的金融机构，其主要职能是
维护欧元的稳定，管理主导利率、货币的储备和发行，以及制定欧洲
货币政策。

基于 CEIC 数据库中有关欧盟 28 国的数据，欧盟通货膨胀率自
欧元诞生至全球金融危机爆发前非常平稳，只在 2% 上下小幅波动。
全球金融危机爆发后，欧盟通货膨胀率一度上升至 4.4%，但随后
迅速回落，并且在一年内降至不足 0.5%。随后欧盟通货膨胀率逐
步回升，于 2011 年 3 月上升到 3% 以上。2012 年起欧盟通货膨胀率
再度下跌，于 2014 年底跌入负增长，并在随后一年多的时间内基本
在零点附近徘徊。2016 年下半年起摆脱通货紧缩的迹象开始显现
（见图 6 – 23）。

由于不同时段欧盟成员国组成不同，欧盟的经济统计数据存在多
种口径。为了能够取得尽可能长的时间序列数据，并且尽量选用与欧
盟现有规模一致的统计数据，在对欧盟通货膨胀率动态因子模型的构
建中选用了以下 28 个变量，具体有以下七个组成部分：（1）与居民
消费价格指数相关的价格指数，包括欧元区统一消费价格指数中的食
品类和加工食品（含烟酒）类消费者价格指数，商品和服务消费者
价格指数，欧元区统一消费者价格指数，不同规模欧盟成员国消费者

---

① https：//europa. eu/european-union/about-eu/countries_ en#tab – 0 – 1.

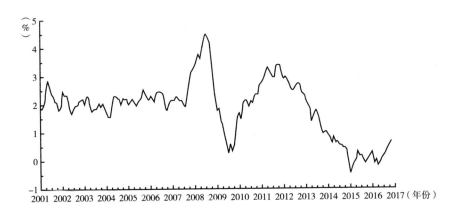

图 6 - 23 欧盟通货膨胀历史轨迹

资料来源：笔者根据 CEIC 数据库中的相关数据整理。

价格指数；（2）反映上游价格变动的生产者价格指数；（3）反映外部影响的进口价格指数、汇率和布伦特原油价格指数；（4）反映购买力的欧元区 GDP、居民消费和政府消费，失业率和工资；（5）反映货币供应的 M1、M2、M3 及长短期利率；（6）反映财政状况的到期债券；（7）股票市场走势（见表 6 - 12）。

欧盟月度通货膨胀率数据一般在次月 14～25 日公布。

本研究项目对欧盟通货膨胀率动态因子模型的构建始于 2015 年 5 月。在 2000 年 1 月至 2015 年 3 月的样本期内共提取了 4 个因子。各变量所对应的因子载荷见图 6 - 24。

利用这 4 个动态因子对欧盟通货膨胀率进行的预测首次发表于 2015 年 5 月 20 日。根据预测得出的结论"欧盟通货膨胀率（月同比消费者价格指数）将逐步回升，并将于（2015 年）年底前后接近 QE 政策退出的目标值 2%"[①]。从已公布的数据看，这一结论过于乐观，

---

① http：//xinhuahe. blog. sohu. com/308861359. html.

表 6 – 12 欧盟通货膨胀率动态因子模型基础变量

变量名称	频率	单位	起止时间	CEIC 编码	CEIC 注明的来源
居民消费价格指数增长率 Consumer Price Index：YoY	月度	%	2000 年 1 月 ~ 2016 年 11 月	211396102	CEIC 生成
欧元区统一消费者价格指数 (sa)：食品（含烟酒） HICP：Euro Area：sa：Food incl Alcohol & Tobacco	月度	2005 = 100	2000 年 1 月 ~ 2016 年 1 月	210424402	欧洲中央银行
欧元区统一消费者价格指数 (sa)：加工食品（含烟酒） HICP：Euro Area：sa：Processed Food Incl Alcohol & Tobacco	月度	2005 = 100	2000 年 1 月 ~ 2016 年 1 月	210424502	欧洲中央银行
欧元区统一消费者价格指数 (sa)：商品 HICP：Euro Area：sa：Goods	月度	2005 = 100	2000 年 1 月 ~ 2016 年 1 月	96141501	欧洲中央银行
欧元区统一消费者价格指数 (sa)：服务 HICP：Euro Area：sa：Services	月度	2005 = 100	2000 年 1 月 ~ 2016 年 1 月	96141601	欧洲中央银行
统一消费者价格指数：欧元区 HICP：Euro Area	月度	2005 = 100	2000 年 1 月 ~ 2016 年 1 月	96141101	欧洲中央银行
统一消费者价格指数：欧元区商品 HICP：Euro Area：Goods	月度	2005 = 100	2000 年 1 月 ~ 2016 年 1 月	96141201	欧洲中央银行

续表

变量名称	频率	单位	起止时间	CEIC 编码	CEIC 注明的来源
统一消费者价格指数:欧元区服务 HICP: Euro Area: Services	月度	2005=100	2000 年1 月~2016 年1 月	96141301	欧洲中央银行
居民消费价格指数:欧元区增长率 HICP: EA: YoY	月度	%	2000 年1 月~2016 年11 月	210438802	欧盟统计局
居民消费价格指数:欧元区 19 国增长率 HICP: EA 19: YoY	月度	%	2000 年1 月~2016 年11 月	366499107	欧盟统计局
居民消费价格指数:欧元区 18 国增长率 HICP: EA 18: YoY	月度	%	2000 年1 月~2016 年11 月	353423757	欧盟统计局
居民消费价格指数:欧元区 17 国增长率 HICP: 2005=100: EA 17: YoY	月度	%	2000 年1 月~2015 年12 月	334357402	欧盟统计局
生产者价格指数(欧盟 28 国) Producer Price Index(PPI): EU 28	月度	2010=100	2000 年1 月~2016 年10 月	285865104	欧盟统计局
进口价格指数:欧元区 19 国 ImPI: EA 19	月度	2010=100	2005 年1 月~2016 年10 月	360706227	欧盟统计局
进口价格指数:欧元区 18 国 ImPI: EA 18	月度	2010=100	2001 年1 月~2016 年10 月	353605087	
本地生产总值(欧元区 19 国):居民最终消费支出 GDP: EA 19: Final Consumption Expenditure: Household & NPISH	季度	欧元 (10 亿)	2000 年1 季度~2016 年3 季度	365864707	欧洲中央银行

续表

变量名称	频率	单位	起止时间	CEIC 编码	CEIC 注明的来源
本地生产总值（欧元区 19 国）：政府最终消费支出 GDP: EA 19: Final Consumption Expenditure: Government	季度	欧元（10 亿）	2000 年 1 季度 ~ 2016 年 3 季度	365864747	欧洲中央银行
本地生产总值（欧元区 19 国）：国内需求 GDP: EA 19: Domestic Demand	季度	欧元（10 亿）	2000 年 1 季度 ~ 2016 年 3 季度	365864987	欧洲中央银行
失业率：欧盟 28 国 Unemployment Rate: EU 28	月度	%	2001 年 1 月 ~ 2016 年 11 月	285997004	欧盟统计局
工资薪金指数（欧盟28 国） Wages & Salaries Index: wda: EU 28	季度	2008 = 100	2000 年 1 季度 ~ 2014 年 4 季度	356414302	欧盟统计局
货币供应指数：M1 Money Supply M1: Index: Dec10 = 100	月度	2010 年 12 月 = 100	2000 年 1 月 ~ 2016 年 11 月	349707302	欧洲中央银行
货币供应指数：M2 Money Supply M2: Index: Dec10 = 100	月度	2010 年 12 月 = 100	2000 年 1 月 ~ 2016 年 11 月	349707502	欧洲中央银行
货币供应指数：M3 Money Supply M3: Index: Dec10 = 100	月度	2010 年 12 月 = 100	2000 年 1 月 ~ 2016 年 11 月	349707702	欧洲中央银行
政策利率：再贷款 Policy Rate: Month End: Main Refinancing Operations	月度	年率%	2000 年 1 月 ~ 2016 年 12 月	57668901	欧洲中央银行

续表

变量名称	频率	单位	起止时间	CEIC 编码	CEIC 注明的来源
美元兑欧元参考汇率 FX Reference Rate: ECB: US Dollar to Euro	月度	美元/欧元	2000 年 1 月~2016 年 12 月	15293401	欧洲中央银行
政府债券收益率（10 年期）Government Bond Yield: Monthly Average: Euro: 10 Years	月度	年率%	2000 年 1 月~2016 年 11 月	15302101	欧洲中央银行
预测通货膨胀率 SPF: Inflation: YoY: Current Calendar Year	季度	%	2000 年 1 季度~2015 年 4 季度	210757402	欧洲中央银行
到期债券 Debt Securities: Outstandings	月度	欧元（10 亿）	2000 年 1 月~2016 年 9 月	15367901	欧洲中央银行
道琼斯欧洲 Stoxx 指数 Equity Market Index: Month End: Dow Jones Euro Stoxx	月度	1991 年 12 月 31 日 =100	2000 年 1 月~2016 年 12 月	15370001	STOXX 公司
英国布伦特原油价格指数 Commodity Price Index: Petroleum: Spot: U. K. Brent	月度	2010 =100	2000 年 1 月~2016 年 11 月	217972901	国际货币基金组织

注：①变量名称中的英文为 CEIC 数据库中的变量名称；②起止时间以 2017 年 1 月 10 日 CEIC 数据库中的信息为准，斜体字的数据序列已停止更新。

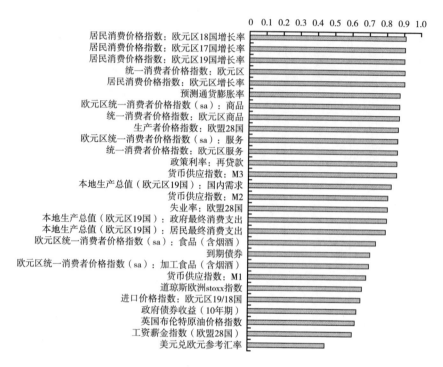

图 6 - 24　欧盟通货膨胀率动态因子模型中各变量所对应的因子载荷

注：样本期为 2000 年 1 月至 2015 年 3 月。

资料来源：笔者计算。

虽然 2015 年 5 月起欧盟月同比消费者价格指数增长率已由负变正，
但在 2015 年 9 月又曾出现负值。2016 年 1 月 8 日，依据 2000 年 1 月
至 2015 年 11 月的基础数据重新进行的预测得出结论："鉴于（欧
盟）主要经济体 CPI 在未来数月仍将徘徊在通货紧缩边缘，预测欧央
行仍将延续目前的宽松货币政策。"[①] 这一判断在不久后得到证实：
2016 年 3 月 10 日欧洲央行再次将基准利率由 0.05% 下调至 0，并同
时下调存款利率和贷款利率。

　　两次预测结果见图 6 - 25 和图 6 - 26。

---

① http：//xinhuahe. blog. sohu. com/321058062. html.

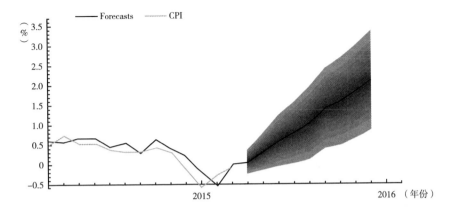

图 6 - 25 欧盟通货膨胀率预测（1）

注：基础数据截至 2015 年 3 月。

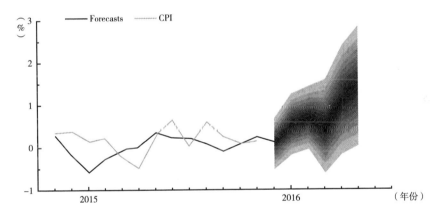

图 6 - 26 欧盟通货膨胀率预测（2）

注：基础数据截至 2015 年 11 月。

第七章

G20 其他亚洲经济体
通货膨胀率动态因子模型

摘要：本章收录了本研究项目中对印度、印度尼西亚、韩国、沙特阿拉伯和土耳其五个国家通货膨胀率所建的动态因子模型的相关内容。从建模实践看，除对沙特阿拉伯和土耳其的预测误差过大外，对其余三个国家的预测经受住了时间的考验，证明为相关各动态因子模型选取的基础变量集基本蕴含了预测各国通货膨胀率所需信息。鉴于沙特阿拉伯和土耳其现有数据不足以得出令人满意的预测结果，希望在未来条件许可的情况下能通过扩大相应的基础变量集，进一步提高预测精度。短期看，受原始数据来源的限制，这一目标恐难实现。

第一节　印度通货膨胀率动态因子模型

作为金砖五国之一，近年来迅速崛起的印度经济颇为引人注目。2000 年以来直到 2005 年末，印度通货膨胀率一直在 4% 上下小幅波动。2006 年起印度通货膨胀率开始上升，2006～2007 年居民消费价格指数月同比增长率月均达到了 6.3%。随着全球金融危机的蔓延，印度通货膨胀率继续攀升，2008 年月均达到 8.3%，2009 年月均达到 10.8%，2010 年 1 月居然达到了 16.2% 的 2000 年以来的最高点。之后，通货膨胀水平开始下降，到 2010 年底降至 9% 左右。2012 年初印度通货膨胀率曾短暂回落至 6.3%，但不久即重新回到 10% 以上并于 2013 年 11 月达到 11.5%。2014 年印度通货膨胀率再次快速回落，于 2014 年 11 月达到 3.3%。之后则基本在 5% 上下小幅波动（见图 7-1）。

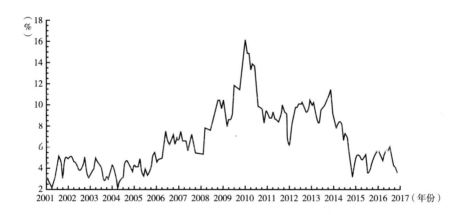

图 7-1　印度通货膨胀历史轨迹

资料来源：笔者根据 CEIC 数据库中的相关数据整理。

本研究项目所建立的印度通货膨胀率动态因子模型基于 27 个变量组成的数据集（见表 7-1）。具体有以下八个主要组成部分：（1）计算印度居民消费价格指数的六大类基础价格数据，即食品饮料类居民消费价格指数、烟酒类居民消费价格指数、服装与鞋类居民消费价格指数、住房类居民消费价格指数、燃料与电力类居民消费价格指数、杂项居民消费价格指数；（2）反映上游价格变动的批发价格指

表 7 - 1 印度通货膨胀率动态因子模型基础变量

变量名称	频率	单位	起止时间	CEIC 编码	CEIC 注明的来源
居民消费价格指数增长率 Consumer Price Index: YoY	月度	%	2000 年 1 月 ~ 2016 年 11 月	229349002	CEIC 生成
居民消费价格指数：食品饮料 CPI: 2012 = 100: Food and Beverages(FB)	月度	2012 = 100	2011 年 1 月 ~ 2016 年 11 月	365307257	印度中央统计局
居民消费价格指数（工业工人）：食品 CPI: Industrial Workers: Food	月度	2001 = 100	2000 年 1 月 ~ 2016 年 11 月	107653101	印度劳工局
居民消费价格指数：烟酒 CPI: 2012 = 100: Pan, Tobacco and Intoxicants	月度	2012 = 100	2011 年 1 月 ~ 2016 年 11 月	365307267	印度中央统计局
居民消费价格指数（工业工人）：烟酒 CPI: Industrial Workers: Tobacco & Intoxicants	月度	2001 = 100	2000 年 1 月 ~ 2016 年 11 月	107684701	印度劳工局
居民消费价格指数：服装与鞋类 CPI: 2012 = 100: Clothing and Footwear(CF)	月度	2012 = 100	2011 年 1 月 ~ 2016 年 11 月	365307297	印度中央统计局
居民消费价格指数（工业工人）：服装 CPI: Industrial Workers: Clothing	月度	2001 = 100	2000 年 1 月 ~ 2016 年 11 月	107645201	印度劳工局

续表

变量名称	频率	单位	起止时间	CEIC 编码	CEIC 注明的来源
居民消费价格指数：住房 CPI：2012＝100：Housing	月度	2012＝100	2011年1月～2016年11月	365307307	印度中央统计局
居民消费价格指数（工业工人）：住房 CPI：Industrial Workers：Housing	月度	2001＝100	2000年1月～2016年11月	107668901	印度劳工局
居民消费价格指数：燃料与电力 CPI：2012＝100：Fuel and Light	月度	2012＝100	2011年1月～2016年11月	365307317	印度中央统计局
居民消费价格指数（工业工人）：燃料与电力 CPI：Industrial Workers：Fuel & Light	月度	2001＝100	2000年1月～2016年11月	107661001	印度劳工局
居民消费价格指数：杂项 CPI：2012＝100：Miscellaneous	月度	2012＝100	2011年1月～2016年11月	365307387	印度中央统计局
居民消费价格指数（工业工人）：杂项 CPI：Industrial Workers：Misc	月度	2001＝100	2000年1月～2016年11月	107676801	印度劳工局
批发价格指数增长率 Wholesale Price Index：YoY	月度	％	2000年1月～2016年11月	211637302	CEIC 生成

续表

变量名称	频率	单位	起止时间	CEIC 编码	CEIC 注明的来源
国内生产总值 Gross Domestic Product	季度	卢比 （百万）	2011 年 2 季度 ~ 2016 年 3 季度	365383817	印度中央统计局
Gross Domestic Product at Factor Cost			2004 年 2 季度 ~ 2014 年 3 季度	230792002	
Gross Domestic Product at Market Price			2000 年 1 季度 ~ 2009 年 3 季度	56614102	
居民最终消费支出 Final Consumption Expenditure：Private	季度	卢比 （百万）	2011 年 2 季度 ~ 2016 年 3 季度	365383857	印度中央统计局
			2004 年 2 季度 ~ 2014 年 3 季度	230792702	
			2000 年 1 季度 ~ 2009 年 3 季度	56614202	
政府最终消费支出 Final Consumption Expenditure：Government	季度	卢比 （百万）	2011 年 2 季度 ~ 2016 年 3 季度	365383867	印度中央统计局
			2004 年 2 季度 ~ 2014 年 3 季度	230792102	
			2000 年 1 季度 ~ 2009 年 3 季度	56614302	

续表

变量名称	频率	单位	起止时间	CEIC 编码	CEIC 注明的来源
国内生产总值平减指数增长率 GDP Deflator: 2011 – 12p: YoY	季度	%	2012 年 2 季度 ~ 2016 年 3 季度	36648867	CEIC 生成
（DC）GDP Deflator: 2004 – 05p: YoY	季度	%	2005 年 2 季度 ~ 2014 年 3 季度	217203202	CEIC 生成
国内生产总值平减指数增长率（IMF） IN: GDP Deflator: YoY%	季度		2000 年 1 季度 ~ 2016 年 1 季度	261712801	国际货币基金组织
棉纺工人月收入:孟买 Monthly Earnings: Cotton Textile Mills: Mumbai	月度	卢比	2000 年 1 月 ~ 2016 年 6 月	19497001	印度劳工局
商业乐观指数 Business Expectation Survey: Business Optimism Index	季度	Jun 1995 = 100	2002 年 3 季度 ~ 2015 年 4 季度	198959402	邓白氏咨询公司
工业前景调查:总体商业状况 Industrial Outlook Survey: RBI: Overall Business Situation	季度	%	2000 年 2 季度 ~ 2016 年 4 季度	224244202	印度储备银行
货币供应量 M1 Money Supply: M1	月度	卢比 （百万）	2000 年 1 月 ~ 2016 年 12 月	21352801	印度储备银行

续表

变量名称	频率	单位	起止时间	CEIC 编码	CEIC 注明的来源
货币供应量 M2 Money Supply：M2	月度	卢比（百万）	2000 年 1 月 ~ 2016 年 12 月	21352601	印度储备银行
货币供应量 M3 Money Supply：M3	月度	卢比（百万）	2000 年 1 月 ~ 2016 年 12 月	21352401	印度储备银行
货币供应量 M4 Money Supply：M4	月度	卢比（百万）	2000 年 1 月 ~ 2016 年 12 月	21352201	印度储备银行
储备货币 Reserve Money	月度	卢比（百万）	2000 年 1 月 ~ 2016 年 12 月	21353801	印度储备银行
外汇储备 Foreign Exchange Reserve	月度	卢比（百万）	2000 年 1 月 ~ 2016 年 11 月	20297301	印度储备银行
政策利率：回购利率 Policy Rate：Month End：Repo Rate	月度	年率%	2001 年 4 月 ~ 2016 年 12 月	81382801	印度储备银行
政府债券收益率（10 年期） Government Securities Yield：10 Years	月度	年率%	2000 年 1 月 ~ 2016 年 11 月	81383901	印度储备银行
贴现率 IN：Discount Rate：End of Period	月度	年率%	2000 年 1 月 ~ 2016 年 9 月	131905004	国际货币基金组织

续表

变量名称	频率	单位	起止时间	CEIC 编码	CEIC 注明的来源
卢比兑美元汇率 Exchange Rate against US $: Monthly Average	月度	卢比/美元	2000 年 1 月 ~ 2016 年 12 月	227651502	CEIC 生成
印度 SENSEX 股指(孟买敏感 30 指数) Equity Market Index: Month End: BSE: Sensitive 30(Sensex)	月度	1978 ~ 1979 = 100	2000 年 1 月 ~ 2016 年 12 月	21917601	孟买证券交易所
印度 S&P CNX 500 股指 NSE: Index: S&P CNX 500 Equity	月度	1995 年 1 月 1 日 = 1000	2000 年 1 月 ~ 2016 年 12 月	21918301	印度国家证券交易所
英国布伦特原油价格指数 Commodity Price Index: Petroleum: Spot: Index: U. K. Brent	月度	2010 = 100	2000 年 1 月 ~ 2016 年 11 月	217972901	国际货币基金组织

注：①变量名称中的英文为 CEIC 数据库中的变量名称；②起止时间以 2017 年 1 月 10 日 CEIC 数据库中的信息为准，斜体字的数据序列列已停止更新。

数；（3）反映购买力的国内生产总值、居民消费、政府消费、收入；
（4）反映整体价格水平的 GDP 平减指数；（5）反映经济运行状况的
景气指数；（6）反映货币供应的货币供应量 M1、M2、M3、M4，储
备货币，外汇储备，以及各种利率；（7）反映外部冲击的汇率和布
伦特原油价格指数；（8）影响资产配置的股票市场走势。

印度月度 CPI 数据一般于次月 10～15 日公布。

本研究项目对印度通货膨胀率动态因子模型的构建始于 2016 年
初。在 2000 年 1 月至 2015 年 11 月的样本期内，共提取到 5 个动态因
子。各变量所对应的因子载荷见图 7－2。

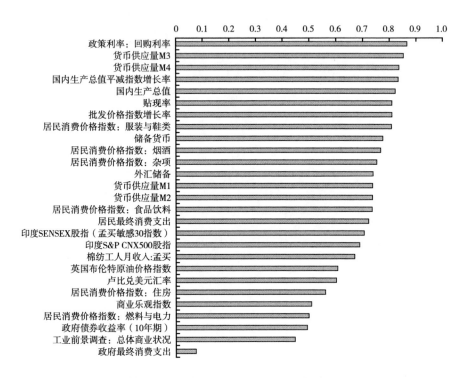

图 7－2　印度通货膨胀率动态因子模型中各变量所对应的因子载荷

注：样本期为 2000 年 1 月至 2015 年 11 月。

资料来源：笔者计算。

根据所提取的 5 个动态因子对印度通货膨胀率所做的预测，得出了"（自 2015 年 12 月起）未来数月印度 CPI 月同比增长率将保持在 4.5% 以上"的结论①，印度中央统计局现已公布的数据印证了这一结论。2016 年 1 月 7 日的预测结果见图 7 – 3。由于印度部分数据序列时序较短，为尽量覆盖整个样本区间，实际建模中所用多个数据序列系由数个原始数据序列相互连接而成，故对印度通货膨胀率的预测呈现较大的预测误差。从图 7 – 3 可以明显看到这一现象。

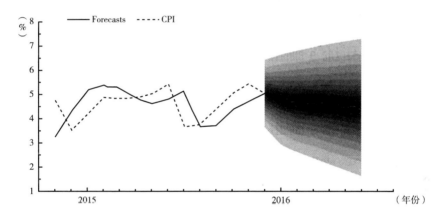

图 7 – 3　印度通货膨胀率动态因子模型预测结果

注：基础数据截至 2015 年 11 月。

第二节　印度尼西亚通货膨胀率动态因子模型

印度尼西亚是经济和人口规模最大的东盟国家。2000 年以来第一个 10 年，印度尼西亚通货膨胀率大起大落。2000 年初印度尼西亚刚刚走出通货紧缩，但在一年之内即猛增至 2000 年 12 月的 9.3%。

---

① http：//xinhuahe. blog. sohu. com/321054995. html.

2001 年通货膨胀率上升的势头依旧，通货膨胀纪录不断被刷新，2002 年 2 月创下了 15.1% 的高通胀水平。之后通货膨胀率开始下降，至 2004 年 2 月回落至 4.6%，并在小幅上涨后相对稳定了一年左右。2005 年 10 月印度尼西亚再次出现高通货膨胀，月同比居民消费价格指数从 9 月的 9.1% 大幅升至 17.9%，在次月继续上升至 18.4% 之后开始在波动中回落。2006 年 10 月自上月的 14.5% 瞬间下降至 6.3%，并在小幅波动中再次稳定了一年左右。在全球金融危机的阴影中印度尼西亚通货膨胀率又一次上涨，但上涨幅度小于此前的高通货膨胀时期，至 2008 年 9 月最高也只达到了 12.1%，之后通货膨胀水平再次回调。2009 年 11 月印度尼西亚迎来 2000 年以来的最低通货膨胀水平，月同比居民消费价格指数仅有 2.4%。之后虽然印度尼西亚通货膨胀水平仍有波动，但与 21 世纪第一个十年相比波动幅度大大降低。2016 年 4 月起，印度尼西亚通货膨胀率已降至 3% 左右（见图 7 - 4）。

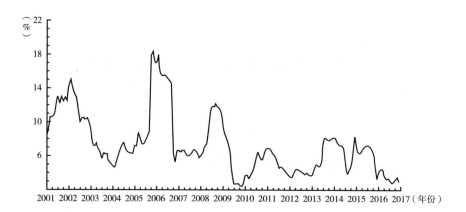

图 7 - 4　印度尼西亚通货膨胀历史轨迹

资料来源：笔者根据 CEIC 数据库中的相关数据整理。

本研究项目所建立的印度尼西亚通货膨胀率动态因子模型基于 23 个变量组成的数据集（见表 7 - 2）。具体有以下七个主要组成部

表7-2 印度尼西亚通货膨胀率动态因子模型基础变量

变量名称	频率	单位	起止时间	CEIC编码	CEIC注明的来源
居民消费价格指数增长率 Consumer Price Index: YoY	月度	%	2000年1月~2015年12月	249445601	CEIC生成
居民消费价格指数:食品 Consumer Price Index: Food	月度	2012=100	2013年1月~2016年12月	352861357	印度尼西亚中央统计局
		2007=100	2007年1月~2013年12月	180980902	
		2002=100	2002年1月~2008年5月	13895301	
居民消费价格指数:加工食品、饮料、烟草 Consumer Price Index: Processed Food, Beverages, Tobacco(BF)	月度	2012=100	2013年1月~2016年12月	352861367	印度尼西亚中央统计局
		2007=100	2007年1月~2013年12月	180981002	
		2002=100	2002年1月~2008年5月	13896501	
居民消费价格指数:住房、电、气和燃料 Consumer Price Index: Housing, Electricity, Gas and Fuel	月度	2012=100	2013年1月~2016年12月	352861377	印度尼西亚中央统计局
		2007=100	2007年1月~2013年12月	180981102	
		2002=100	2002年1月~2008年5月	13896901	

续表

变量名称	频率	单位	起止时间	CEIC 编码	CEIC 注明的来源
居民消费价格指数:服装 Consumer Price Index: Clothing	月度	2012 = 100	2013 年 1 月 ~ 2016 年 12 月	352861387	印度尼西亚中央统计局
		2007 = 100	2007 年 1 月 ~ 2013 年 12 月	180981202	
		2002 = 100	2002 年 1 月 ~ 2008 年 5 月	13897401	
居民消费价格指数:医疗卫生 Consumer Price Index: Health	月度	2012 = 100	2013 年 1 月 ~ 2016 年 12 月	352861397	印度尼西亚中央统计局
		2007 = 100	2007 年 1 月 ~ 2013 年 12 月	180981302	
		2002 = 100	2002 年 1 月 ~ 2008 年 5 月	13897901	
居民消费价格指数:教育、娱乐与运动 Consumer Price Index: Education, Recreation and Sports (ER)	月度	2012 = 100	2013 年 1 月 ~ 2016 年 12 月	352861407	印度尼西亚中央统计局
		2007 = 100	2007 年 1 月 ~ 2013 年 12 月	180981402	
		2002 = 100	2002 年 1 月 ~ 2008 年 5 月	13898401	
居民消费价格指数:交通、通信与金融 Consumer Price Index: Transportation, Communication and Finance (TC)	月度	2012 = 100	2013 年 1 月 ~ 2016 年 12 月	352861417	印度尼西亚中央统计局
		2007 = 100	2007 年 1 月 ~ 2013 年 12 月	180981502	
		2002 = 100	2002 年 1 月 ~ 2008 年 5 月	13899001	

续表

变量名称	频率	单位	起止时间	CEIC 编码	CEIC 注明的来源
批发价格指数 Wholesale Price Index: General	月度	2010＝100	2013 年 1 月～2016 年 11 月	298527004	印度尼西亚中央统计局
		2005＝100	2008 年12 月～2013 年9 月	206943902	
		2000＝100	2002 年1 月～2008 年12 月	107639901	
国内生产总值 Gross Domestic Product（GDP）：SNA 1993：2000p	季度	印尼盾 （10 亿）	2000 年1 季度～2014 年4 季度	13132401	印度尼西亚中央统计局
国内生产总值:居民最终消费支出 GDP：SNA 1993：2000p；CE：Private Consumption Expenditures	季度	印尼盾 （10 亿）	2000 年1 季度～2014 年4 季度	13123901	印度尼西亚中央统计局
国际储备 International Reserve	月度	美元 （百万）	2000 年 1 月～2016 年 12 月	14079101	印度尼西亚银行
官方储备资产 Official Reserve Assets	月度	美元 （百万）	2000 年 1 月～2016 年 12 月	14079201	印度尼西亚银行
官方储备资产:外币 Official Reserve Assets：Foreign Currency（FC）	月度	美元 （百万）	2000 年 4 月～2016 年 12 月	14079301	印度尼西亚银行
货币供应:基础货币 ID: Money Supply: Base Money	月度	印尼盾 （10 亿）	2000 年 1 月～2016 年 10 月	224765801	国际货币基金组织
货币供应:M1 ID: Money Supply: M1	月度	印尼盾 （10 亿）	2000 年 1 月～2016 年 10 月	224793701	国际货币基金组织

续表

变量名称	频率	单位	起止时间	CEIC 编码	CEIC 注明的来源
货币供应:M2 ID: Money Supply: M2	月度	印尼盾(10 亿)	2000 年 1 月~2016 年 10 月	224794001	国际货币基金组织
银行同业拆借款利率(1 个月) Interbank Call Money Rate: 1 Month	月度	年率%	2000 年 1 月~2016 年 12 月	14409501	印度尼西亚银行
短期利率:银行同业拆借利率(3 个月) Short Term Interest Rate: Month End: Interbank Offer Rate: 3 Months	月度	年率%	2000 年 1 月~2016 年 12 月	249446201	CEIC 生成
央行政策性利率 ID: Central Bank Policy Rate: End of Period	月度	年率%	2000 年 1 月~2016 年 11 月	224794301	国际货币基金组织
印尼盾兑美元汇率 Exchange Rate against US $: Monthly Average	月度	印尼盾/美元	2000 年 1 月~2016 年 12 月	249446301	CEIC 生成
企业活动预期:加权净余额 BS: Business Activity: Expectation: Weighted Net Balance(WB)	季度	%	2004 年 3 月~2016 年 12 月	205668502	印度尼西亚银行
印尼股票价格指数 ID: Index: Share Price(End of Period)	月度	2010 = 100	2000 年 1 月~2016 年 11 月	295252301	国际货币基金组织
英国布伦特原油价格指数 Commodity Price Index: Petroleum: Spot: U. K. Brent	月度	2010 = 100	2000 年 1 月~2016 年 11 月	217972901	国际货币基金组织

注：①变量名称中的英文为 CEIC 数据库中的变量名称；②起止时间以 2017 年 1 月 10 日 CEIC 数据库中的信息为准，斜体字的数据序列已停止更新。

分：（1）计算印度尼西亚居民消费价格指数的七大类基础价格数据，即食品类居民消费价格指数，加工食品、饮料、烟草类居民消费价格指数，住房、电、气和燃料类居民消费价格指数，服装类居民消费价格指数，医疗卫生类居民消费价格指数，教育、娱乐与运动类居民消费价格指数，交通、通信与金融类居民消费价格指数；（2）反映上游价格变动的批发价格指数；（3）反映购买力的国内生产总值、居民消费；（4）反映货币供应的基础货币，货币供应量 M1、M2，国际储备，官方储备资产，以及各种利率；（5）反映经济运行状况的企业活动预期；（6）反映外部冲击的汇率和布伦特原油价格指数；（7）影响资产配置的股票市场走势。

印度尼西亚月度 CPI 数据一般于次月 1~5 日公布。

本研究项目对印度尼西亚通货膨胀率动态因子模型的构建始于 2016 年初。在 2003 年 1 月至 2015 年 12 月的样本期内，共提取到 4 个动态因子。各变量所对应的因子载荷见图 7-5。

根据所提取的 4 个动态因子对印度尼西亚通货膨胀率所做的预测，得出了"2016 年印度尼西亚通货膨胀率将继续走低，上半年或将接近 2009 年的通胀水平，预计 CPI 月同比增长率将在 2% 左右"的结论[①]，印度尼西亚中央统计局现已公布的数据基本印证了这一结论。2016 年 1 月 13 日的预测结果见图 7-6。由于印度尼西亚部分数据序列时序较短，为尽量覆盖整个样本区间，实际建模中所用多个数据序列系由数个原始数据序列相互连接而成，与此同时，为了尽量减小预测误差，样本期也被缩减至 2003 年 1 月之后，故对印度尼西亚通货膨胀率的预测呈现较大的预测误差。从图 7-6 可以明显看到这一现象。

---

① http：//xinhuahe.blog.sohu.com/321093511.html.

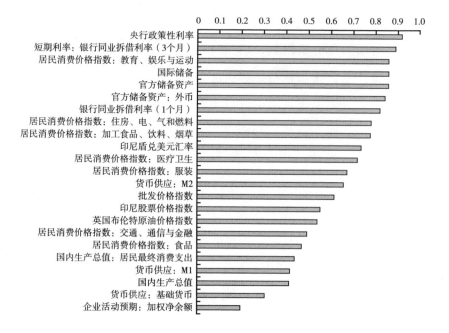

图 7 - 5 印度尼西亚通货膨胀率动态因子模型中各变量所对应的因子载荷

注：样本期为 2003 年 1 月至 2015 年 12 月。

资料来源：笔者计算。

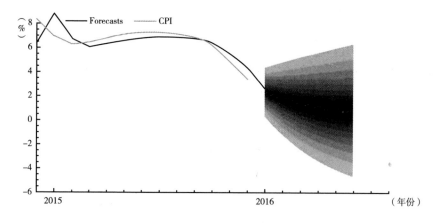

图 7 - 6 印度尼西亚通货膨胀率动态因子模型预测结果

注：基础数据截至 2015 年 12 月。

第三节　韩国通货膨胀率动态因子模型

作为"亚洲四小龙"之一的韩国，进入 21 世纪以来通货膨胀水平也呈现大起大落的态势，但波动幅度远小于"亚洲四小虎"之一的印度尼西亚。2000 年 1 月韩国通货膨胀率尚只有不到 2%，但 2001 年 5 月已升至 5.3%。随后通货膨胀率开始下降，到 2002 年 3 月已降至 2.3%，随后小幅波动至 2002 年 7 月的 2.1%。接下来出现了两次相似的升降，一次发生在 2003 年初，一次发生在 2004 年下半年，两次的高峰均突破了 4.5%，而低谷则在 3% 左右。2005 年下半年至全球金融危机前，韩国通货膨胀率在略高于 2% 的水平上小幅波动。全球金融危机爆发后，韩国通货膨胀率迅速上升，2008 年 7 月创下 2000 年以来的最高值 5.9%，然后又迅速回落至 2% 以下。2009 年 8 月起，韩国通货膨胀率再次在波动中向上攀升，至 2011 年 8 月达到 4.7%。之后韩国通货膨胀率又一次回落，并于 2015 年初降至不足 1%（见图 7-7）。

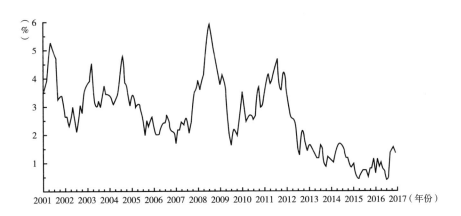

图 7-7　韩国通货膨胀历史轨迹

资料来源：笔者根据 CEIC 数据库中的相关数据整理。

　　本研究项目所建立的韩国通货膨胀率动态因子模型基于 38 个变量组成的数据集（见表 7－3）。具体有以下九个主要组成部分：（1）计算韩国居民消费价格指数的十二大类基础价格数据，即食品与非酒精饮料类居民消费价格指数，酒精饮料和烟草类居民消费价格指数，服装与鞋类居民消费价格指数，住房、水电气及其他燃料类居民消费价格指数，家具设备类居民消费价格指数，医疗卫生类居民消费价格指数，交通类居民消费价格指数，通信类居民消费价格指数，娱乐与文化类居民消费价格指数，教育类居民消费价格指数，餐饮住宿类居民消费价格指数，其他商品与服务类居民消费价格指数；（2）反映上游价格变动的生产者价格指数；（3）反映整体价格水平的 GDP 平减指数；（4）反映购买力的国内生产总值、最终消费支出；（5）反映货币供应的货币供应量 M1、M2、外汇储备以及各种利率；（6）反映经济运行状况的领先指数、同步指数、滞后指数、经济景气指数；（7）反映外部冲击的进口价格指数、汇率和布伦特原油价格指数；（8）影响资产配置的股票市场走势；（9）反映政府财政状况的中央政府债务。

　　韩国月度 CPI 数据一般于次月 1～5 日公布。

　　本研究项目对韩国通货膨胀率动态因子模型的构建始于 2016 年初。在 2000 年 1 月至 2015 年 12 月的样本期内，共提取到 4 个动态因子。各变量所对应的因子载荷见图 7－8。

　　根据所提取的 4 个动态因子对韩国通货膨胀率所做的预测，得出了"2016 年上半年韩国通货膨胀率将运行在较低水平，若无意外发生，CPI 月同比增长率或将在 1% 以内"的结论[①]，韩国统计局现已公布的数据基本印证了这一结论。2016 年 1 月 11 日的预测结果见图 7－9。

[①]　http：//xinhuahe. blog. sohu. com/321077434. html.

表 7 – 3 韩国通货膨胀率动态因子模型基础变量

变量名称	频率	单位	起止时间	CEIC 编码	CEIC 注明的来源
居民消费价格指数增长率 Consumer Price Index：YoY	月度	%	2000 年 1 月 ~2016 年 12 月	208819402	CEIC 生成
居民消费价格指数：食品与非酒精饮料 CPI：Food and Non-alcoholic Beverages（FB）	月度	2010 = 100	2000 年 1 月 ~2016 年 11 月	314618902	韩国统计局
居民消费价格指数：酒精饮料和烟草 CPI：Alcoholic Beverages and Tobacco（AT）	月度	2010 = 100	2000 年 1 月 ~2016 年 11 月	314607902	韩国统计局
居民消费价格指数：服装与鞋类 CPI：Clothing and Footwear（CF）	月度	2010 = 100	2000 年 1 月 ~2016 年 12 月	314608402	韩国统计局
居民消费价格指数：住房、水电气及其他燃料 CPI：Housing，Water，Electricity，Gas and Oth Fuels（HW）	月度	2010 = 100	2000 年 1 月 ~2016 年 12 月	314609302	韩国统计局
居民消费价格指数：家具设备 CPI：Furnishings，Household Equip & Routine Maintenance（FH）	月度	2010 = 100	2000 年 1 月 ~2016 年 12 月	314610502	韩国统计局
居民消费价格指数：医疗卫生 CPI：Health	月度	2010 = 100	2000 年 1 月 ~2016 年 12 月	314612002	韩国统计局
居民消费价格指数：交通 CPI：Transport	月度	2010 = 100	2000 年 1 月 ~2016 年 12 月	314612902	韩国统计局

续表

变量名称	频率	单位	起止时间	CEIC 编码	CEIC 注明的来源
居民消费价格指数：通信 CPI: Communication	月度	2010＝100	2000 年 1 月 ~ 2016 年 12 月	314614102	韩国统计局
居民消费价格指数：娱乐与文化 CPI: Recreation and Culture（RC）	月度	2010＝100	2000 年 1 月 ~ 2016 年 12 月	314614802	韩国统计局
居民消费价格指数：教育 CPI: Education	月度	2010＝100	2000 年 1 月 ~ 2016 年 12 月	314616502	韩国统计局
居民消费价格指数：餐饮住宿 CPI: Restaurants and Hotels（RH）	月度	2010＝100	2000 年 1 月 ~ 2016 年 12 月	314617502	韩国统计局
居民消费价格指数：其他商品与服务 CPI: Miscellaneous（MI）	月度	2010＝100	2000 年 1 月 ~ 2016 年 12 月	314618002	韩国统计局
生产者价格指数：所有商品与服务 Producer Price Index: All Commodities and Services	月度	2010＝100	2000 年 1 月 ~ 2016 年 12 月	349719002	韩国央行
生产者价格指数：服务 PPI: Services（Serv）	月度	2010＝100	2000 年 1 月 ~ 2016 年 12 月	349719202	韩国央行
进口价格指数 Import Price Index（ImPI）：Won Basis	月度	2010＝100	2000 年 1 月 ~ 2016 年 12 月	349719602	韩国央行
国内生产总值 Gross Domestic Product（GDP）	季度	韩元（10 亿）	2000 年 1 季度 ~ 2016 年 3 季度	354238957	韩国央行

续表

变量名称	频率	单位	起止时间	CEIC 编码	CEIC 注明的来源
国内生产总值：最终消费支出 GDP: Final Consumption Expenditure(FCE)	季度	韩元 （10 亿）	2000 年 1 季度 ~ 2016 年 3 季度	354238777	韩国央行
中央政府债务 Central Govt Debt	季度	韩元 （10 亿）	2002 年 3 季度 ~ 2016 年 3 季度	28496901	韩国统计局
中央政府债务：短期 Central Govt Debt: Short-Term	季度	韩元 （10 亿）	2002 年 3 季度 ~ 2016 年 3 季度	28497001	韩国统计局
中央政府债务：中长期 Central Govt Debt: Medium & Long Term	季度	韩元 （10 亿）	2002 年 3 季度 ~ 2016 年 3 季度	28497101	韩国统计局
国内生产总值平减指数增长率 GDP Deflator: YoY	季度	%	2000 年 1 季度 ~ 2016 年 3 季度	208819202	CEIC 生成
货币供应：新 M1 Money Supply: New M1: sa	月度	韩元 （10 亿）	2000 年 1 月 ~ 2016 年 10 月	126454301	韩国央行
货币供应：新 M2 Money Supply: New M2: sa	月度	韩元 （10 亿）	2000 年 1 月 ~ 2016 年 10 月	126454501	韩国央行
外汇储备 Foreign Reserve	月度	美元（百万）	2000 年 1 月 ~ 2016 年 12 月	30074501	韩国央行
央行基准政策性利率 Policy Rate: Month End: Base Rate: Bank of Korea	月度	年率%	2000 年 1 月 ~ 2016 年 12 月	30189201	韩国央行

续表

变量名称	频率	单位	起止时间	CEIC 编码	CEIC 注明的来源
短期利率:KORIBOR(3 个月) Short Term Interest Rate: Month End: KORIBOR: 3 Months	月度	年率%	2004 年 7 月~2016 年 12 月	78040101	韩国联合通讯社
韩元兑美元汇率 Exchange Rate against US $: Monthly Average	月度	韩元/美元	2000 年 1 月~2016 年 12 月	227692502	CEIC 生成
韩元兑日元汇率 Forex: Korean Won to Japanese Yen	月度	韩元/日元	2000 年 1 月~2016 年 12 月	30184801	韩国央行
韩元兑欧元汇率 Forex: Korean Won to Euro	月度	韩元/欧元	2000 年 1 月~2016 年 12 月	30185801	韩国央行
韩元兑英镑汇率 Forex: Korean Won to British Pound	月度	韩元/英镑	2000 年 1 月~2016 年 12 月	30184901	韩国央行
领先综合指数 Leading Composite Index(LDCI)	月度	2010 = 100	2000 年 1 月~2016 年 11 月	351824202	韩国统计局
同步综合指数 Coincident Composite Index(CCI)	月度	2010 = 100	2000 年 1 月~2016 年 11 月	351824502	韩国统计局

续表

变量名称	频率	单位	起止时间	CEIC 编码	CEIC 注明的来源
滞后综合指数 Lagging Composite Index（LACI）	月度	2010 = 100	2000 年 1 月 ~2016 年 11 月	351824802	韩国统计局
经济景气指数 Economic Sentiment Index	月度	—	2003 年 1 月 ~2016 年 12 月	360732827	韩国央行
经济景气指数中的周期性成分 Cyclical Component of Economic Sentiment Index	月度	—	2003 年 1 月 ~2016 年 12 月	360732837	韩国央行
韩国 KOSPI 股指 Equity Market Index: Month End: KOSPI	月度	1980 年 1 月 4 日 = 100	2000 年 1 月 ~2016 年 12 月	30688701	韩国证券交易所
韩国 KOSPI 200 综合股指 Index: KOSPI 200: Composite	月度	1990 年 1 月 3 日 = 100	2000 年 1 月 ~2016 年 12 月	30693301	韩国证券交易所
英国布伦特原油价格指数 Commodity Price Index: Petroleum: Spot: U. K. Brent	月度	2010 = 100	2000 年 1 月 ~2016 年 11 月	217972901	国际货币基金组织

注：①变量名称中的英文为 CEIC 数据库中的变量名称；②起止时间以 2017 年 1 月 10 日 CEIC 数据库中的信息为准。

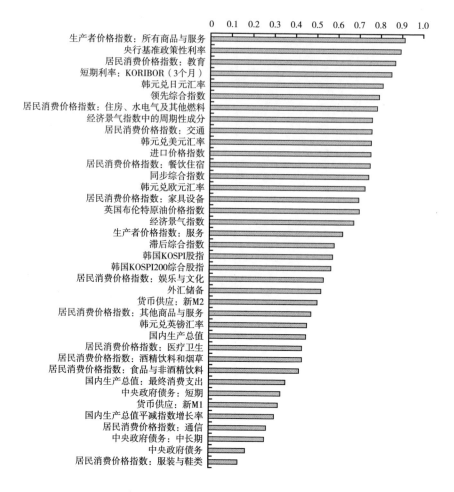

图 7 - 8　韩国通货膨胀率动态因子模型中各变量所对应的因子载荷

注：样本期为 2000 年 1 月至 2015 年 12 月。

资料来源：笔者计算。

第四节　沙特阿拉伯通货膨胀率动态因子模型

沙特阿拉伯是世界主要原油输出国之一。2000 年以来，沙特阿拉伯居民消费价格指数月同比增长率先是经历了两年半的负增长，至

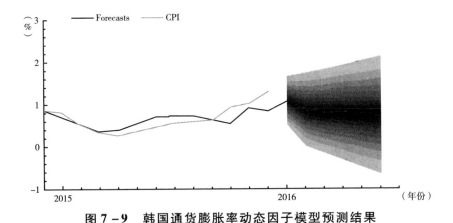

图 7 - 9 韩国通货膨胀率动态因子模型预测结果

注：基础数据截至 2015 年 12 月。

2002 年 7 月才由负转正。之后直到 2005 年年中，沙特阿拉伯通货膨胀率一直在略高于 0 附近徘徊。全球金融危机爆发前夕，沙特阿拉伯通货膨胀率开始上升。全球金融危机爆发后，沙特阿拉伯通货膨胀率快速攀升至 2000 年以来的最高点 11.1%，然后又迅速回落至 4% 以下。2010 年起，沙特阿拉伯通货膨胀率在小幅上升后开始逐步回落，至 2015 年初降至 2% 左右。2016 年沙特阿拉伯通货膨胀率又现小幅上涨（见图 7 - 10）。

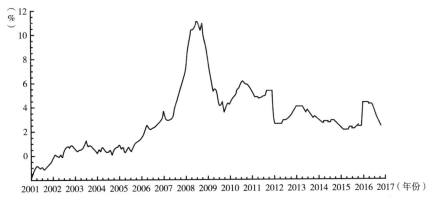

图 7 - 10 沙特阿拉伯通货膨胀历史轨迹

资料来源：笔者根据 CEIC 数据库中的相关数据整理。

本研究项目所建立的沙特阿拉伯通货膨胀率动态因子模型基于 23 个变量组成的数据集（见表 7 - 4）。具体有以下七个主要组成部分：（1）计算沙特阿拉伯居民消费价格指数的六大类基础价格数据，即食品饮料类居民消费价格指数，服装与鞋类居民消费价格指数，住房、水电气及其他燃料类居民消费价格指数，医疗卫生类居民消费价格指数，交通类居民消费价格指数，教育娱乐类居民消费价格指数；（2）反映上游价格变动的批发价格指数；（3）反映购买力的国内生产总值、居民消费、政府消费、进口；（4）反映货币供应的基础货币，货币供应量 M1、M2、M3，外汇以及各种利率；（5）反映原油生产状况的原油生产指数；（6）反映外部冲击的美元指数和布伦特原油价格指数；（7）影响资产配置的股票市场走势。

沙特阿拉伯月度 CPI 数据一般于次月下旬公布。

本研究项目对沙特阿拉伯通货膨胀率动态因子模型的构建始于 2016 年初。在 2000 年 1 月至 2015 年 11 月的样本期内，共提取到 4 个动态因子。各变量所对应的因子载荷见图 7 - 11。

根据所提取的 4 个动态因子对沙特阿拉伯通货膨胀率所做的预测，得出了"2016 年上半年沙特阿拉伯将呈现温和通胀，CPI 月同比增长率将运行在 2% ~ 3% 之间"的结论[①]，从沙特阿拉伯统计局现已公布的数据看，这一结论显然过于乐观。由于沙特阿拉伯部分数据序列时序较短，为尽量覆盖整个样本区间，实际建模中所用多个数据序列系由数个原始数据序列相互连接而成，故对沙特阿拉伯通货膨胀率的预测呈现较大的预测误差。2016 年 1 月 11 日的预测结果见图 7 - 12。

---

① http://xinhuahe.blog.sohu.com/321076011.html.

表 7 - 4 沙特阿拉伯通货膨胀率动态因子模型基础变量

变量名称	频率	单位	起止时间	CEIC 编码	CEIC 注明的来源
居民消费价格指数增长率 Consumer Price Index：YoY	月度	%	2000 年 1 月～2016 年 11 月	211189002	沙特阿拉伯统计局
居民消费价格指数：食品饮料 CPI：Food and Beverages（FB）	月度	2007＝100	2011 年 1 月～2016 年 11 月	281404303	沙特阿拉伯统计局
CPI：Foodstuffs and Beverages		*1959＝100*	*2000 年1 月～2013 年11 月*	*110385008*	
居民消费价格指数：服装与鞋类 CPI：Clothing and Footwear（CF）	月度	2007＝100	2011 年 1 月～2016 年 11 月	281404503	沙特阿拉伯统计局
CPI：Fabrics，Clothing and Footwear		*1999＝100*	*2000 年1 月～2013 年11 月*	*110385108*	
居民消费价格指数：住房，水电气及其他燃料 CPI：Housing，Water，Electricity，Gas and Other Fuels（HW）	月度	2007＝100	2011 年 1 月～2016 年 11 月	281404603	沙特阿拉伯统计局
CPI：Renovation，Rent，Fuel and Water		*1999＝100*	*2000 年1 月～2013 年11 月*	*110385208*	

续表

变量名称	频率	单位	起止时间	CEIC 编码	CEIC 注明的来源
居民消费价格指数：医疗卫生 CPI: Health	月度	2007 = 100	2011 年 1 月～2016 年 11 月	281404803	沙特阿拉伯统计局
CPI: Medical Care		1999 = 100	2000 年1 月～2013 年11 月	110385408	
居民消费价格指数：交通 CPI: Transport	月度	2007 = 100	2011 年 1 月～2016 年 11 月	281404903	沙特阿拉伯统计局
CPI: Transport and Telecommunication		1999 = 100	2000 年1 月～2013 年11 月	110385508	
居民消费价格指数：教育娱乐 CPI: Education	月度	2007 = 100	2011 年 1 月～2016 年 11 月	281405203	沙特阿拉伯统计局
CPI: Education and Entertainment		1999 = 100	2000 年1 月～2013 年11 月	110385608	
批发价格指数 SA: Wholesale Price Index	季度	2010 = 100	2000 年 1 季度～2016 年 3 季度	223990801	国际货币基金组织
国内生产总值 Gross Domestic Product(GDP)	季度	里亚尔（百万）	2003 年 1 季度～2016 年 3 季度	110183608	沙特阿拉伯统计局
国内生产总值：居民消费支出 GDP: Consumption Expenditure: Private	季度	里亚尔（百万）	2003 年 1 季度～2016 年 3 季度	110186308	沙特阿拉伯统计局

续表

变量名称	频率	单位	起止时间	CEIC 编码	CEIC 注明的来源
国内生产总值:政府消费支出 GDP: Consumption Expenditure: Government	季度	里亚尔 （百万）	2003 年 1 季度 ~ 2016 年 3 季度	110186208	沙特阿拉伯统计局
基础货币 Base Money	月度	里亚尔 （百万）	2000 年 1 月 ~ 2016 年 11 月	367042767	沙特阿拉伯货币管理局
货币供应量 M3 Money Supply: M3	月度	里亚尔 （百万）	2000 年 1 月 ~ 2016 年 11 月	110464708	沙特阿拉伯货币管理局
货币供应量 M2 Money Supply: M3: M2	月度	里亚尔 （百万）	2000 年 1 月 ~ 2016 年 11 月	110464808	沙特阿拉伯货币管理局
货币供应量 M1 Money Supply: M3: M2: M1	月度	里亚尔 （百万）	2000 年 1 月 ~ 2016 年 11 月	110464908	沙特阿拉伯货币管理局
外汇 SA: International Liquidity: Foreign Exchange	月度	美元（百万）	2000 年 1 月 ~ 2016 年 10 月	223971901	国际货币基金组织
政策性利率:官方回购利率 Policy Rate: Month End: Official Repo Rate	月度	年率%	2000 年 1 月 ~ 2016 年 12 月	240368703	沙特阿拉伯货币管理局
存款准备金率 Reserve Requirement Ratio: Demand Deposits: Local Currency	月度	%	2000 年 1 月 ~ 2016 年 12 月	284701804	沙特阿拉伯货币管理局
央行票据年平均利率 SAMA Bills: Average: 52 Weeks	月度	年率%	2000 年 1 月 ~ 2017 年 1 月	256311203	沙特阿拉伯货币管理局

续表

变量名称	频率	单位	起止时间	CEIC 编码	CEIC 注明的来源
沙特阿拉伯 TASI 股指 Equity Market Index: Month End: TASI	月度	1985 年 2 月 28 日 =1000	2007 年 1 月 ~2016 年 12 月	174203302	沙特证券交易所
(DC) Index: Tadawul: All Share TASI			*2000 年1 月 ~2008 年 3 月*	*110900908*	
原油生产指数 SA: Production Index: Crude Oil	月度	2010 =100	2000 年 1 月 ~2016 年 10 月	223391601	国际货币基金组织
进口总额（到岸价）SA: Imports: cif: World	月度	美元（百万）	2000 年 1 月 ~2016 年 8 月	203718201	国际货币基金组织
美元指数 U.S. Dollar Index: Spot	月度	1973 年 3 月 =100	2000 年 1 月 ~2016 年 12 月	241560402	美国商品研究局
英国布伦特原油价格指数 Commodity Price Index: Petroleum: Spot: U.K. Brent	月度	2010 =100	2000 年 1 月 ~2016 年 11 月	217972901	国际货币基金组织

注：①变量名称中的英文为 CEIC 数据库中的变量名称；②起止时间以 2017 年 1 月 10 日 CEIC 数据库中的信息为准，斜体字的数据序列已停止更新。

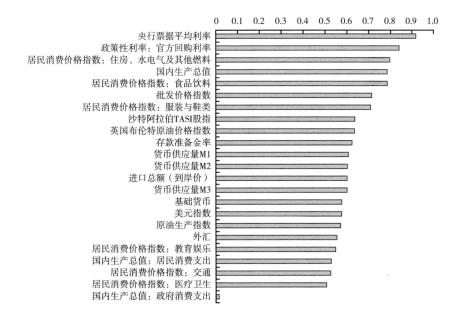

图 7 - 11　沙特阿拉伯通货膨胀率动态因子模型中各变量所对应的因子载荷

注：样本期为 2000 年 1 月至 2015 年 11 月。

资料来源：笔者计算。

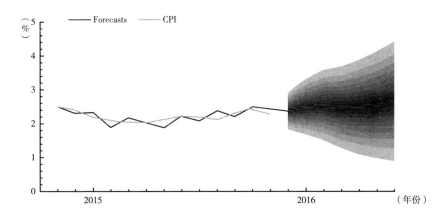

图 7 - 12　沙特阿拉伯通货膨胀率动态因子模型预测结果

注：基础数据截至 2015 年 11 月。

第五节 土耳其通货膨胀率动态因子模型

土耳其是横跨欧亚两大洲的一个国家，但因为其首都安卡拉地理上位于亚洲，土耳其被视为亚洲国家。进入 21 世纪后不久土耳其即陷入空前的高通货膨胀，2002 年 1 月居民消费价格指数月同比增长率达到 2000 年以来的最高点 73.2%，比一年前上升了近 40 个百分点。随后，土耳其通货膨胀率开始下降，两年后的 2004 年已降至 7% 左右。之后土耳其通货膨胀率虽然仍现剧烈波动，但波幅已大大缩小。2005 年通货膨胀率仅在 7.5% ~ 9%，2006 年 7 月曾达到 11.7%，但 2007 年 7 月又回落至 6.9%。全球金融危机中土耳其通货膨胀率再次上升至 2008 年 7 月的 12.1%，随后 2009 年 10 月再跌至 5.1%。2010 年 4 月复又升至 10.2%，2011 年 3 月再下探至 4%，创 2000 年以来的最低点。2012 年继续振荡上行至 4 月的 11.1%，但 12 月再次回调至 6.2%。2013 年后土耳其通货膨胀率振荡幅度继续减小，波峰与低谷间的差距已在 2 个百分点左右，通货膨胀率基本稳定在 8% 上下（见图 7 - 13）。

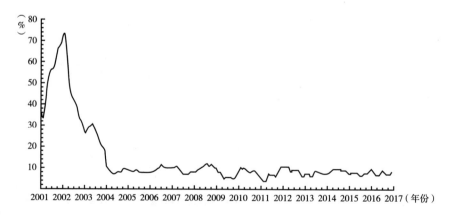

图 7 - 13 土耳其通货膨胀历史轨迹

资料来源：笔者根据 CEIC 数据库中的相关数据整理。

本研究项目所建立的土耳其通货膨胀率动态因子模型基于 35 个变量组成的数据集（见表 7−5）。具体有以下八个主要组成部分：（1）计算土耳其居民消费价格指数的十大类基础价格数据，即食品、饮料和烟草类居民消费价格指数，服装与鞋类居民消费价格指数，住房类居民消费价格指数，家具设备类居民消费价格指数，医疗卫生类居民消费价格指数，交通类居民消费价格指数，娱乐与文化类居民消费价格指数，教育类居民消费价格指数，餐饮住宿类居民消费价格指数，杂项商品与服务类居民消费价格指数；（2）反映上游价格变动的生产者价格指数和批发价格指数；（3）反映整体价格水平的 GDP 平减指数；（4）反映购买力的国内生产总值、居民消费、政府消费、工业增加值；（5）反映经济运行状况的消费者信心指数、领先指数、居民消费价格指数预期、实体经济部门信心指数；（6）反映货币供应的储备货币，官方储备资产，货币供应量 M1、M2 以及各种利率；（7）反映外部冲击的土耳其里拉兑美元汇率和布伦特原油价格指数；（8）影响资产配置的股票市场走势。

土耳其月度 CPI 数据一般于次月 5 日前公布。

本研究项目对土耳其通货膨胀率动态因子模型的构建始于 2016 年初。在 2000 年 1 月至 2015 年 12 月的样本期内，共提取到 2 个动态因子。各变量所对应的因子载荷见图 7−14。

根据所提取的 2 个动态因子对土耳其通货膨胀率所做的预测，得出了"土耳其通货膨胀率将有可能进一步走高，若无强有力的政策干预，预计 2016 年上半年或将达到 10% 以上"的结论[①]。从土耳其

---

① http：//xinhuahe. blog. sohu. com/321073473. html.

表 7-5 土耳其通货膨胀率动态因子模型基础变量

变量名称	频率	单位	起止时间	CEIC 编码	CEIC 注明的来源
居民消费价格指数 Consumer Price Index(CPI)：94＝100	月度	1994＝100	2000 年 1 月 ~2016 年 12 月	39658601	土耳其国家统计局
居民消费价格指数：食品，饮料和烟草 CPI：94＝100：Food，Beverages and Tobacco	月度	1994＝100	2000 年 1 月 ~2016 年 12 月	39658701	土耳其国家统计局
居民消费价格指数：服装与鞋类 CPI：94＝100：Clothing and Footwear	月度	1994＝100	2000 年 1 月 ~2016 年 12 月	39659101	土耳其国家统计局
居民消费价格指数：住房 CPI：94＝100：Housing	月度	1994＝100	2000 年 1 月 ~2016 年 12 月	39659401	土耳其国家统计局
居民消费价格指数：家具设备 CPI：94＝100：House Furniture & Equipment	月度	1994＝100	2000 年 1 月 ~2016 年 12 月	39659901	土耳其国家统计局
居民消费价格指数：医疗卫生 CPI：94＝100：Medical Care	月度	1994＝100	2000 年 1 月 ~2016 年 12 月	39660601	土耳其国家统计局
居民消费价格指数：交通 CPI：94＝100：Transport	月度	1994＝100	2000 年 1 月 ~2016 年 12 月	39661001	土耳其国家统计局
居民消费价格指数：娱乐与文化 CPI：94＝100：Entertainment and Culture	月度	1994＝100	2000 年 1 月 ~2016 年 12 月	39661401	土耳其国家统计局
居民消费价格指数：教育 CPI：94＝100：Education	月度	1994＝100	2000 年 1 月 ~2016 年 12 月	39661801	土耳其国家统计局
居民消费价格指数：餐饮住宿 CPI：94＝100：Restaurant，Cafe & Hotels	月度	1994＝100	2000 年 1 月 ~2016 年 12 月	39662101	土耳其国家统计局

续表

变量名称	频率	单位	起止时间	CEIC编码	CEIC注明的来源
居民消费价格指数:杂项商品与服务 CPI: 94 = 100: Miscellaneous Goods & Services	月度	1994=100	2000年1月~2016年12月	39662401	土耳其国家统计局
国内生产者价格指数 Domestic Producer Price Index(D-PPI)	月度	2003=100	2000年1月~2016年12月	303131304	土耳其国家统计局
国内生产者价格指数:电、气和空调 D-PPI: Electricity, Gas, Steam & Air Conditioning(EG)	月度	2003=100	2000年1月~2016年12月	303142804	土耳其国家统计局
批发价格指数 Wholesale Price Index: 68 = 100: ICC	月度	1968=100	2000年1月~2016年11月	39691701	土耳其央行
国内生产总值 Gross Domestic Product	季度	土耳其里拉(二)	2000年1季度~2016年2季度	354292027	土耳其国家统计局
国内生产总值:工业增加值 GDP: Industry	季度	土耳其里拉(二)	2000年1季度~2016年2季度	354292037	土耳其国家统计局
国内生产总值:居民最终消费支出 GDP: Final Consumption Expenditure(FCE): Households(HH): Resident	季度	土耳其里拉(二)	2000年1季度~2016年2季度	70399302	土耳其国家统计局
国内生产总值:FCE:政府最终消费支出 GDP: FCE: Government	季度	土耳其里拉(二)	2000年1季度~2016年2季度	70399702	土耳其国家统计局
国内生产总值平减指数 GDP Deflator	季度	1998=100	2000年1季度~2016年2季度	237007403	CEIC生成

续表

变量名称	频率	单位	起止时间	CEIC编码	CEIC注明的来源
消费者信心指数 Consumer Confidence Index	月度	一	2000 年 1 月～2016 年 12 月	282173304	土耳其国家统计局
综合领先指标指数（12 个月变化率） Composite Leading Indicator Index: 12 Month Rate of Change	月度	一	2000 年 1 月～2016 年 11 月	354171227	土耳其央行
居民消费价格指数预期：当月 Expectations Survey: CPI: Current Mth	月度	%	2000 年 1 月～2016 年 12 月	282068604	土耳其央行
居民消费价格指数预期：下两月 Expectations Survey: CPI: Next 2 Mth	月度	%	2000 年 1 月～2016 年 12 月	282070004	土耳其央行
实体经济部门信心指数 Real Sector Confidence Index: CANE 2: Seasonally Adjusted(sa)	月度	一	2000 年 1 月～2016 年 12 月	259949803	土耳其央行
货币供应:储备货币 TR: Money Supply: Reserve Money	月度	土耳其里拉（百万）	2000 年 1 月～2016 年 10 月	220252301	国际货币基金组织
货币供应 Money Supply	月度	土耳其里拉（千）	2000 年 1 月～2016 年 11 月	39750901	土耳其央行
货币供应 M1 Money Supply: M1	月度	土耳其里拉（千）	2000 年 1 月～2016 年 11 月	39752401	土耳其央行
货币供应 M2 Money Supply: M2	月度	土耳其里拉（千）	2000 年 1 月～2016 年 11 月	39752901	土耳其央行

续表

变量名称	频率	单位	起止时间	CEIC 编码	CEIC 注明的来源
官方储备资产 Official Reserve Asset	月度	美元（百万）	2000 年 4 月 ~2016 年 11 月	39795401	土耳其央行
短期利率 TRLIBOR（3 个月） Short Term Interest Rate: Month End: TRLIBOR: 3 Months	月度	年率%	2002 年 8 月 ~2016 年 12 月	236266803	土耳其银行业协会
隔夜利率 Simple Interest Rate: MM: Overnight: Weighted Average	月度	年率%	2000 年 1 月 ~2016 年 12 月	114000101	土耳其央行
贴现率 TR: Discount Rate: End of Period	月度	年率%	2000 年 1 月 ~2016 年 11 月	131898704	国际货币基金组织
土耳其里拉兑美元汇率 Exchange Rate against US $: Monthly Average	月度	土耳其里拉/美元 1985 年 1 月 1 日 =1	2000 年 1 月 ~2016 年 12 月	236291103	CEIC 生成
土耳其 BIST National 100 股指 Equity Market Index: Month End: TRY: BIST National 100	月度	1995 年 12 月 27 日 =976	2000 年 1 月 ~2016 年 12 月	39872801	伊斯坦布尔证交所
土耳其 National 30 股指 Index: TRY: National 30	月度	20 3=100	2000 年 1 月 ~2016 年 12 月	113761101	伊斯坦布尔证交所
英国布伦特原油价格指数 Commodity Price Index: Petroleum: Spot: U. K. Brent	月度		2000 年 1 月 ~2016 年 11 月	217972901	国际货币基金组织

注：①变量名称中的英文为 CEIC 数据库中的变量名称；②起止时间以 2017 年 1 月 10 日 CEIC 数据库中的信息为准。

国家统计局现已公布的数据看，虽然这一结论显然过于悲观，但实际值均未超出模型给出的区间预测值。2016 年 1 月 11 日的预测结果见图 7 - 15。

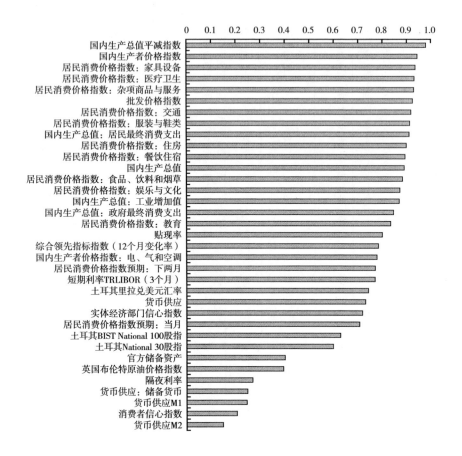

图 7 - 14　土耳其通货膨胀率动态因子模型中各变量所对应的因子载荷

注：样本期为 2000 年 1 月至 2015 年 12 月。

资料来源：笔者计算。

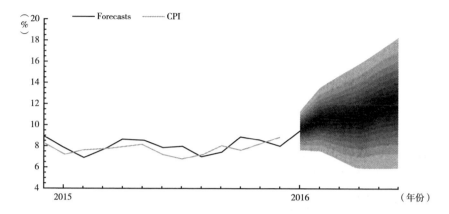

图 7 – 15　土耳其通货膨胀率动态因子模型预测结果

注：基础数据截至 2015 年 12 月。

第八章

G20 其余经济体
通货膨胀率动态因子模型

摘要： 本章收录了本研究项目中对澳大利亚、巴西、墨西哥、俄罗斯和南非五个国家通货膨胀率所建的动态因子模型的相关内容。从建模实践看，除澳大利亚因缺少月度通货膨胀率而仅保证了第一个季度的相对准确预测外，对其余四个国家的预测准确性都是比较高的，表明为相关各动态因子模型选取的基础变量集基本蕴含了预测各国通货膨胀率所需的信息。对于仅有季度通货膨胀率数据的澳大利亚，建议预测期不超过两个季度。

第一节　澳大利亚通货膨胀率动态因子模型

与其他发达国家不同，澳大利亚并不统计月度通货膨胀率，其最高频的数据仅为季度数据，包括季环比和季同比数据。从图 8 – 1 可以看到，2000 年以来澳大利亚通货膨胀率几经升降。首先，2001 年上半年延续了2000年的高通货膨胀状态，季同比居民消费价格指数增长率在6%以上，但2001年第三季度起已降至3%以下，并且之后一直到2006年初基本维持在这一水平上。2006年第二季度澳大利亚通货膨胀水平略有上涨，达到4%，但仅一个季度之后即开始回落，并于2007年第三季度降至1.8%。全球金融危机爆发后，澳大利亚通货膨胀率达到2000年以来的第二高点5%，随后于2009年第三季度降至1.2%。2010年后澳大利亚通货膨胀率经历了两次相似的涨跌，第一次发生在2009年下半年至2012年上半年，第二次发生在2012年下半年至2014年末。两次的高点分别为3.7%和3.1%，最低点则都在1%左右。2015年澳大利亚通货膨胀率基本保持在1.5%左右，而2016年则进一步降至略高于1%。

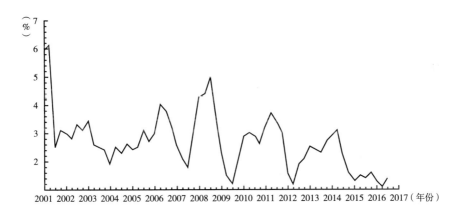

图 8 - 1 澳大利亚通货膨胀历史轨迹

资料来源：笔者根据CEIC数据库中的相关数据整理。

本研究项目所建立的澳大利亚通货膨胀率动态因子模型基于30个变量组成的数据集（见表8-1）。具体有以下八个主要组成部分：（1）计算澳大利亚居民消费价格指数的十大类基础价格数据，即食品类居民消费价格指数、烟酒类居民消费价格指数、服装与鞋类居民

表 8 – 1　澳大利亚通货膨胀率动态因子模型基础变量

变量名称	频率	单位	起止时间	CEIC 编码	CEIC 注明的来源
居民消费价格指数增长率 Consumer Price Index：YoY：sa	季度	%	2000 年 1 季度 ~ 2016 年 3 季度	211194302	澳大利亚统计局
居民消费价格指数：食品 CPI：Food	季度	2011 ~ 2012 = 100	2000 年 1 季度 ~ 2016 年 3 季度	350585601	澳大利亚统计局
居民消费价格指数：烟酒 CPI：Alcohol & Tobacco	季度	2011 ~ 2012 = 100	2000 年 1 季度 ~ 2016 年 3 季度	350585701	澳大利亚统计局
居民消费价格指数：服装与鞋类 CPI：Clothing & Footwear	季度	2011 ~ 2012 = 100	2000 年 1 季度 ~ 2016 年 3 季度	350585801	澳大利亚统计局
居民消费价格指数：住房 CPI：Housing	季度	2011 ~ 2012 = 100	2000 年 1 季度 ~ 2016 年 3 季度	350585901	澳大利亚统计局
居民消费价格指数：家居服务 CPI：Household Contents & Services	季度	2011 ~ 2012 = 100	2000 年 1 季度 ~ 2016 年 3 季度	350586001	澳大利亚统计局
居民消费价格指数：医疗 CPI：Health	季度	2011 ~ 2012 = 100	2000 年 1 季度 ~ 2016 年 3 季度	350586101	澳大利亚统计局
居民消费价格指数：交通 CPI：Transportation	季度	2011 ~ 2012 = 100	2000 年 1 季度 ~ 2016 年 3 季度	350586201	澳大利亚统计局
居民消费价格指数：通信 CPI：Communication	季度	2011 ~ 2012 = 100	2000 年 1 季度 ~ 2016 年 3 季度	350586301	澳大利亚统计局

续表

变量名称	频率	单位	起止时间	CEIC 编码	CEIC 注明的来源
居民消费价格指数:娱乐 CPI: Recreation	季度	2011~2012=100	2000 年 1 季度~2016 年 3 季度	350586401	澳大利亚统计局
居民消费价格指数:教育 CPI: Education	季度	20~1~2012=100	2000 年 1 季度~2016 年 3 季度	350586501	澳大利亚统计局
居民消费价格指数:8 首府加权平均 Consumer Price Index (CPI) : All Groups: Weighted Average of Eight Capital Cities	季度	20~1~2012=100	2000 年 1 季度~2016 年 3 季度	350585501	澳大利亚统计局
进口价格指数 Import Price Index(ImPI) : SITC: All Group	季度	2011~2012=100	2000 年 1 季度~2016 年 3 季度	350672701	澳大利亚统计局
生产者价价格指数(初步) PPI: Stage of Production (SP) : Preliminary: Total Source	季度	2011~2012=100	2000 年 1 季度~2016 年 3 季度	350710401	澳大利亚统计局
生产者价价格指数(最终国内市场) PPI: SP: Final: Domestic Market: Total Source	季度	2011~2012=100	2000 年 1 季度~2016 年 3 季度	350711001	澳大利亚统计局
国内生产总值 Gross Domestic Product(GDP): 2014-15p	季度	澳元 (百万)	2000 年 1 季度~2016 年 3 季度	383053797	澳大利亚统计局
国内生产总值:最终消费支出 GDP: 2014 - 15p: Final Consumption Expenditure	季度	澳元 (百万)	2000 年 1 季度~2016 年 3 季度	383053407	澳大利亚统计局

续表

变量名称	频率	单位	起止时间	CEIC 编码	CEIC 注明的来源
失业率 Unemployment Rate: sa	月度	%	2000 年 1 月 ~ 2016 年 11 月	235051901	澳大利亚统计局
货币供应:通货 Money Supply: sa: Currency	月度	澳元 (10 亿)	2000 年 1 月 ~ 2016 年 11 月	235141101	澳大利亚储备银行
货币供应 M1 Money Supply: sa: M1	月度	澳元 (10 亿)	2000 年 1 月 ~ 2016 年 11 月	235141201	澳大利亚储备银行
货币供应 M3 Money Supply: sa: M3	月度	澳元 (10 亿)	2000 年 1 月 ~ 2016 年 11 月	235141301	澳大利亚储备银行
货币供应:广义货币 Money Supply: sa: Broad Money	月度	澳元 (10 亿)	2000 年 1 月 ~ 2016 年 11 月	235141401	澳大利亚储备银行
官方储备资产 Official Reserve Assets: Reserve: Total: AUD	月度	澳元 (10 亿)	2000 年 1 月 ~ 2016 年 12 月	235135201	澳大利亚储备银行
政策性利率:现金目标利率 Policy Rate: Month End: Cash Target Rate	月度	年率%	2000 年 1 月 ~ 2016 年 12 月	235520001	澳大利亚储备银行
银行同隔夜现金市场利率 Interbank Overnight Cash Market Rates: Monthly Average	月度	年率%	2000 年 1 月 ~ 2016 年 12 月	235129801	澳大利亚储备银行
长期国债收益率 AU: Government Bond Yield: Long Term	月度	年率%	2000 年 1 月 ~ 2016 年 11 月	220038501	国际货币基金组织

续表

变量名称	频率	单位	起止时间	CEIC 编码	CEIC 注明的来源
澳元兑美元汇率 Exchange Rate against US $: Monthly Average	月度	澳元/美元	2000 年 1 月 ~2016 年 12 月	211194702	CEIC 生成
澳大利亚 S&P/ASX 200 股指 Equity Market Index: Month End: ASX: S&P/ASX 200	月度	1996 年 1 月 1 日 =100	2000 年 1 月 ~2016 年 12 月	1041601	澳大利亚股票交易所
通胀预期中位数:市场经济学家 Median Inflation Expectations: Present Year: Market Economists	季度	%	2002 年 3 季度 ~2016 年 3 季度	327862801	澳大利亚储备银行
通胀预期中位数:工会官员 Median Inflation Expectations: Present Year: Union Officials	季度	%	2000 年 1 季度 ~2016 年 3 季度	327862901	澳大利亚储备银行
英国布伦特原油价格指数 Commodity Price Index: Petroleum: Spot: U.K. Brent	月度	2010=100	2000 年 1 月 ~2016 年 11 月	217972901	国际货币基金组织

注:①变量名称中的英文为 CEIC 数据库中的变量名称;②起止时间以 2017 年 1 月 10 日 CEIC 数据库中的信息为准;③阴影中的数据序列未选入预测模型。

165

消费价格指数、住房类居民消费价格指数、家居服务类居民消费价格指数、医疗类居民消费价格指数、交通类居民消费价格指数、通信类居民消费价格指数、娱乐类居民消费价格指数、教育类居民消费价格指数；（2）反映上游价格变动的生产者价格指数；（3）反映不同口径的居民消费价格指数：8 首府加权平均；（4）反映购买力的国内生产总值、最终消费、失业率；（5）反映货币供应的通货、M1、M3、广义货币，官方储备资产，以及各种利率；（6）通货膨胀预期；（7）反映外部冲击的进口价格指数、汇率和布伦特原油价格指数；（8）影响资产配置的股票市场走势。

从澳大利亚统计局网站[①]上可以看到，2015 年第二季度到 2016 年第一季度的通货膨胀率，分别于 2015 年 7 月 22 日、2015 年 10 月 28 日、2016 年 1 月 27 日和 2016 年 4 月 27 日公布，即数据公布时间均滞后 50 天以上。

本研究项目对澳大利亚通货膨胀率动态因子模型的构建始于 2016 年初。经反复计算，最终选定了在样本期内能够使预测误差最小化的 20 个变量用于构建澳大利亚通货膨胀率动态因子模型。在 2000 年 1 月至 2015 年 11 月的样本期内，共提取到 3 个动态因子。各变量所对应的因子载荷见图 8 - 2。

根据所提取的 3 个动态因子对澳大利亚通货膨胀率所做的预测，得出了"2015 年第 4 季度 CPI 季同比增长率约为 1.9%，高于 2015 年第 3 季度。预计 2016 年 CPI 增长率将保持在 2% 以上"的结论[②]，从澳大利亚统计局现已公布的数据看，2015 年第 4 季度通货膨胀率为 1.6%，虽然比笔者预测的低 0.3 个百分点，但仍在预测的区间

---

① http：//www. abs. gov. au/ausstats/abs@. nsf/mf/6401. 0/.

② http：//xinhuahe. blog. sohu. com/321193000. html.

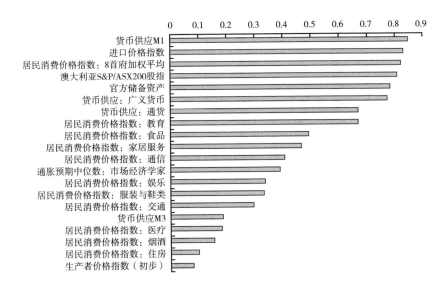

图 8 - 2　澳大利亚通货膨胀率动态因子模型中各变量所对应的因子载荷

注：样本期为 2000 年 1 月至 2015 年 11 月。

资料来源：笔者计算。

内。不过 2016 年前三季度的通货膨胀率分别为 1.3%、1.1% 和 1.4%，部分偏离了笔者的预测。

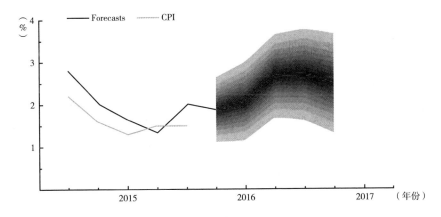

图 8 - 3　澳大利亚通货膨胀率动态因子模型预测结果

注：基础数据截至 2015 年 11 月。

第二节　巴西通货膨胀率动态因子模型

　　巴西是金砖五国之一，也是二十国集团内唯一一个南美洲国家。巴西在 2000 年之后先是经历了 6% 以上的一段相对平稳的通货膨胀阶段。2002 年底前后，巴西通货膨胀率猛增至两位数，并且最高达到了 2003 年 5 月的 17.2%，创下了 2000 年以来的最高通货膨胀水平。不过之后的调整也相当迅速，到 2004 年 5 月巴西通货膨胀率已降至 5.2%。2005～2014 年巴西通货膨胀率虽仍起伏，但波动幅度仅在 2～3 个百分点之内，是通货膨胀水平较为稳定的一个阶段。2015 年巴西通货膨胀率再次上升，并于 2015 年 11 月再次跨越两位数，2016 年 1 月达到本次通货膨胀率上升的顶点 10.7%。2016 年末巴西通货膨胀率回落至 7% 以下（见图 8 – 4）。

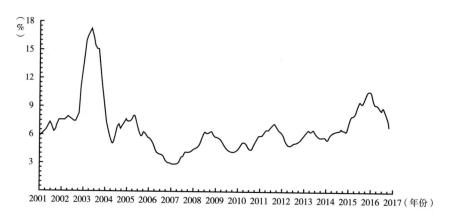

图 8 – 4　巴西通货膨胀历史轨迹

资料来源：笔者根据 CEIC 数据库中的相关数据整理。

　　本研究项目所建立的巴西通货膨胀率动态因子模型基于 33 个变量组成的数据集（见表 8 – 2）。具体有以下八个主要组成部分：（1）计算

表 8-2 巴西通货膨胀率动态因子模型基础变量

变量名称	频率	单位	起止时间	CEIC 编码	CEIC 注明的来源
居民消费价格指数增长率 Consumer Price Index: YoY	月度	%	2000 年 1 月 ~2016 年 11 月	237415703	CEIC 生成
居民消费价格指数:食品饮料 IPCA: Food & Beverage	月度	1993 年 12 月 = 100	2000 年 1 月 ~2016 年 11 月	273491503	巴西地理统计研究所
居民消费价格指数:住房 IPCA: Housing	月度	1993 年 12 月 = 100	2000 年 1 月 ~2016 年 11 月	273491603	巴西地理统计研究所
居民消费价格指数:家用电器 IPCA: Home Appliances	月度	1993 年 12 月 = 100	2000 年 1 月 ~2016 年 11 月	273491703	巴西地理统计研究所
居民消费价格指数:服装 IPCA: Apparel	月度	1993 年 12 月 = 100	2000 年 1 月 ~2016 年 11 月	273491803	巴西地理统计研究所
居民消费价格指数:交通 IPCA: Transport	月度	1993 年 12 月 = 100	2000 年 1 月 ~2016 年 11 月	273491903	巴西地理统计研究所
居民消费价格指数:医疗卫生 IPCA: Health & Personal Care	月度	1993 年 12 月 = 100	2000 年 1 月 ~2016 年 11 月	273492003	巴西地理统计研究所
居民消费价格指数:个人开支 IPCA: Personal Expenses	月度	1993 年 12 月 = 100	2000 年 1 月 ~2016 年 11 月	273492103	巴西地理统计研究所
居民消费价格指数:教育 IPCA: Education	月度	1993 年 12 月 = 100	2000 年 1 月 ~2016 年 11 月	273492203	巴西地理统计研究所

续表

变量名称	频率	单位	起止时间	CEIC 编码	CEIC 注明的来源
居民消费价格指数：通信 IPCA: Communication	月度	1993 年 12 月 = 100	2000 年 1 月 ~ 2016 年 11 月	273492303	巴西地理统计研究所
广义生产者价格指数 Broad Producer Price Index：FGV：IPA-DI	月度	1994 年 8 月 = 100	2000 年 1 月 ~ 2016 年 11 月	210989002	格图力·巴尔加斯基金会 Getulio Vargas Foundation
进口价格指数 Import Price Index：FUNCEX：Total	月度	2006 = 100	2000 年 1 月 ~ 2016 年 11 月	234310803	巴西外贸研究中心基金会
国内生产总值 GDP：SNA 2010：BRL	月度	雷亚尔（百万）	2000 年 1 月 ~ 2016 年 11 月	367006527	巴西中央银行
国内生产总值平减指数增长率 Implicit GDP Index Deflator：SNA 2010：YoY%：Quarterly	季度	%	2000 年 1 季度 ~ 2016 年 3 季度	237414403	CEIC 生成
失业率（DC）Unemployment Rate	月度	%	2001 年10 月 ~ 2016 年2 月	1355101	巴西地理统计研究所
实际平均工资指数（DC）Real Average Wage Index：Total	月度	2001 年 1 月 = 100	2000 年 12 月 ~ 2015 年 12 月	256109901	巴西地理统计研究所

续表

变量名称	频率	单位	起止时间	CEIC 编码	CEIC 注明的来源
消费者信心指数 Consumer Confidence Index	月度	2010 年 7 月 ～ 2015 年 6 月 = 10]	2005 年 9 月 ～2016 年 12 月	373694627	格图力·巴尔加斯基金会 Getulio Vargas Foundation
基础货币 Monetary Base	月度	雷亚尔(百万)	2000 年 1 月 ～2016 年 12 月	1440601	巴西中央银行
货币供应量 M1 Money Supply: M1	月度	雷亚尔(百万)	2000 年 1 月 ～2016 年 12 月	98326701	巴西中央银行
货币供应量 M2 Broad Money Supply: M2	月度	雷亚尔(百万)	2000 年 1 月 ～2016 年 11 月	1446101	巴西中央银行
货币供应量 M3 Broad Money Supply: M3	月度	雷亚尔(百万)	2000 年 1 月 ～2016 年 11 月	1446401	巴西中央银行
货币供应量 M4 Broad Money Supply: M4	月度	雷亚尔(百万)	2000 年 1 月 ～2016 年 11 月	1446701	巴西中央银行
官方储备资产 Official Reserve Assets	月度	美元(百万)	2000 年 1 月 ～2016 年 12 月	1274501	巴西中央银行
国际流动性:国际储备 BR: International Liquidity: International Reserves	月度	美元(百万)	2000 年 1 月 ～2016 年 11 月	327396501	国际货币基金组织
国际流动性:外汇 BR: International Liquidity: Foreign Exchange	月度	美元(百万)	2000 年 1 月 ～2016 年 11 月	220771101	国际货币基金组织

续表

变量名称	频率	单位	起止时间	CEIC 编码	CEIC 注明的来源
政策性利率：SELIC Policy Rate: Month End: SELIC	月度	年率%	2000 年 1 月 ~ 2016 年 12 月	227793902	巴西中央银行
巴西雷亚尔兑美元汇率 Exchange Rate against US $: Monthly Average	月度	巴西雷亚尔/美元	2000 年 1 月 ~ 2016 年 12 月	237414703	CEIC 生成
贴现率 BR: Discount Rate: End of Period	月度	年率%	2000 年 1 月 ~ 2016 年 11 月	310875501	国际货币基金组织
政府国库券利率 BR: Treasury Bill Rate: Government Securities	月度	年率%	2000 年 1 月 ~ 2016 年 11 月	220837401	国际货币基金组织
巴西 BOVESPA 股指 Equity Market Index: Month End: Sao Paulo Stock Exchange: BOVESPA	月度	1968 年 1 月 2 日 = 100	2000 年 1 月 ~ 2016 年 12 月	1665201	巴西圣保罗证券期货交易所
巴西 BOVESPA 美元股指 Index: Sao Paulo Stock Exchange: BOVESPA US $	月度	1968 年 1 月 2 日 = 100	2000 年 1 月 ~ 2016 年 12 月	193593402	巴西圣保罗证券期货交易所
IBrX 股指 Index: Sao Paulo Stock Exchange: IBrX	月度	1995 年 12 月 28 日 = 1000	2000 年 1 月 ~ 2016 年 12 月	1665301	巴西圣保罗证券期货交易所
英国布伦特原油价格指数 Commodity Price Index: Petroleum: Spot: U. K. Brent	月度	2010 = 100	2000 年 1 月 ~ 2016 年 11 月	217972901	国际货币基金组织

注：①变量名称中的英文为 CEIC 数据库中的变量名称；②起止时间以 2017 年 1 月 10 日 CEIC 数据库中的信息为准，斜体字的数据序列已停止更新。

巴西居民消费价格指数的九大类基础价格数据，即食品饮料类居民消费价格指数、住房类居民消费价格指数、家用电器类居民消费价格指数、服装类居民消费价格指数、交通类居民消费价格指数、医疗卫生类居民消费价格指数、个人开支类居民消费价格指数、教育类居民消费价格指数、通信类居民消费价格指数；（2）反映上游价格变动的广义生产者价格指数；（3）反映购买力的国内生产总值、失业率、工资；（4）反映整体价格水平的 GDP 平减指数；（5）反映货币供应的基础货币、M1、M2、M3、M4、官方储备资产、国际储备、外汇，以及各种利率；（6）反映经济运行状况的消费者信心指数；（7）反映外部冲击的进口价格指数、汇率和布伦特原油价格指数；（8）影响资产配置的股票市场走势。

巴西月度 CPI 数据一般于次月上旬公布。

本研究项目对巴西通货膨胀率动态因子模型的构建始于 2016 年初。在 2000 年 1 月至 2015 年 11 月的样本期内，共提取到 5 个动态因子。各变量所对应的因子载荷见图 8 - 5。

根据所提取的 5 个动态因子对巴西通货膨胀率所做的预测，得出了"巴西高通胀将持续，并可能进一步走高。预计 2016 年上半年或将保持在两位数的高水平上"的结论[①]，从巴西地理统计研究所已公布的数据看，2015 年 12 月至 2016 年 2 月，月均通货膨胀率达到了10.6%，基本印证了笔者的判断。

第三节 墨西哥通货膨胀率动态因子模型

墨西哥地处北美洲，是北美自由贸易区的成员国之一。2000 年

---

① http://xinhuahe.blog.sohu.com/321059290.html.

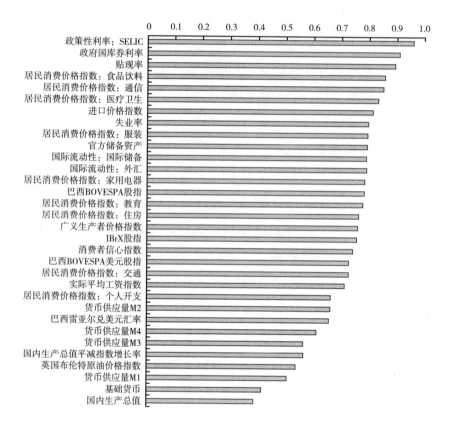

图 8-5　巴西通货膨胀率动态因子模型中各变量所对应的因子载荷

注：样本期为 2000 年 1 月至 2015 年 11 月。
资料来源：笔者计算。

以来，墨西哥通货膨胀率在波动中呈下行趋势，通货膨胀水平相比南美洲的巴西要低得多。2000 年初，墨西哥通货膨胀率尚在两位数以上，但至 2001 年底已降至 4.4%。之后虽有起伏，但通货膨胀水平仍在波动中下行，2006 年初前后甚至降至 3% 左右。全球金融危机的爆发，使墨西哥通货膨胀率从之前的不到 4% 升至 6% 以上，但随即快速降至危机前的水平，并围绕 4% 小幅波动至 2015 年初。2015 年墨西哥通货膨胀水平持续下降，于年底达到 2000 年以来的最低点

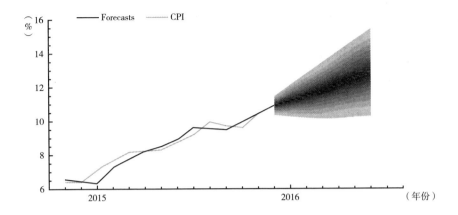

图 8-6 巴西通货膨胀率动态因子模型预测结果

注：基础数据截至 2015 年 11 月。

2.1%。2016 年墨西哥通货膨胀率略有回升，但前三个季度都在 3%
以内，只有四季度略高于 3%（见图 8-7）。

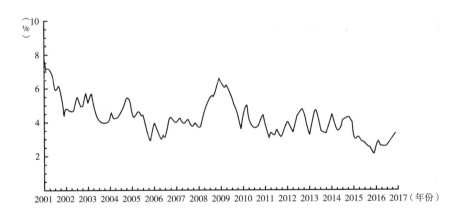

图 8-7 墨西哥通货膨胀历史轨迹

资料来源：笔者根据 CEIC 数据库中的相关数据整理。

本研究项目所建立的墨西哥通货膨胀率动态因子模型基于 30 个
变量组成的数据集（见表 8-3）。具体有以下九个主要组成部分：

表 8-3 墨西哥通货膨胀率动态因子模型基础变量

变量名称	频率	单位	起止时间	CEIC编码	CEIC注明的来源
居民消费价格指数增长率 Consumer Price Index: YoY	月度	%	2000年1月~2016年12月	237417703	CEIC生成
居民消费价格指数：食品,饮料及烟草 CPI: Food, Beverages & Tobacco(FB)	月度	2010年12月16日~31日=100	2000年1月~2016年12月	251602202	墨西哥国家统计和地理研究所
居民消费价格指数：服装,鞋类及配件 CPI: Clothing, Footwear & Accessories(GFA)	月度	2010年12月16日~31日=100	2000年1月~2016年12月	251602302	墨西哥国家统计和地理研究所
居民消费价格指数：住房 CPI: Housing	月度	2010年12月16日~31日=100	2000年1月~2016年12月	251602402	墨西哥国家统计和地理研究所
居民消费价格指数：家具，家用电器及配件 CPI: Furniture, Domestic Appliances & Accessories(FDA)	月度	2010年12月16日~31日=100	2000年1月~2016年12月	251602502	墨西哥国家统计和地理研究所
居民消费价格指数：医疗卫生与个人护理 CPI: Health & Personal Care(HP)	月度	2010年12月16日~31日=100	2000年1月~2016年12月	251602602	墨西哥国家统计和地理研究所
居民消费价格指数：交通 CPI: Transport	月度	2010年12月16日~31日=100	2000年1月~2016年12月	251602702	墨西哥国家统计和地理研究所
居民消费价格指数：教育和娱乐 CPI: Education & Entertainment(EE)	月度	2010年12月16日~31日=100	2000年1月~2016年12月	251602802	墨西哥国家统计和地理研究所
居民消费价格指数：其他服务 CPI: Other Services(OS)	月度	2010年12月16日~31日=100	2000年1月~2016年12月	251602902	墨西哥国家统计和地理研究所

续表

变量名称	频率	单位	起止时间	CEIC 编码	CEIC 注明的来源
核心居民消费价格指数 CPI: Core	月度	2010 年 12 月 16 日～31 日=100	2000 年 1 月～2016 年 12 月	251608202	墨西哥国家统计和地理研究所
生产者价格指数 Producer Price Index	月度	2012 年 6 月 = 100	2003 年 1 月～2016 年 12 月	348738501	墨西哥国家统计和地理研究所
生产者价格指数：最终商品 PPI: By Destination: Final Goods excl Oil	月度	2012 年 6 月 = 100	2000 年 1 月～2016 年 12 月	348746801	墨西哥国家统计和地理研究所
进口价格指数 MX: Import Price Index	月度	2010=100	2000 年1 月～2015 年8 月	305274701	国际货币基金组织
国内生产总值 GDP: Annualized: 2008p: Uses of Goods & Services	季度	比索（10 亿）	2000 年 1 季度～2016 年 3 季度	297074104	墨西哥国家统计和地理研究所
国内生产总值：消费支出 GDP: Annualized: 2008p: Consumption Expenditure(CE)	季度	比索（10 亿）	2000 年 1 季度～2016 年 3 季度	296965004	墨西哥国家统计和地理研究所
联邦政府石油收入 Public Fin: ytd: Oil Revenue: Federal Government(FG)	月度	比索（百万）	2000 年 1 月～2016 年 11 月	32882401	墨西哥财政和公共信贷部
联邦政府预算支出 Public Fin: ytd: Programmable Expenditure (PE): Federal Govt(FG)	月度	比索（百万）	2000 年 1 月～2016 年 11 月	32873601	墨西哥财政和公共信贷部

续表

变量名称	频率	单位	起止时间	CEIC 编码	CEIC 注明的来源
消费者信心指数 Consumer Confidence Index	月度	2003 年 1 月 = 100	2001 年 4 月 ~ 2016 年 12 月	32935201	墨西哥国家统计和地理研究所
货币供应量 M1 Money Supply M1	月度	比索（百万）	2000 年 1 月 ~ 2016 年 11 月	32977901	墨西哥央行
货币供应量 M2 Money Supply M2	月度	比索（百万）	2000 年 1 月 ~ 2016 年 11 月	32978601	墨西哥央行
货币供应量 M3 Money Supply M3	月度	比索（百万）	2000 年 1 月 ~ 2016 年 11 月	32982101	墨西哥央行
货币供应量 M4 Money Supply M4	月度	比索（百万）	2000 年 1 月 ~ 2016 年 11 月	32983401	墨西哥央行
官方储备资产 Official Reserve Assets（ORA）	月度	美元（百万）	2000 年 1 月 ~ 2016 年 11 月	100225301	墨西哥央行
可转换外汇储备 ORA：Foreign Currency Reserves in Convertible（FCR）	月度	美元（百万）	2000 年 1 月 ~ 2016 年 11 月	100225401	墨西哥央行
政策性利率：隔夜目标利率 Policy Rate：Month End：Overnight Target Rate	月度	年率%	2008 年 1 月 ~ 2016 年 12 月	227800302	墨西哥央行

续表

变量名称	频率	单位	起止时间	CEIC 编码	CEIC 注明的来源
短期利率:银行间同均衡利率 Short Term Interest Rate: Month End: Interbank Equilibrium Rate	月度	年率%	2000 年 1 月 ~2016 年 12 月	227806902	墨西哥央行
比索兑美元官方汇率 MX: Official Rate: End of Period: National Currency per USD	月度	墨西哥比索/美元	2000 年 1 月 ~2016 年 11 月	221639001	国际货币基金组织
综合同步指数 Composite Coincident Index	月度	2008 = 100	2000 年 1 月 ~2016 年 10 月	301085804	墨西哥国家统计和地理研究所
综合领先指数 Composite Leading Index	月度	2008 = 100	2000 年 1 月 ~2016 年 10 月	301085904	墨西哥国家统计和地理研究所
墨西哥 BMV: IPC 股指 Equity Market Index: Month End: BMV: IPC	月度	1978 年 10 月 30 日 = 0.78	2000 年 1 月 ~2016 年 12 月	33072301	墨西哥证券交易所
英国布伦特原油价格指数 Commodity Price Index: Petroleum: Spot: U. K. Brent	月度	2010 = 100	2000 年 1 月 ~2016 年 11 月	217972901	国际货币基金组织

注:①变量名称中的英文为 CEIC 数据库中的变量名称;②起止时间以 2017 年 1 月 10 日 CEIC 数据库中的信息为准,斜体字的数据序列已停止更新。

（1）计算墨西哥居民消费价格指数的八大类基础价格数据，即食品、饮料及烟草类居民消费价格指数，服装、鞋类及配件类居民消费价格指数，住房类居民消费价格指数，家具、家用电器及配件类居民消费价格指数，医疗卫生与个人护理类居民消费价格指数，交通类居民消费价格指数，教育和娱乐类居民消费价格指数，其他服务类居民消费价格指数；（2）反映上游价格变动的生产者价格指数；（3）核心居民消费价格指数；（4）反映购买力的国内生产总值、消费支出；（5）反映公共财政状况的联邦政府石油收入和联邦政府预算支出；（6）反映货币供应的货币供应量 M1、M2、M3、M4，官方储备资产，可转换外汇储备，以及各种利率；（7）反映经济运行状况的消费者信心指数、领先指数和同步指数；（8）反映外部冲击的进口价格指数、汇率和布伦特原油价格指数；（9）影响资产配置的股票市场走势。

墨西哥月度 CPI 一般于次月 5～10 日公布。

本研究项目对墨西哥通货膨胀率动态因子模型的构建始于 2016 年初。在 2000 年 1 月至 2015 年 12 月的样本期内，共提取到 5 个动态因子。各变量所对应的因子载荷见图 8 – 8。

根据所提取的 5 个动态因子对墨西哥通货膨胀率所做的预测，得出了"2016 年上半年低通胀态势仍将延续，预计通货膨胀率将保持在 2% 左右"的结论①，从墨西哥国家统计和地理研究所已公布的数据看，2016 年前三季度月同比居民消费价格指数增长率均在 3% 以内，只有第四季度略高于 3%，证实了笔者的判断。

---

① http：//xinhuahe. blog. sohu. com/321084203. html.

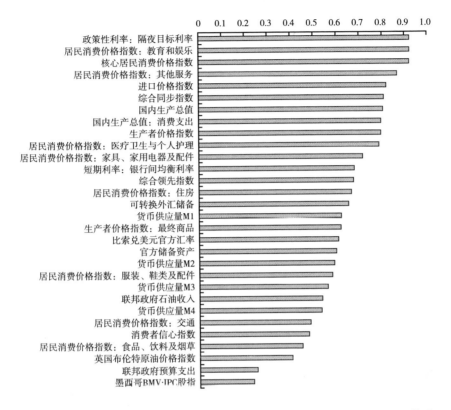

图 8-8 墨西哥通货膨胀率动态因子模型中各变量所对应的因子载荷

注：样本期为 2000 年 1 月至 2015 年 12 月。

资料来源：笔者计算。

第四节 俄罗斯通货膨胀率动态因子模型

进入 21 世纪以来，俄罗斯依旧难以摆脱高通货膨胀的困扰，2002 年初俄罗斯居民消费价格指数月同比增长率仍高达 19%。虽然总体上全球金融危机爆发前俄罗斯通货膨胀率呈下降态势，但至 2007 年 4 月仍高达 7.7%。之后，在全球金融危机的冲击下，俄罗斯通货膨胀率再次回升到两位数以上，并于 2008 年 9 月到达最高点

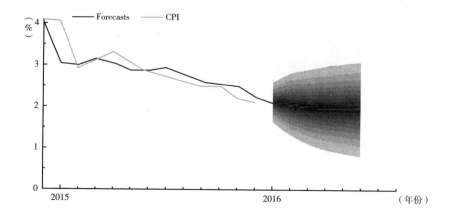

图 8 - 9　墨西哥通货膨胀率动态因子模型预测结果

注：基础数据截至 2015 年 12 月。

14.2%。在此之后，俄罗斯通货膨胀率虽开始回落，但与发达国家相比，其下降的速度却比较慢，至 2009 年 12 月仍停留在两位数的高位。进入 2010 年，俄罗斯通货膨胀率迅速滑落，至 2010 年 7 月已降至 6.4%，但稍后俄罗斯通货膨胀率再度上扬，至 2011 年 1 月已上升至 9.6%，并且在 2011 年全年一直保持在 8% 以上。2012 年，俄罗斯迎来 2000 年以来最低的通货膨胀阶段，全年月同比居民消费价格指数增长率保持在了 5% 以下。2013 年俄罗斯通货膨胀水平再度上升，2013～2014 年月平均通货膨胀率接近 7%。2015 年起复又陷入高于 15% 的高通货膨胀（见图 8 - 10）。

本研究项目所建立的俄罗斯通货膨胀率动态因子模型基于 24 个变量组成的数据集（见表 8 - 4）。具体有以下九个主要组成部分：（1）计算俄罗斯居民消费价格指数的部分基础价格数据，即食品类居民消费价格指数、非食品类居民消费价格指数、服务类居民消费价格指数；（2）核心居民消费价格指数；（3）反映购买力的国内生产总值、居民消费、政府消费、失业率、工资；（4）反映整

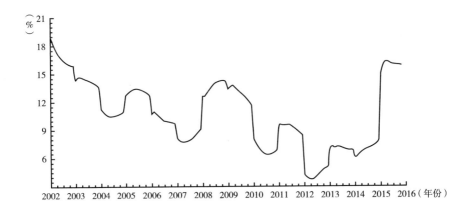

图 8 − 10　俄罗斯通货膨胀历史轨迹

资料来源：笔者根据 CEIC 数据库中的相关数据整理。

体价格水平的 GDP 平减指数；（5）反映政府财政状况的联邦政府支出；（6）反映货币供应的基础货币、货币供应量 M2、官方储备资产、外汇储备，以及各种利率；（7）反映经济运行状况的消费者信心指数、企业家信心指数；（8）反映外部冲击的汇率和布伦特原油价格指数；（9）影响资产配置的股票市场走势。

俄罗斯月度 CPI 一般于次月 20～25 日公布。

本研究项目对俄罗斯通货膨胀率动态因子模型的构建始于 2015 年 5 月。在 2000 年 1 月至 2015 年 3 月的样本期内，共提取到 4 个动态因子。各变量所对应的因子载荷见图 8 − 11。

根据所提取的 4 个动态因子对俄罗斯通货膨胀率所做的预测，得出了"俄罗斯通货膨胀率（2015）年底降至 11% 左右的目标恐难实现"的结论[1]。从俄罗斯联邦统计局已公布的数据看，笔者所得结论完全正确。

---

[1]　http://xinhuahe.blog.sohu.com/308885581.html.

表 8－4　俄罗斯通货膨胀率动态因子模型基础变量

变量名称	频率	单位	起止时间	CEIC 编码	CEIC 注明的来源
居民消费价格指数（上年同月=100）CPI: Same Period PY = 100; ytd	月度	上年同月 = 100	2002 年 1 月 ~ 2016 年 11 月	267698103	俄罗斯联邦统计局
居民消费价格指数：食品 CPI: Same Period PY = 100: ytd: Food	月度	上年同月 = 100	2002 年 1 月 ~ 2016 年 11 月	267698303	俄罗斯联邦统计局
居民消费价格指数：非食品 CPI: Same Period PY = 100: ytd: Non Food	月度	上年同月 = 100	2002 年 1 月 ~ 2016 年 11 月	267698503	俄罗斯联邦统计局
居民消费价格指数：服务 CPI: Same Period PY = 100: ytd: Services	月度	上年同月 = 100	2002 年 1 月 ~ 2016 年 11 月	267698603	俄罗斯联邦统计局
核心居民消费价格指数 CPI: Core Inflation: Same Mth PY = 100	月度	上年同月 = 100	2003 年 1 月 ~ 2016 年 11 月	246503803	俄罗斯联邦统计局
国内生产总值 (DC) Gross Domestic Product (GDP)	季度	卢布 (10 亿)	2000 年1 季度 ~ 2015 年 3 季度	68531801	俄罗斯联邦统计局
国内生产总值：居民最终消费支出 (DC) GDP: Final Consumption: Households	季度	卢布 (10 亿)	2000 年1 季度 ~ 2015 年 3 季度	68534001	俄罗斯联邦统计局
国内生产总值：政府最终消费支出 (DC) GDP: Final Consumption: Government	季度	卢布 (10 亿)	2000 年1 季度 ~ 2015 年 3 季度	68534101	俄罗斯联邦统计局
国内生产总值平减指数增长率 GDP Deflator: YoY	季度	%	2000 年 1 季度 ~ 2016 年 3 季度	237738003	CEIC 生成

续表

变量名称	频率	单位	起止时间	CEIC 编码	CEIC 注明的来源
联邦政府支出 Federal Government Expenditure	月度	卢布（10亿）	2000 年 1 月 ~ 2016 年 11 月	68527001	俄罗斯联邦财政部
失业率 Unemployment Rate	月度	%	2000 年 1 月 ~ 2016 年 11 月	193165202	俄罗斯联邦统计局
平均名义工资 Nominal Wages: Period Average	月度	卢布	2000 年 1 月 ~ 2016 年 11 月	68515001	俄罗斯联邦统计局
消费者信心指数 Consumer Confidence Index	季度	%	2000 年 1 季度 ~ 2016 年 3 季度	69355101	俄罗斯联邦统计局
货币供应量 M2 Money Supply: M2	月度	卢布（10亿）	2000 年 1 月 ~ 2016 年 11 月	68590501	俄罗斯联邦中央银行
官方储备资产 Official Reserve Assets	月度	美元（百万）	2000 年 1 月 ~ 2016 年 11 月	68592101	俄罗斯联邦中央银行
外汇储备 Official Reserve Assets: Foreign Exchange Reserves: Foreign Currency	月度	美元（百万）	2000 年 1 月 ~ 2016 年 11 月	68592201	俄罗斯联邦中央银行
基础货币 Monetary Base	月度	卢布（10亿）	2000 年 12 月 ~ 2016 年 11 月	68589701	俄罗斯联邦中央银行
短期利率 MIBOR（1 ~ 3 个月）Short Term Interest Rate: Month End: MIBOR: 1 to 3 Months	月度	年率%	2000 年 8 月 ~ 2016 年 12 月	240381603	俄罗斯联邦中央银行

续表

变量名称	频率	单位	起止时间	CEIC 编码	CEIC 注明的来源
莫斯科银行间同业拆借平均利率（1天）Interbank Rate（MIACR）：Moscow Market Avg：Actual：1 Day	月度	年率%	2000 年 1 月 ~ 2016 年 11 月	68616301	俄罗斯联邦中央银行
俄罗斯央行短期债券利率 GKO-OFZ Bonds Rate：Bank of Russia：Short Term	月度	年率%	2004 年 1 月 ~ 2016 年 6 月	107101101	俄罗斯联邦中央银行
卢布兑美元汇率 Exchange Rate against US $：Monthly Average	月度	卢布美元	2000 年 1 月 ~ 2016 年 12 月	240341103	CEIC 生成
企业家信心指数（采矿业）Entrepreneur Confidence Indicator：Mining & Quarrying	月度	%	2005 年 1 月 ~ 2016 年 12 月	126619508	俄罗斯联邦统计局
企业家信心指数（制造业）Entrepreneur Confidence Indicator：Manufacturing（Mfg）	月度	%	2005 年 1 月 ~ 2016 年 12 月	126619808	俄罗斯联邦统计局
俄罗斯股票价格指数 RU：Index：Share Price	月度	2010=100	2000 年 1 月 ~ 2016 年 11 月	229359101	国际货币基金组织
英国布伦特原油价格指数 Commodity Price Index：Petroleum：Spot：U. K. Brent	月度	2010=100	2000 年 1 月 ~ 2016 年 11 月	217972901	国际货币基金组织

注：①变量名称中的英文为 CEIC 数据库中的变量名称；②起止时间以 2017 年 1 月 10 日 CEIC 数据库中的信息为准，斜体字的数据序列已停止更新。

186

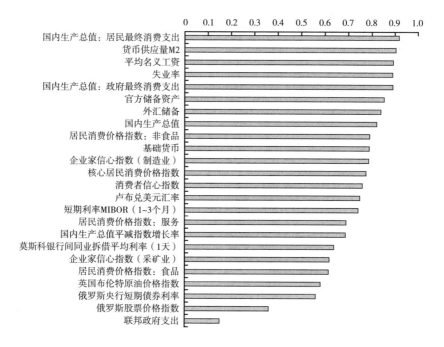

图 8-11 俄罗斯通货膨胀率动态因子模型中各变量所对应的因子载荷

注：样本期为 2000 年 1 月至 2015 年 3 月。

资料来源：笔者计算。

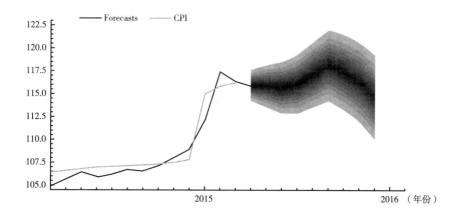

图 8-12 俄罗斯通货膨胀率动态因子模型预测结果

注：基础数据截至 2015 年 3 月。

第五节　南非通货膨胀率动态因子模型

南非是金砖国家之一，也是二十国集团中唯一一个非洲国家。进入 21 世纪以来，南非通货膨胀率经历了两次大的起落。2003 年初，南非通货膨胀率高达 12%，但到 2004 年初已快速降至不足 1%，创下 2000 年以来的最低通胀水平。但仅半年之后南非通货膨胀率已开始缓慢回升，并持续攀升至 2000 年以来的最高点，2008 年 8 月南非通货膨胀率达到 14%。之后在两年的持续下降中于 2010 年 9 月达到本轮回调的低点 3.1%。然后，南非通货膨胀率略有回升，并稳定在 5% ~6% 至 2014 年底。2015 年，南非通货膨胀率降至略高于 4%，但 2016 年南非通货膨胀率重新回到接近 7% 的水平之上（见图 8 - 13）。

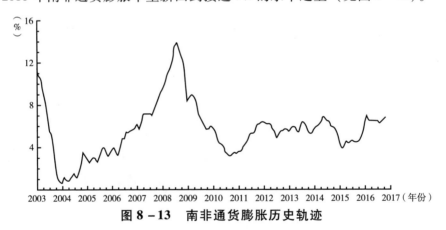

图 8 - 13　南非通货膨胀历史轨迹

资料来源：笔者根据 CEIC 数据库中的相关数据整理。

本研究项目所建立的南非通货膨胀率动态因子模型基于 25 个变量组成的数据集（见表 8 - 5）。具体有以下八个主要组成部分：（1）计算南非居民消费价格指数的部分基础价格数据，即食品类居民消费价格指数、非酒精饮料类居民消费价格指数、酒精饮料和烟草类居民消费价格指数、服装与鞋类居民消费价格指数、住房类居民消费价格

表 8 - 5　南非通货膨胀率动态因子模型基础变量

变量名称	频率	单位	起止时间	CEIC 编码	CEIC 注明的来源
居民消费价格指数 Consumer Price Index (CPI)	月度	2012 年 12 月 = 100	2008 年 1 月 ~ 2016 年 11 月	350627502	南非统计局
		2000 = 100	2002 年 1 月 ~ 2008 年 12 月	109697508	
居民消费价格指数：食品 CPI: FB: Food	月度	2012 年 12 月 = 100	2008 年 1 月 ~ 2016 年 11 月	350627702	南非统计局
		2000 = 100	2002 年 1 月 ~ 2008 年 12 月	109698008	
居民消费价格指数：非酒精饮料 CPI: FB: Non Alcoholic Beverages CPI: Non Alcoholic Beverages	月度	2012 年 12 月 = 100 2000 = 100	2008 年 1 月 ~ 2016 年 11 月 2002 年 1 月 ~ 2008 年 12 月	350628902 109699308	南非统计局
居民消费价格指数：酒精饮料和烟草 CPI: Alcoholic Beverages and Tobacco CPI: Alcoholic Beverages	月度	2012 年 12 月 = 100 2000 = 100	2008 年 1 月 ~ 2016 年 11 月 2002 年 1 月 ~ 2008 年 12 月	350629202 109699408	南非统计局

续表

变量名称	频率	单位	起止时间	CEIC 编码	CEIC 注明的来源
居民消费价格指数：服装与鞋类 CPI: Clothing and Footwear	月度	2012 年 12 月 = 100	2008 年 1 月 ~2016 年 11 月	350629802	南非统计局
		2000 = 100	2002 年1 月~2008 年12 月	109699608	
居民消费价格指数：住房 CPI: Housing and Utilities	月度	2012 年 12 月 = 100	2008 年 1 月 ~2016 年 11 月	350630102	南非统计局
CPI: Housing		2000 = 100	2002 年1 月~2008 年12 月	109699908	
居民消费价格指数：医疗卫生 CPI: Health	月度	2012 年 12 月 = 100	2008 年 1 月 ~2016 年 11 月	350631202	南非统计局
CPI: Medical Care and Health Expenses		2000 = 100	2002 年1 月~2008 年12 月	109700908	
居民消费价格指数：交通 CPI: Transport	月度	2012 年 12 月 = 100	2008 年 1 月 ~2016 年 11 月	350631502	南非统计局
		2000 = 100	2002 年1 月~2008 年12 月	109701008	

续表

变量名称	频率	单位	起止时间	CEIC 编码	CEIC 注明的来源
居民消费价格指数：通信 CPI: Communication	月度	2012 年 12 月 = 100	2008 年 1 月 ~ 2016 年 11 月	350632102	南非统计局
		2002 = 100	2002 年 1 月 ~ 2008 年 12 月	109701408	
居民消费价格指数：娱乐与文化 CPI: Recreation and Culture CPI: Recreation and Entertainment	月度	2012 年 12 月 = 100	2008 年 1 月 ~ 2016 年 11 月	350632402	南非统计局
		2002 = 100	2002 年 1 月 ~ 2008 年 12 月	109701508	
居民消费价格指数：教育 CPI: Education	月度	2012 年 12 月 = 100	2008 年 1 月 ~ 2016 年 11 月	350632802	南非统计局
		2002 = 100	2002 年 1 月 ~ 2008 年 12 月	109701708	
国内生产总值 Gross Domestic Product（GDP）: saar	季度	南非兰特（百万）	2000 年 1 季度 ~ 2016 年 3 季度	360363027	南非储备银行

续表

变量名称	频率	单位	起止时间	CEIC 编码	CEIC 注明的来源
国内生产总值:居民最终消费支出 GDP: saar: Domestic: Final Consumption: Household	季度	南非兰特 （百万）	2000 年 1 季度 ~ 2016 年 3 季度	360362947	南非统计局
国内生产总值平减指数增长率 GDP Deflator: YoY: sa	季度	%	2000 年 1 季度 ~ 2016 年 3 季度	211921602	CEIC 生成
政府收入 National Govt Revenue	月度	南非兰特 （百万）	2000 年 1 月 ~ 2016 年 11 月	109556008	南非储备银行
通胀预期（当年） CPI Inflation Expectation: All Participants: Current Year	季度	%	2000 年 3 季度 ~ 2016 年 3 季度	129622308	南非经济研究局
基础货币 Monetary Base	月度	南非兰特 （百万）	2000 年 1 月 ~ 2016 年 12 月	109826408	南非储备银行
货币供应量 M2 Money Supply M3: M2	月度	南非兰特 （百万）	2000 年 1 月 ~ 2016 年 11 月	109827208	南非储备银行
货币供应量 M1 Money Supply M3: M2: M1	月度	南非兰特 （百万）	2000 年 1 月 ~ 2016 年 11 月	109827008	南非储备银行
货币供应量 M3 Money Supply M3: sa	月度	南非兰特 （百万）	2000 年 1 月 ~ 2016 年 11 月	109827608	南非储备银行

续表

变量名称	频率	单位	起止时间	CEIC 编码	CEIC 注明的来源
政策性回购利率 Policy Rate: Month End: Repo Rate	月度	年率%	2000 年 1 月 ~ 2016 年 12 月	227635402	南非储备银行
政府债券收益(10 年期及以上) Government Bond Yield: Month End: 10 Years and Over	月度	年率%	2008 年 8 月 ~ 2016 年 12 月	284322602	南非储备银行
短期国库券利率(91 天) Short Term Interest Rate: Month End: Treasury Bills Rate: 91 Days	月度	年率%	2000 年 1 月 ~ 2016 年 12 月	255608002	南非储备银行
兰特兑美元汇率 Exchange Rate against US $: Monthly Average	月度	兰特/美元	2000 年 1 月 ~ 2016 年 12 月	211922302	CEIC 生成
南非股票市场指数 Equity Market Index: Month End: All Share	月度	2002 年 1 月 2 日 =100	2000 年 1 月 ~ 2016 年 12 月	110164308	约翰内斯堡证券交易所
英国布伦特原油价格指数 Commodity Price Index: Petroleum: Spot: U. K. Brent	月度	2010=100	2000 年 1 月 ~ 2016 年 11 月	217972901	国际货币基金组织

注：①变量名称中的英文为 CEIC 数据库中的变量全称；②起止时间以 2017 年 1 月 10 日 CEIC 数据库中的信息为准，斜体字的数据序列已停止更新。

指数、医疗卫生类居民消费价格指数、交通类居民消费价格指数、通信类居民消费价格指数、娱乐与文化类居民消费价格指数、教育类居民消费价格指数；（2）反映购买力的国内生产总值、居民消费；（3）反映整体价格水平的 GDP 平减指数；（4）反映政府财政状况的政府收入；（5）反映货币供应的基础货币，货币供应量 M1、M2、M3，以及各种利率；（6）反映经济运行状况的通胀预期；（7）反映外部冲击的汇率和布伦特原油价格指数；（8）影响资产配置的股票市场走势。

南非月度 CPI 一般于次月 15～25 日公布。

本研究项目对南非通货膨胀率动态因子模型的构建始于 2016 年初。在 2002 年 1 月至 2015 年 11 月的样本期内，共提取到 5 个动态因子。各变量所对应的因子载荷见图 8－14。

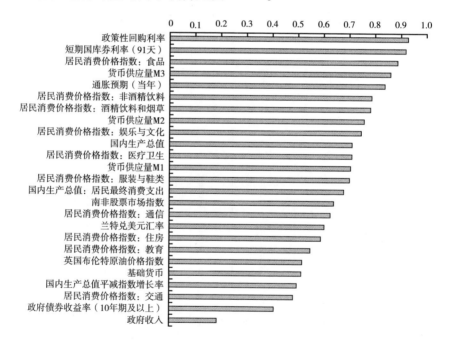

图 8－14　南非通货膨胀率动态因子模型中各变量所对应的因子载荷

注：样本期为 2002 年 1 月至 2015 年 11 月。

资料来源：笔者计算。

根据所提取的 4 个动态因子对南非通货膨胀率所做的预测，得出了"南非通货膨胀率或将再次走高，2016 年上半年有可能再次超过5%"的结论[①]。从南非统计局已公布的数据看，笔者所得结论完全正确。

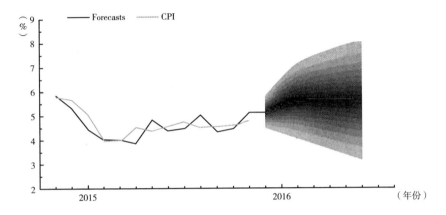

图 8 - 15　南非通货膨胀率动态因子模型预测结果

注：基础数据截至 2015 年 11 月。

---

① http://xinhuahe.blog.sohu.com/321085303.html.

第九章

中国 GDP 增长率动态因子模型

摘要：本章先对 2000 年以来中国 GDP 增长率的发展变化进行了简要回顾，然后列出了中国 GDP 增长率动态因子模型所用变量，之后对所构建的动态因子模型及其预测表现进行了讨论。

第一节　21世纪中国 GDP 增长率历史回顾

在摆脱 20 世纪末亚洲金融危机的影响之后，随着中国改革开放步伐的加快，中国国民经济重新走上了快速发展的通道。根据国家统计局公布的数据，2000 ~ 2016 年 GDP 年均增长 9.4%，增长速度居全球首位。

2000 年以来，中国 GDP 增长可大致划分为以下几个阶段（见图 9 - 1）。

一是 2000 ~ 2007 年。这一阶段，GDP 增长率基本处于上升阶段，平均每年较上一年增加近 1 个百分点。2001 年 GDP 增长率为 8.3%，2007 年已上升至 14.2%。超高速的经济增长在连续刷新 GDP 增长率历史纪录的同时，中国经济总量规模急剧扩张，环境逐年恶化，2006

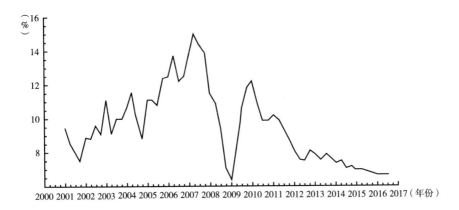

图 9 - 1　中国 GDP 增长率

资料来源：笔者根据 CEIC 数据库中的相关数据整理。

年中国贸易依存度达到了 67% 的空前水平。

二是 2007 年第三季度至 2009 年第一季度。居高不下的贸易依存度使中国经济抵御外部经济风险的脆弱性在这一阶段得到体现。在美国次贷危机引发的全球金融危机的影响下，中国 GDP 季同比增长率从 2007 年第二季度的 15% 呈现断崖式下跌。面对前所未有的困境，虽然国家紧急出台了多项宏观经济调控政策，但经济下行的趋势依旧，至 2009 年第一季度创下了 6.4% 的 2000 年以来的最低点。

三是 2009 年第一季度至 2010 年第一季度。随着全球经济形势的好转以及国内宏观经济调控措施效果的显现，中国经济增长速度又出现了一次短暂的回升，至 2010 年第一季度重新回到两位数的季同比增长。

四是自 2010 年第二季度开始，中国 GDP 增长率再次进入递减通道。时至今日，在重返高速增长无望的现实面前，"新常态"已逐渐得到了广泛认同。

高速增长下，中国经济总量快速扩张。根据国际货币基金组织公布的数据，20 世纪末，中国仅占全球 GDP 的 3.4%，居全球第 7 位，略高于七国集团中的加拿大。2000 年中国在全球 GDP 中的占比达到 3.6%，超过意大利。随后，2005 年超过法国成为第五大经济体，2006 年超过英国成为第四大经济体，2007 年超过德国成为第三大经济体，2009 年超过日本成为第二大经济体。至 2014 年中国在全球 GDP 中的占比已达到 13.4%，远高于日本的 6%，与第一大经济体美国在全球经济中的占比仅剩 9.1 个百分点的差距。

快速增长的中国经济为世界经济注入了新的活力。2000 年中国对全球经济增长的贡献仅为 5.9%，居全球第 3 位。但在过去的十多年中，中国经济对全球经济的贡献逐年上升。2001 年起成为全球经济的第二大引擎，2007 年起超越美国成为全球经济的火车头。2009 年全球经济受金融危机的影响哀鸿遍地，中国经济一枝独秀仍保持了 9.4% 的高速增长，在全球经济中独领风骚。至 2014 年中国对全球经济增长的贡献达到 26.8%①，超过美国和欧盟对全球经济增长的贡献之和（25.7%），并超过了美国 21 世纪初的表现。

第二节　中国 GDP 增长率动态因子模型变量的选取

根据第四章中的分析，在对中国 GDP 增长率动态因子模型的构建中选取了以下 24 个变量（见表 9 - 1）。

（1）反映 GDP 生产核算构成的第二、三产业增加值指数。

（2）反映 GDP 支出核算构成的消费品零售总额、固定资产投资、

---

① 被国内主要媒体所广泛报道的"中国经济在 2008～2013 年五年间对世界经济增长的贡献超过 30%"，经笔者计算并不准确。首先 2008～2013 年共有 6 个年头，如果说五年间，则应该指 2009 年、2010 年、2011 年、2012 年和 2013 年五年，那么基期就应该是 2008 年，经计算这五年间中国对全球经济增长的贡献仅为 21.8%。而按 2008～2013 年计算，中国对全球经济增长的贡献更低。

表 9 - 1 中国 GDP 增长率动态因子模型变量

变量名称	频率	单位	起止时间	CEIC 编码	CEIC 注明的来源
国内生产总值指数 GDP Index YoY	季度	上年同期＝100	2000 年 1 季度～2016 年 4 季度	1692001	中国国家统计局
国内生产总值指数：第二产业 GDP Index：YoY：Secondary Industry（SI）	季度	上年同期＝100	2000 年 1 季度～2016 年 4 季度	369703887	中国国家统计局
国内生产总值指数：第三产业 GDP Index：YoY：Tertiary Industry（TI）	季度	上年同期＝100	2000 年 1 季度～2016 年 4 季度	369703917	中国国家统计局
消费品零售总额 Retail Sales of Consumer Goods：Total	月度	10 亿元人民币	2000 年 1 月～2016 年 12 月	5190001	中国国家统计局
固定资产投资 Fixed Asset Investment：ytd	月度	百万元人民币	2000 年 1 月～2016 年 12 月	7872901	中国国家统计局
出口总额（离岸价） Export FOB	月度	美元（百万）	2000 年 1 月～2017 年 1 月	5823501	中国海关总署
进口总额（到岸价） Import CIF	月度	美元（百万）	2000 年 1 月～2017 年 1 月	5958801	中国海关总署
政府财政收入 Govt Revenue	月度	10 亿元人民币	2000 年 1 月～2016 年 12 月	4331701	中国财政部
电力供应 Production of Primary Energy：Electricity	月度	10 亿千瓦时	2000 年 1 月～2016 年 12 月	3662501	中国国家统计局

199

续表

变量名称	频率	单位	起止时间	CEIC 编码	CEIC 注明的来源
居民消费价格指数 Consumer Price Index	月度	上年同期=100	2000 年 1 月 ~2017 年 1 月	5724301	中国国家统计局
工业品出厂价格指数 Producer Price Index: Industrial Products	月度	上年同期=100	2000 年 1 月 ~2017 年 1 月	5793201	中国国家统计局
出口价格指数 Trade Index: Export: Unit Value	月度	上年同期=100	2000 年 1 月 ~2016 年 12 月	69640201	中国海关总署
进口价格指数 Trade Index: Import: Unit Value	月度	上年同期=100	2000 年 1 月 ~2016 年 12 月	69640501	中国海关总署
存款准备金率 Required Reserve Ratio	月度	%	2000 年 1 月 ~2017 年 1 月	7036401	中国人民银行
再贴现率 CN: Rediscount Rate	月度	%	2000 年 1 月 ~2017 年 1 月	7055901	中国人民银行
央行基准利率:年率 Central Bank Base Interest Rate: Annual	月度	%	2000 年 1 月 ~2017 年 1 月	7055601	中国人民银行
月平均汇率 Exchange Rate against US $: Monthly Average	月度	人民币/美元	2000 年 1 月 ~2017 年 1 月	260458501	CEIC 生成
上证综合指数 Index: Shanghai Stock Exchange: Composite	月度	1990 年 12 月 19 日 =100	2000 年 1 月 ~2017 年 1 月	13092401	上海股票交易所

续表

变量名称	频率	单位	起止时间	CEIC 编码	CEIC 注明的来源
深证综合指数 Index:Shenzhen Stock Exchange:Composite	月度	1991 年 4 月 3 日 = 100	2000 年 1 月 ~2017 年 1 月	13088801	深圳股票交易所
先行指数 Leading Index	月度	1996 = 100	2000 年 1 月 ~2016 年 12 月	77649901	中国国家统计局
同步指数 Coincident Index	月度	1996 = 100	2000 年 1 月 ~2016 年 12 月	77650001	中国国家统计局
滞后指数 Lagging Index	月度	1996 = 100	2000 年 1 月 ~2016 年 12 月	77650101	中国国家统计局
经济周期信号 Business Cycle Signal	月度	—	2000 年 1 月 ~2016 年 12 月	77650201	中国国家统计局
消费者信心指数 Consumer Confidence Index	月度	—	2000 年 1 月 ~2017 年 1 月	5198401	中国国家统计局
消费者预期指数 Consumer Expectation Index	月度	—	2000 年 1 月 ~2017 年 1 月	5198601	中国国家统计局
英国布伦特原油价格指数 Commodity Price Index; Petroleum; Spot; U. K. Brent	月度	2010 = 10C	2000 年 1 月 ~2016 年 11 月	217972901	国际货币基金组织

注：①变量名称中的英文为 CEIC 数据库中的变量全称；②起止时间以 2017 年 1 月 10 日 CEIC 数据库中的信息为准；③明影中的数据序列未入选预测模型。

进口总额、出口总额，以及上述各项所对应的价格指数，即居民消费价格指数、出口价格指数、进口价格指数。

（3）与宏观经济运行状况高度相关的电力供应、政府财政收入、工业品出厂价格指数。

（4）反映宏观经济政策的存款准备金率、央行基准利率。

（5）反映股市涨跌的上证综合指数和深证综合指数。

（6）反映宏观经济运行的先行指数、同步指数、滞后指数、经济周期信号、消费者信心指数、消费者预期指数。

（7）反映外部冲击的英国布伦特原油价格指数和人民币汇率。

再贴现率因其与 GDP 增长率相关性较低，舍弃这一变量将提高对 GDP 增长率的预测精度，因而在实际构建 GDP 增长率动态因子模型中舍弃了这一变量。

第三节　中国 GDP 增长率动态因子模型的构建

以上节中列出的 23 个变量组成的数据集为中国经济增长率构建的动态因子模型，在 2000 年 1 月至 2015 年 11 月的样本期内共提取了 5 个因子（见图 9 - 2）。

图 9 - 3 列出了各变量所对应的因子载荷。从中可以看出位居前列的主要是各种价格指数。反映经济周期的同步指数、滞后指数、先行指数排位也较靠前。存款准备金率、汇率、经济周期信号也具有较强的影响力。略感意外的是，经常被用来分析宏观经济走势的电力供应、固定资产投资、消费品零售总额等却排在了最后的位置。采用动态因子模型进行预测时，因子的取值将直接影响到预测结果，鉴于笔者所建立的动态因子模型给出了较为准确的预测结果，那么图9 - 3给出的信息在一定程度上为客观分析 GDP 增长率的影响因素指出了方向。

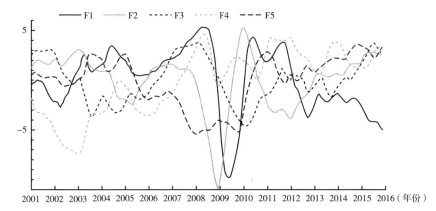

图 9 - 2　中国 GDP 增长率动态因子模型所提取的因子

注：样本期为 2000 年 1 月至 2015 年 11 月。

资料来源：笔者计算。

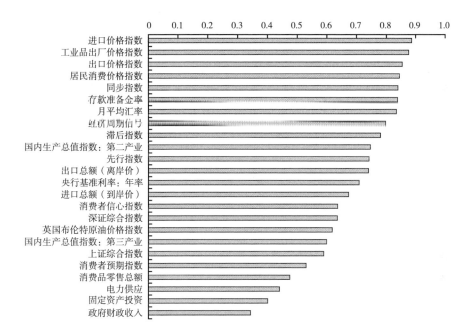

图 9 - 3　中国 GDP 增长率动态因子模型中各变量所对应的因子载荷

注：样本期为 2000 年 1 月至 2015 年 11 月。

资料来源：笔者计算。

第四节　中国 GDP 增长率
动态因子模型预测效果简析

在正式采用动态因子模型对中国 GDP 增长率进行预测之前，笔者首先把样本期缩小至 2000 年 1 月至 2014 年 12 月，对 2015 年第一到第四季度 GDP 增长率进行了预测。这样的做法，使利用当时已公布的 2015 年实际数据对预测结果进行验证成为可能。结果表明，模型实际预测误差大大小于模型给出的预测误差，第一季度实际预测误差为 - 0.246，第二季度实际预测误差为 - 0.523，第三季度实际预测误差为 - 1.140。可见，半年之内的预测误差还是比较小的。这为下一步的实际预测奠定了信心。

2015 年 12 月 30 日，笔者依据 2000 年 1 月至 2015 年 11 月的数据，首次采用动态因子模型对中国 GDP 增长率进行了预测。从预测结果判断，笔者认为："今年（2015 年）第四季度 GDP 增长率将继续走低，年度 GDP 增长率低于 7% 已无悬念"，并同时以扇形图给出了预测结果（见图 9 - 4）①。

从实际经济运行情况看，笔者于 2015 年 12 月 30 日所做的预测，2015 年第四季度实际绝对预测误差为 0.75，2016 年第一季度实际绝对预测误差为 0.45，2016 年第二季度实际绝对预测误差为 0.3，2016 年第三季度实际绝对预测误差为 0.15。大大小于模型估计的预测误差 0.781、0.960、1.074、1.160。事实充分说明，采用笔者选定的变量集，利用动态因子模型对中国 GDP 增长率进行预测不仅是可行的，并且预测精度也是有保证的。

---

① http://xinhuahe.blog.sohu.com/320997404.html.

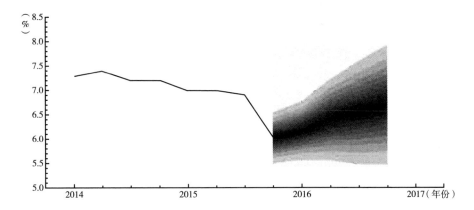

图 9 - 4 中国 GDP 增长率动态因子模型预测

注：基础数据截至 2015 年 11 月。

资料来源：笔者计算。

第十章

七国集团及欧盟
GDP 增长率动态因子模型

摘要：本章收录了本研究项目中对七国集团和欧盟 GDP 增长率所建的动态因子模型的相关内容。通过与实际经济运行数据进行比较可以发现，本研究项目所建立的 GDP 增长率动态因子模型的预测效果是令人满意的。综合来看，采用动态因子模型对 GDP 增长率进行预测的区间长度不宜超过两个季度。

第一节　美国 GDP 增长率动态因子模型

21 世纪初，美国曾占世界经济总量的 1/3 以上。近年来，随着以中国为代表的新兴经济体的崛起，美国虽然在世界经济总量中的占比降至 20% 左右，但其仍稳居世界第一。2001 年的 9 · 11 事件使美国 GDP 增长率迅速由年初的季同比 2.3% 降至年末的 0.2%。之后美国经济快速恢复，至 2002 年第三季度 GDP 季同比增长率已升至

2.3%。2003 年美国 GDP 季同比增长率继续上扬，并且于 2003 年第四季度突破 4%，创下 2000 年以来的最高发展速度。不过 2004 年第二季度起，美国 GDP 季同比增长率开始呈下降态势。因美国次贷危机引发的全球金融危机全面爆发后，美国经济快速走向衰退。自 2008 年第三季度起美国 GDP 季同比增长率连续 6 个季度出现负增长，并且最低探至 2009 年第二季度的 -4.1%。在美国政府全力以赴，甚至不惜采取多轮量化宽松政策的努力下，美国 GDP 季同比增长率终于在 2010 年转负为正，并且于 2010 年第三季度创下了 3.1% 的 2000 年以来次高增长率。2011～2015 年美国 GDP 季同比增长率虽然仍有小幅波动，但基本保持在 2% 左右（见图 10-1）。

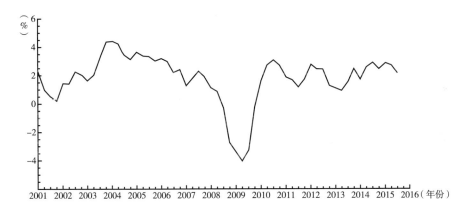

图 10-1 美国 GDP 增长率

资料来源：笔者根据 CEIC 数据库中的相关数据整理。

本研究项目所建立的美国 GDP 增长率动态因子模型基于 25 个变量组成的数据集（见表 10-1）。具体有以下几个主要组成部分：（1）零售和食品服务；（2）联邦政府收入；（3）进出口总额；（4）城市居民消费价格指数和生产者价格指数；（5）失业率；（6）私人住房开工总套数；（7）能源消费量；（8）联邦基金利率、3 个月

表 10-1 美国 GDP 增长率动态因子模型基础变量

变量名称	频率	单位	起止时间	CEIC 编码	CEIC 注明的来源
实际国内生产总值 Real GDP:YoY:sa	季度	%	2000 年 1 季度 ~ 2016 年 3 季度	211484002	CEIC 生成
零售和食品服务 Retail Sales & Food Svcs:2009p	月度	美元(10 亿)	2000 年 1 月 ~ 2016 年 11 月	287085704	美国商务部经济分析局
联邦政府收入 Federal Government Receipts	月度	美元(10 亿)	2000 年 1 月 ~ 2016 年 11 月	40862801	美国财政服务局
出口总额(基于国际收支) Exports:BoP:sa	月度	美元(百万)	2000 年 1 月 ~ 2016 年 11 月	41219801	美国普查局
进口总额(基于国际收支) Imports:BoP:sa	月度	美元(百万)	2000 年 1 月 ~ 2016 年 11 月	41220801	美国普查局
城市居民消费价格指数 Consumer Price Index:Urban	月度	1982 ~ 1984 = 100	2000 年 1 月 ~ 2016 年 11 月	41060801	美国劳工统计局
生产者价格指数(制造业) (DC)PPI:IM:Manufacturing	月度	1982 = 100	2000 年 1 月 ~ 2016 年 12 月	212198002	美国劳工统计局
失业率 Unemployment Rate	月度	%	2000 年 1 月 ~ 2016 年 12 月	40952001	美国劳工统计局
私人住房开工总套数 Private Housing Units Started:Total	月度	千套	2000 年 1 月 ~ 2016 年 12 月	210885102	美国普查局

续表

变量名称	频率	单位	起止时间	CEIC 编码	CEIC 注明的来源
能源消费 Energy Consumption	月度	英制热单位（万亿）	2000 年 1 月 ~2016 年 9 月	42670101	美国能源信息管理局
联邦基金利率 Policy Rate:Month End:Fed Funds Rate	月度	年率‰	2000 年 1 月 ~2016 年 12 月	211485902	美国联邦储备委员会
3 个月期国库券利率 Short Term Interest Rate:Month End:Treasury Bills:3 Months	月度	年率‰	2000 年 1 月 ~2016 年 12 月	227811002	美国联邦储备委员会
企业债券收益率 (DC)Corporate Bonds Yield:Moody's Seasoned:Aaa Rated	月度	年率‰	2000 年 1 月 ~2016 年 9 月	42597101	美国联邦储备委员会
州和地方政府债券收益率(20 年) (DC)State and Local Govt Bonds Yield:20 Years to Maturity	月度	年率‰	2000 年 1 月 ~2016 年 9 月	42597401	美国联邦储备委员会
美元指数 U. S. Dollar Index:Spot	月度	1973 年 3 月 =100	2000 年 1 月 ~2016 年 12 月	241560402	美国商品研究局
采购经理人指数 Report On Business:Purchasing Managers' Index	月度	—	2000 年 1 月 ~2016 年 12 月	41044601	美国供应管理协会
领先经济指数 Leading Index:US	月度	—	2000 年 1 月 ~2016 年 11 月	281969804	费城联邦储备银行
同步经济指数 Coincident Index:Philadelphia Fed:US	月度	—	2000 年 1 月 ~2016 年 11 月	53263402	费城联邦储备银行

续表

变量名称	频率	单位	起止时间	CEIC 编码	CEIC 注明的来源
芝加哥联储全国经济活动指数 CFNAI Chicago Fed National Activity Index: CFNAI	月度	一	2000 年 1 月~2016 年 11 月	42633101	芝加哥联邦储备银行
消费者景气指数 Consumer Sentiment Index	月度	1966=100	2000 年 1 月~2016 年 12 月	365909297	密歇根大学
消费者信心指数 Consumer Confidence Index	月度	1985=100	2000 年 1 月~2016 年 12 月	41044301	世界大型企业联合会
纳斯达克综合股指 Index: Nasdaq Composite	月度	1971 年 2 月 5 日=100	2000 年 1 月~2016 年 12 月	43911801	纳斯达克股票市场
道琼斯工业股指 Index: Dow Jones: Industrial Average	月度	1896 年 5 月 26 日=40.94	2000 年 1 月~2016 年 12 月	43909101	道琼斯公司
标普 500 股指 Index: Standard & Poors: 500	月度	1941~1943=10	2000 年 1 月~2016 年 12 月	43909501	标准普尔公司
英国布伦特原油价格指数 Commodity Price Index: Petroleum: Spot: U. K. Brent	月度	2010=100	2000 年 1 月~2016 年 11 月	217972901	国际货币基金组织
波罗的海干散货运价指数 Baltic Exchange Dry Index (BDI)	每日	一	2000 年 1 月 4 日~2017 年 1 月 5 日	268193601	波罗的海交易中心

注：①变量名称中的英文为 CEIC 数据库中的变量名称；②起止时间以 2017 年 1 月 10 日 CEIC 数据库中的信息为准，斜体字的数据序列已停止更新。

210

期国库券利率、企业债券收益率、20 年期州和地方政府债券收益率；
（9）美元指数；（10）采购经理人指数、领先经济指数、同步经济指
数、芝加哥联储全国经济活动指数、消费者景气指数、消费者信心指
数；（11）影响资产配置的股票市场走势；（12）布伦特原油价格指
数和波罗的海干散货运价指数。

美国 GDP 增长率数据一般在下一季度第二个月的 1－10 日公布。

本研究项目对美国 GDP 增长率动态因子模型的构建始于 2016 年
初。在 2000 年 1 月至 2015 年 11 月的样本期内，共提取到 4 个动态因
子。各变量所对应的因子载荷见图 10－2。

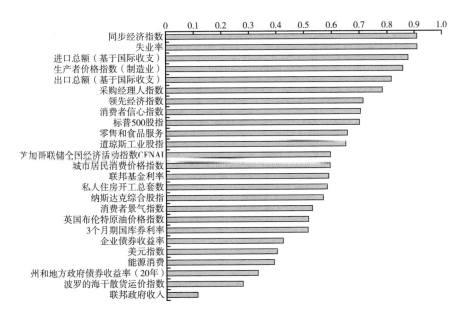

图 10－2 美国 GDP 增长率动态因子模型中各变量所对应的因子载荷

注：样本期为 2000 年 1 月至 2015 年 11 月。
资料来源：笔者计算。

2016 年 1 月 26 日，根据这 4 个动态因子对美国 GDP 增长率进行
的预测："2015 年第 4 季度美国 GDP 同比增长率将为 2.14%，略低

于 2015 年第 3 季度。预计 2015 年 GDP 增长率将在 2.5% 左右，并且 2016 年美国经济仍将延续增长态势，年度 GDP 增长率低于 2% 的可能性不大。"[1] 从美国现已公布的数据看，2015 年第一季度至 2016 年第三季度的 GDP 季同比增长率分别为 3.3%、3.0%、2.2%、1.9%、1.6%、1.3% 和 1.7%。事实证明笔者对美国 2015 年经济增长率的判断是正确的。虽然从点预测看，笔者的预测与 2016 年实际值相比出现了较大的差距，但对比图 10 - 3 可以发现，2016 年前两个季度美国实际 GDP 季同比增长率仍在给出的预测误差范围内。

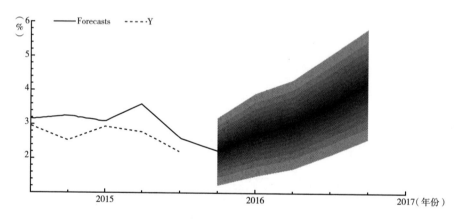

图 10 - 3　美国 GDP 增长率动态因子模型预测结果

注：基础数据截至 2015 年 11 月。

第二节　日本 GDP 增长率动态因子模型

日本经济在经历了"失去的十年"之后迈入了 21 世纪。然而，新千年到来后日本经济依旧难有起色。2000 年日本 GDP 平均季同比增长率为 2.75%，2001 年下半年起却陷入了连续四个季度的季同比负增长。

---

[1]　http://xinhuahe.blog.sohu.com/321188192.html.

2002 年下半年至 2003 年上半年日本 GDP 季同比增长率回升到 1.5% 左右，至 2004 年第一季度创下了全球金融危机前的最高值，GDP 季同比增长率达到了 3.3%。之后至全球金融危机前日本 GDP 季同比增长率虽仍有波动，但始终保持了正增长。全球金融危机的爆发，使日本经济受到严重冲击，自 2008 年第二季度起日本 GDP 季同比增长率再次进入连续七个季度的负增长，并且最低达到了 2009 年第一季度的 -8.7%。不过紧随其后，日本经济迎来了 2000 年以来表现最好的一段时光，2010 年全年 GDP 季同比增长率平均达到了 4.2% 以上。2011 年起，日本经济再度降至 3% 以下，并几度徘徊在衰退边缘（见图 10 - 4）。

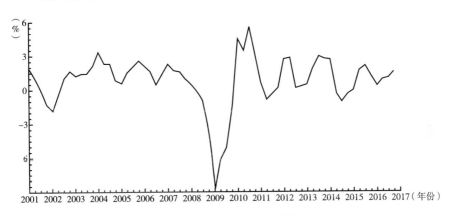

图 10 - 4 日本 GDP 增长率

资料来源：笔者根据 CEIC 数据库中的相关数据整理。

本研究项目所建立的日本 GDP 动态因子模型基于 31 个变量组成的数据集（见表 10 - 2）。具体有以下八个主要组成部分：（1）支出法 GDP 的几个组成部分及对应的价格减缩指数，即居民消费、政府消费、固定资本形成、出口和进口，以及各自对应的价格减缩指数；（2）政府债务；（3）失业率；（4）从不同角度反映价格波动的价格指数：批发价格指数、零售价格指数、消费者价格指数；（5）各种利率；（6）反映经济运行状况的领先指数、同步指数、滞后指数、GDP

表 10 - 2　日本 GDP 增长率动态因子模型基础变量

变量名	频率	单位	起止时间	CEIC 编码	CEIC 注明的来源
实际 GDP 增长率 Real GDP:YoY:sa	季度	%	2000 年 1 季度～2015 年 3 季度	249418201	CEIC 生成
居民消费 GDP:2005p:sa:DD:Private:Personal Consumption	季度	日元（10 亿）	2000 年 1 季度～2015 年 3 季度	320590901	日本经济与社会研究所
政府消费 GDP: 2005p: sa: DD: Public: Government Consumption	季度	日元（10 亿）	2000 年 1 季度～2015 年 3 季度	320591501	日本经济与社会研究所
固定资本形成 GDP:2005p:sa:Gross Capital Formation（GCF）	季度	日元（10 亿）	2000 年 1 季度～2015 年 3 季度	320624101	日本经济与社会研究所
出口 GDP:2005p:sa:Exports	季度	日元（10 亿）	2000 年 1 季度～2015 年 3 季度	320591901	日本经济与社会研究所
进口 GDP:2005p:sa:Imports	季度	日元（10 亿）	2000 年 1 季度～2015 年 3 季度	320592001	日本经济与社会研究所
GDP 平减指数 GDP Deflator:sa	季度	2005＝100	2000 年 1 季度～2015 年 3 季度	320589001	日本经济与社会研究所
GDP 平减指数:居民消费 GDP Deflator:sa:DD:Private:Personal Consumption	季度	2005＝100	2000 年 1 季度～2015 年 3 季度	320589101	日本经济与社会研究所

续表

变量名	频率	单位	起止时间	CEIC 编码	CEIC 注明的来源
GDP 平减指数:政府消费 GDP Deflator:sa:DD:Public:Government Consumption	季度	2005=100	2000 年 1 季度 ~2015 年 3 季度	320596101	日本经济与社会研究所
GDP 平减指数:固定资本形成 GDP Deflator:sa:Gross Fixed Capital Formation	季度	2005=100	2000 年 1 季度 ~2015 年 3 季度	320597401	日本经济与社会研究所
GDP 平减指数:出口 GDP Deflator:sa:Exports	季度	2005=100	2000 年 1 季度 ~2015 年 3 季度	320596501	日本经济与社会研究所
GDP 平减指数:进口 GDP Deflator:sa:Imports	季度	2005=100	2000 年 1 季度 ~2015 年 3 季度	320596601	日本经济与社会研究所
政府债务 Central Government Debt	月度	日元（10 亿）	2000 年 1 月 ~2015 年 11 月	23808301	日本央行
失业率 Unemployment Rate:sa	月度	%	2000 年 1 月 ~2015 年 11 月	24005001	日本统计局
批发价格指数 Wholesale Trade Index:2010=100:sa	月度	2010=100	2002 年 1 月 ~2015 年 11 月	353975601	日本经济产业省
零售价格指数 Retail Trade Index:2010=100:sa	月度	2010=100	2002 年 1 月 ~2015 年 11 月	353977301	日本经济产业省
消费者价格指数 Consumer Price Index:YoY:sa	月度	%	2000 年 1 月 ~2015 年 12 月	249417301	CEIC 生成

续表

变量名	频率	单位	起止时间	CEIC 编码	CEIC 注明的来源
贴现率 Discount Rate:Month End	月度	年率%	2000 年 1 月 ~ 2015 年 12 月	25443301	日本央行
短期贷款利率 Prime Lending Rate:Short Term:Month End	月度	年率%	2000 年 1 月 ~ 2015 年 12 月	25443401	日本央行
日元兑美元汇率 Exchange Rate against US $:Monthly Average	月度	日元/美元	2002 年 1 月 ~ 2015 年 11 月	249416601	CEIC 生成
3 月期财政债券收益率 Financing Bills:Rate:3 Months	月度	年率%	2002 年 1 月 ~ 2015 年 11 月	50053101	日本央行
10 年期政府债券收益率 Bonds Yield:Government Bonds:Newly Issued:10 Years:Month End	月度	年率%	2002 年 1 月 ~ 2015 年 11 月	27805501	日本央行
综合领先指数 Composite Index:Leading Series	月度	2010 = 100	2002 年 1 月 ~ 2015 年 10 月	286272604	日本经济与社会研究所
综合同步指数 Composite Index:Coincident Series	月度	2010 = 100	2002 年 1 月 ~ 2015 年 10 月	286272704	日本经济与社会研究所
综合滞后指数 Composite Index:Lagging Series	月度	2010 = 100	2002 年 1 月 ~ 2015 年 10 月	286272804	日本经济与社会研究所
GDP 增长率—致性预期 EFS:Current Fiscal Year:Real GDP:YoY:Consensus	月度	%	2004 年 6 月 ~ 2015 年 12 月	251589101	日本经济研究中心

续表

变量名	频率	单位	起止时间	CEIC 编码	CEIC 注明的来源
当前 GDP 增长率预期 EFS: Quarterly Real GDP: Annualised Growth Rate: Current	月度	%	2004 年 5 月 ~ 2015 年 12 月	251583601	日本经济研究中心
3 个月后 GDP 增长率预期 EFS: Quarterly Real GDP: Annualised Growth Rate: Next 3 Mths	月度	%	2004 年 5 月 ~ 2015 年 12 月	251583701	日本经济研究中心
当前经济状况: 扩散指数 Economy Watchers: Diffusion Index (DI): Current Economic Condition(CEC)	月度	—	2000 年 1 月 ~ 2015 年 11 月	50161501	日本内阁府
零售: 扩散指数 Economy Watchers: DI: CEC: Household: Retail	月度	—	2000 年 1 月 ~ 2015 年 11 月	50161701	日本内阁府
日本股指 Nikkei225 Equity Market Index: Month End: Nikkei 225 Stock	月度	1949 年 5 月 16 日 = 176.21	2000 年 1 月 ~ 2015 年 12 月	27825501	CEIC 生成
英国布伦特原油价格指数 Commodity Price Index: Petroleum: Spot: U. K. Brent	月度	2010 = 100	2000 年 1 月 ~ 2015 年 11 月	217972901	国际货币基金组织

注: ①变量名称中的英文为 CEIC 数据库中的变量名称; ②起止时间以 2017 年 1 月 10 日 CEIC 数据库中的信息为准。

增长率预期、扩散指数；（7）反映外部冲击的布伦特原油价格指数；
（8）影响资产配置的股票市场走势。

日本季度 GDP 增长率数据一般在下个季度中期公布初步统计数据，一个月之后公布最终统计数据。

虽然对日本 GDP 增长率动态因子模型的建模工作早在 2015 年上半年就已开始，但由于日本通货膨胀率动态因子模型表现欠佳，并且对日本 GDP 增长率动态因子模型建模后发现模型的预测误差过大。通过增大或缩小变量集也无法使预测误差缩小的现实使笔者不得不放弃了发表对日本 GDP 增长率的预测。在 2000 年 1 月至 2016 年 12 月的样本期内，共提取到 5 个动态因子。各变量所对应的因子载荷见图 10 - 5。

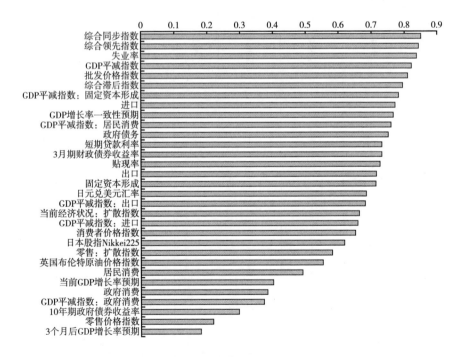

图 10 - 5　日本 GDP 增长率动态因子模型中各变量所对应的因子载荷

注：样本期为 2000 年 1 月至 2016 年 12 月。

资料来源：笔者计算。

图 10 - 6 为采用所提取的 5 个动态因子所做的预测，可以看出，模型所给出的预测区间过大，难以将其用于判断日本经济走势。因此，若想对日本 GDP 增长率进行动态因子建模并取得较好的预测效果，需要进一步完善笔者初选的数据集。

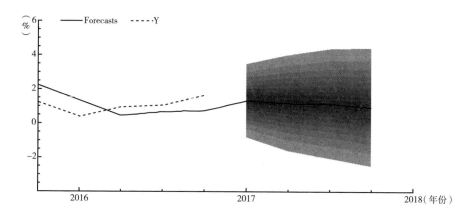

图 10 - 6　日本 GDP 增长率动态因子模型预测

注：基础数据截至 2016 年 12 月。

第三节　德国 GDP 增长率动态因子模型

德国是欧洲第一大经济体，是欧元创始国之一。根据世界银行网站①公布的数据，2014 年德国 GDP 为 3.87 万亿美元，列世界第四位。德国是世界出口大国，其主要工业部门的产品一半以上销往国外。

进入 21 世纪以来，德国经济首先从 2001 年初的季同比 2.6% 迅速跌至 2002 年初的负增长，并且连续三年多徘徊在经济衰退的边缘。

---

① http：//data. worldbank. org/indicator/NY. GDP. MKTP. CD.

2006 年，德国经济增长终于超越了 2001 年初的水平，并且于当年第四季度实现了季同比 5.0% 的好成绩。然而，随着全球金融危机的蔓延，德国经济不可避免地受到严重冲击。2007 年，德国 GDP 季同比增长率从第一季度的 4.4% 降至第四季度的 2.3%。2008 年延续 2007 年的下滑趋势，第四季度 GDP 增长率进一步跌至 -1.8%。2009 年第一季度德国 GDP 增长率降至 2000 年以来的最低点 -6.9%。2010 年德国终于摆脱经济衰退，实现了季平均 GDP 同比增长率 3.9%，并且于 2011 年第一季度实现了 2000 年以来的最高增长率 5.6%。然而在欧债危机的影响下，德国 GDP 增长率再次下滑，至 2013 年第一季度又一次出现短暂的负增长。之后德国经济有所恢复，但季同比增长率基本停留在不足 2% 的水平上。

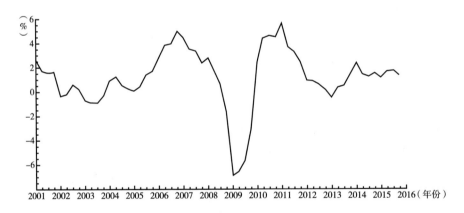

图 10 - 7　德国 GDP 增长率

资料来源：笔者根据 CEIC 数据库中的相关数据整理。

本研究项目所建立的德国 GDP 动态因子模型基于 21 个变量组成的数据集（见表 10 - 3）。具体有以下八个主要组成部分：（1）支出法 GDP 的几个组成部分，即居民消费、政府消费、固定资本形成、出口总额和进口总额；（2）政府财政收支，即政府收入和政府支出；

表 10 - 3 德国 GDP 增长率动态因子模型基础变量

变量名称	频率	单位	起止时间	CEIC 编码	CEIC 注明的来源
国内生产总值指数 GDP Index: Chain Linked 2010p（CL 2010p）:swda	季度	2010 = 100	2000 年 1 季度 ~ 2016 年 3 季度	356953507	德国联邦统计局
国内生产总值指数:居民最终消费支出 GDP Index: CL 2010p: swda: DD: FCE: Households & NPISH	季度	2010 = 100	2000 年 1 季度 ~ 2016 年 3 季度	357209327	德国联邦统计局
国内生产总值指数:政府最终消费支出 GDP Index:CL 2010p:swda:DD:FCE: Government（Govt）	季度	2010 = 100	2000 年 1 季度 ~ 2016 年 3 季度	357209357	德国联邦统计局
国内生产总值指数:资本形成总额 GDP Index: CL 2010p: swda: DD: Gross Capital Formation（GCF）	季度	2010 = 100	2000 年 1 季度 ~ 2016 年 3 季度	357209387	德国联邦统计局
出口总额（离岸价） Exports fob:swda	月度	欧元（10 亿）	2000 年 1 月 ~ 2016 年 11 月	14810701	德国联邦统计局
进口总额（到岸价） Imports cif:swda	月度	欧元（10 亿）	2000 年 1 月 ~ 2016 年 11 月	14811601	德国联邦统计局
一般政府收入（不含医院） General Government:Receipts:Excl Hospitals	季度	欧元（百万）	2000 年 1 季度 ~ 2015 年 4 季度	14771301	德意志联邦银行

221

续表

变量名称	频率	单位	起止时间	CEIC 编码	CEIC 注明的来源
一般政府支出（不含医院）General Government: Expenditure: Excl Hospitals	季度	欧元（百万）	2000 年 1 季度 ~ 2015 年 4 季度	14771401	德意志联邦银行
零售贸易指数 Retail Trade Index(RTI): Vol:swda	月度	2010 = 100	2000 年 1 月 ~ 2016 年 11 月	282562204	德意志联邦银行
工业生产者价格指数 IPI:swda:Industry	月度	2010 = 100	2000 年 1 月 ~ 2016 年 11 月	353794101	德国联邦统计局
协商工资薪金水平（小时计）Negotiated Wage & Salary Level: 2010 = 100:Hourly Basis(HB)	月度	2010 = 100	2000 年 1 月 ~ 2016 年 10 月	357211487	德意志联邦银行
居民消费价格指数 Consumer Price Index(CPI):2010 = 100	月度	2010 = 100	2000 年 1 月 ~ 2016 年 12 月	352718101	德国联邦统计局
生产者价格指数 Producer Price Index(PPI):2010 = 100	月度	2010 = 100	2000 年 1 月 ~ 2016 年 11 月	352742601	德国联邦统计局
失业率 Unemployment Rate:sa	月度	%	2000 年 1 月 ~ 2016 年 11 月	15072901	欧盟统计局
政策利率：再贷款 Policy Rate: Month End: Main Refinancing Operations	月度	年率%	2000 年 1 月 ~ 2016 年 12 月	14912201	欧洲中央银行

续表

变量名称	频率	单位	起止时间	CEIC 编码	CEIC 注明的来源
短期利率:EURIBOR(3 个月) Short Term Interest Rate:Month End:EURIBOR:3 Months	月度	年率%	2000 年 1 月~2016 年 12 月	227810902	欧洲银行联合会
政府债券收益率(3~5 年剩余期限) Government Bonds Yield:Residual Maturity:3 to 5 Years	月度	年率%	2000 年 1 月~2016 年 12 月	54538202	德意志联邦银行
商业景气指数 Business Climate:Balance	月度	—	2000 年 1 月~2016 年 12 月	312953101	慕尼黑大学莱布尼茨经济研究所
经济景气指数 DE:Economic Sentiment Index:sa:NACE 2	月度	—	2000 年 1 月~2016 年 12 月	236022102	欧盟经济与金融事务委员会
德国 DAX 股指 Equity Market Index:Month End:DAX	月度	1987 年 12 月 30 日=1000	2000 年 1 月~2016 年 12 月	15398101	德意志交易所集团
英国布伦特原油价格指数 Commodity Price Index:Petroleum:Spot:U. K. Brent	月度	2010=100	2000 年 1 月~2016 年 11 月	217972901	国际货币基金组织
波罗的海干散货运价指数 Baltic Exchange Dry Index(BDI)	每日	—	2000 年 1 月 4 日~2017 年 1 月 5 日	26819601	波罗的海的海交易中心

注：①变量名称中的英文为 CEIC 数据库中的变量名称；②起止时间以 2017 年 1 月 10 日 CEIC 数据库中的信息为准。

（3）从不同角度反映价格波动的价格指数：生产者价格指数、居民消费价格指数；（4）各种利率；（5）失业率、工薪水平；（6）反映经济运行状况的零售贸易指数、商业景气指数、经济景气指数；（7）反映外部冲击的布伦特原油价格指数和波罗的海干散货运价指数；（8）影响资产配置的股票市场走势。

德国季度 GDP 增长率数据一般在下个季度第二个月的中旬公布初步统计数据，并在同月下旬公布最终统计数据。

本研究项目对德国 GDP 增长率动态因子模型的构建始于 2016 年初。在 2000 年 1 月至 2015 年 12 月的样本期内，共提取到 4 个动态因子。各变量所对应的因子载荷见图 10－8。

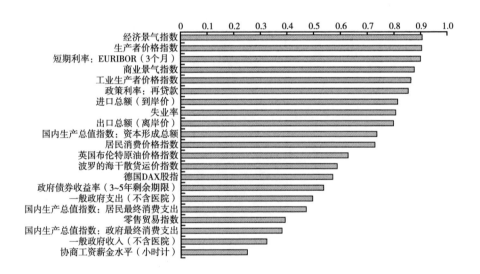

图 10－8　德国 GDP 增长率动态因子模型中各变量所对应的因子载荷

注：样本期为 2000 年 1 月至 2015 年 12 月。

资料来源：笔者计算。

本研究项目对德国 GDP 增长率的首次预测发表于 2016 年 2 月 23 日。根据截至 2015 年 12 月的基础数据所做出的预测表明："2016 年德国 GDP 增长率或将低于 1.5% 。"[1] 从德国联邦统计局已公布的数据看，2016 年德国季同比 GDP 增长率前三个季平均为 1.75% ，虽略高于笔者的点预测，但仍在笔者区间预测的范围内。

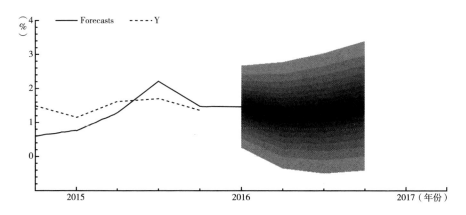

图 10 - 9　德国 GDP 增长率动态因子模型预测

注：基础数据截至 2015 年 12 月。

第四节　法国 GDP 增长率动态因子模型

法国为欧洲第二大经济体，也是欧元创始国之一。由于对外贸易依存度小于德国，法国虽然也经历了欧元诞生初期的阵痛，GDP 增长率迅速下滑，但并未陷入经济衰退。2001～2003 年法国 GDP 季同比增长率平均达到 1.3% ，是欧元区经济表现最好的国家之一。2004 年法国 GDP 季同比增长率平均达到了 2.6% 。2005 年 GDP 增速虽有所回落，但平均季同比增长率仍达到了 1.6% 。2006～2007 年法国 GDP 增长率再度回升，平均季同比增长率达到 2.4% 。在全球金融危

---

① http：//xinhuahe. blog. sohu. com/321311197. html.

机的影响下，法国 GDP 季同比增长率也陷入了长达六个季度的负增长，但程度大大好于德国，最低只下探至 2009 年第一季度的 – 4%。2010 年起法国已步出衰退，2010 ~ 2011 年法国 GDP 平均季同比增长率达到 2%，接近全球金融危机发生前的水平。然而在欧债危机的影响下，自 2012 年起法国经济增长再遭重创，至 2016 年仍徘徊在经济衰退的边缘。

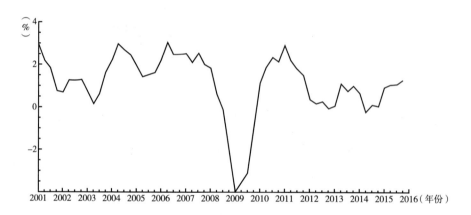

图 10 – 10　法国 GDP 增长率

资料来源：笔者根据 CEIC 数据库中的相关数据整理。

本研究项目所建立的法国 GDP 动态因子模型基于 20 个变量组成的数据集（见表 10 – 4）。具体有以下八个主要组成部分：（1）支出法 GDP 的几个组成部分，即居民消费、政府消费、固定资本形成、出口总额和进口总额；（2）工业生产指数、零售贸易指数、营业额增长指数、能源消费；（3）居民消费价格指数；（4）各种利率；（5）失业率、工资指数；（6）反映经济运行状况的商业景气指数、经济景气指数、工业信心指数；（7）反映外部冲击的布伦特原油价格指数和波罗的海干散货运价指数；（8）影响资产配置的股票市场走势。

法国季度 GDP 增长率数据一般在下个季度第二个月的中旬公布。

表 10 - 4 法国 GDP 增长率动态因子模型基础变量

变量名称	频率	单位	起止时间	CEIC 编码	CEIC 注明的来源
实际国内生产总值增长率 Real GDP:YoY:swda	季度	%	2000 年 1 季度 ~ 2016 年 3 季度	211192002	CEIC 生成
国内生产总值:居民最终消费支出 GDP:CP:swda:FCE:Household	季度	欧元(10 亿)	2000 年 1 季度 ~ 2016 年 3 季度	355021957	法国国家经济和统计研究所
国内生产总值:政府最终消费支出 GDP:CP:swda:FCE:General Government: Individual GDP:CP:swda:FCE:General Government: Collective	季度	欧元(1C 亿)	2000 年 1 季度 ~ 2016 年 3 季度	355021977 355021987	法国国家经济和统计研究所
国内生产总值:资本形成总额 GDP:CP:swda:Gross Fixed Capital Formation (GFCF)	季度	欧元(10 亿)	2000 年 1 季度 ~ 2016 年 3 季度	355022057	法国国家经济和统计研究所
出口总额(含军用设备) Exports:FOB:swda:Incl Military Equipment	月度	欧元(百万)	2000 年 1 月 ~ 2016 年 11 月	315857101	法国国家经济和统计研究所
进口总额(含军用设备) Imports:FOB:swda:Incl Military Equipment	月度	欧元(百万)	2000 年 1 月 ~ 2016 年 11 月	315857201	法国国家经济和统计研究所

续表

变量名称	频率	单位	起止时间	CEIC 编码	CEIC 注明的来源
工业生产指数 Industrial Production Index(IPI):swda	月度	2010＝100	2000 年 1 月～2016 年 10 月	353858701	法国国家经济和统计研究所
零售贸易指数 RTI:Val:swda:Excl Motor Vehicles & Motorcycles(EM)	月度	2010＝100	2000 年 1 月～2016 年 10 月	354770901	法国国家经济和统计研究所
营业额增长指数 Turnover Index（TI）:Seasonal Working Day Adjusted(swda)	月度	2010＝100	2000 年 1 月～2016 年 10 月	354454601	法国国家经济和统计研究所
能源消费 Energy Consumption:Monthly:Total	月度	千兆瓦时	2000 年 1 月～2016 年 11 月	203259502	电力传输网络
居民消费价格指数 Consumer Price Index（CPI）	月度	1998＝100	2000 年1 月～2015 年12 月	77130601	法国国家经济和统计研究所
失业率 Unemployment Rate:Average:sa	季度	％	2000 年 1 季度～2016 年 3 季度	353689487	法国国家经济和统计研究所
工资指数 Wages Index	月度	2010＝100	2000 年 1 月～2016 年 7 月	218424101	国际货币基金组织
政策利率:再贷款 Policy Rate:Month End:Main Refinancing Operations	月度	年率％	2000 年 1 月～2016 年 12 月	212090302	欧洲中央银行

续表

变量名称	频率	单位	起止时间	CEIC 编码	CEIC 注明的来源
政府债券收益率(10年期) Government Bond Yield: Monthly Average: 10 Years	月度	%	2000 年 1 月 ~ 2016 年 12 月	259762101	法兰西银行
法国城市商业景气指数 Business Survey: Metropolitan France: Business Sentiment Indicator	月度	%	2000 年 1 月 ~ 2016 年 12 月	285215504	法国国家经济和统计研究所
经济景气指数 Economic Sentiment Index: sa: NACE 2	月度	—	2000 年 1 月 ~ 2016 年 12 月	236022602	欧盟经济与金融事务委员会
工业信心指数 Industrial Confidence Indicator (ICI): sa: NACE 2	月度	%	2000 年 1 月 ~ 2016 年 12 月	236285902	欧盟经济与金融事务委员会
法国 CAC 40 股指 Equity Market Index: Month End: CAC 40	月度	1987 年 12 月 31 日 = 1000	2000 年 1 月 ~ 2016 年 12 月	77587201	泛欧证券交易所
英国布伦特原油价格指数 Commodity Price Index: Petroleum: Spot: U. K. Brent	月度	20.0 = 100	2000 年 1 月 ~ 2016 年 11 月	217972901	国际货币基金组织
波罗的海干散货运价指数 Baltic Exchange Dry Index (BDI)	每日	—	2000 年 1 月 4 日 ~ 2017 年 1 月 5 日	26819361	波罗的海交易中心

注：①变量名称中的英文为 CEIC 数据库中的变量名称；②起止时间以 2017 年 1 月 10 日 CEIC 数据库中的信息为准，斜体字的数据序列列已停止更新。

本研究项目对法国 GDP 增长率动态因子模型的构建始于 2016 年初。在 2000 年 1 月至 2015 年 12 月的样本区间内，共提取到 5 个动态因子。各变量所对应的因子载荷见图 10-11。

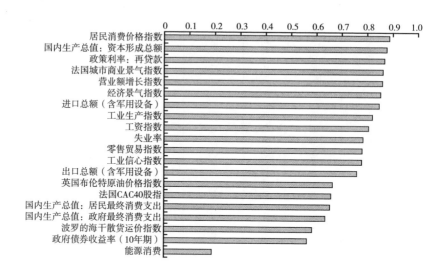

图 10-11　法国 GDP 增长率动态因子模型中各变量所对应的因子载荷

注：样本期为 2000 年 1 月至 2015 年 12 月。

资料来源：笔者计算。

2016 年 2 月 5 日，根据所提取到的 5 个动态因子对法国 GDP 增长率所做的预测，笔者得出结论："2016 年法国 GDP 增长率超过 1.5% 的可能性较小。"[①] 从法国国家经济和统计研究所已公布的数据看，2016 年法国前三季度 GDP 季同比增长率分别为 1.2%、1.1% 和 1.0%，印证了笔者的结论。

---

① http://xinhuahe.blog.sohu.com/321241850.html.

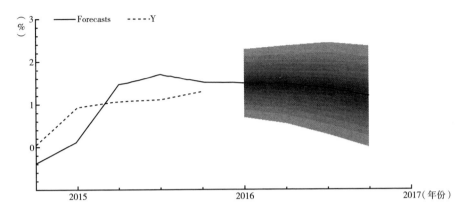

图 10 - 12 法国 GDP 增长率动态因子模型预测

注：基础数据截至 2015 年 12 月。

第五节 英国 GDP 增长率动态因子模型

身居欧洲的英国，不仅未同其他主要欧洲经济体一样加入欧元，2016 年还通过全民公决执意脱离欧盟。

从 2000 年以来英国经济的发展轨迹看，未加入欧元区的决定，不仅使英国免遭欧元诞生带来的冲击，而且欧债危机也未对英国产生大的影响。2001～2007 年英国经济增长虽也有波动，但相对比较平稳，GDP 季同比增长率基本保持在 2%～4% 的区间内。作为全球主要金融市场之一，全球金融危机给英国经济带来了较大的影响，2009 年第一季度英国 GDP 季同比增长率曾一度下滑至 -5.9%。但英国很快走出经济衰退，2010～2011 年 GDP 季同比增长率已回升至 2% 左右。虽 2012 年略有下降，但降幅有限。2013 年之后，英国 GDP 季同比增长率基本保持在了 2% 以上。

本研究项目所建立的英国 GDP 增长率动态因子模型基于 20 个变量组成的数据集（见表 10 - 5）。具体有以下七个主要组成部分：

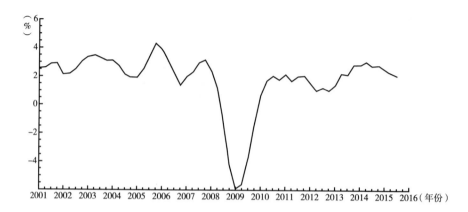

图 10 – 13 英国 GDP 增长率

资料来源：笔者根据 CEIC 数据库中的相关数据整理。

（1）支出法 GDP 的几个组成部分，即居民消费、政府消费、固定资本形成、出口总额和进口总额；（2）生产指数、零售指数、能源生产总量；（3）居民消费价格指数、生产者价格指数；（4）各种利率；（5）失业率、周平均收入；（6）反映经济运行状况的经济景气指数、工业信心指数、服务业信心指数；（7）反映外部冲击的汇率、布伦特原油价格指数和波罗的海干散货运价指数。

英国季度 GDP 增长率数据一般在下个季度第一个月的下旬公布初步统计数据，在下个季度第三个月末公布最终统计数据。

本研究项目对英国 GDP 增长率动态因子模型的构建始于 2016 年初。在 2000 年 1 月到 2015 年 11 月的样本区间内，共提取到 5 个动态因子。各变量所对应的因子载荷见图 10 – 14（鉴于去除失业率后，模型的预测误差有所减小，故在 GDP 增长率动态因子模型的最终构建中未将其包括在基础变量集中）。

2016 年 1 月 28 日，依据截至 2015 年 11 月的基础数据，笔者采用动态因子模型对英国 GDP 增长率进行了预测。结果表明英国 "2015年第四季度 GDP 增长率仍将延续下滑之势，预计季同比增长率在 2%

表 10 - 5 英国 GDP 增长率动态因子模型基础变量

变量名称	频率	单位	起止时间	CEIC 编码	CEIC 注明的来源
实际国内生产总值增长率 Real GDP：YoY：sa	季度	%	2000 年 1 季度 ~ 2016 年 3 季度	209931102	CEIC 生成
国内生产总值：居民最终消费支出 GDP：CL 2011p：sa：DE：Final Consumption Expenditure：Households	季度	英镑（百万）	2000 年 1 季度 ~ 2016 年 3 季度	357564287	英国国家统计局
国内生产总值：政府最终消费支出 GDP：CL 2011p：sa：DE：Final Consumption Expenditure：General Govt	季度	英镑（百万）	2000 年 1 季度 ~ 2016 年 3 季度	357564307	英国国家统计局
国内生产总值：固定资本形成 GDP：CL 2011p：sa：DE：Gross Fixed Capital Formation	季度	英镑（百万）	2000 年 1 季度 ~ 2016 年 3 季度	357564317	英国国家统计局
零售指数 RSI：SIC07：Value：sa：All Retailing incl Automotive Fuel	月度	2011 = 100	2000 年 1 月 ~ 2015 年 8 月	358817007	英国国家统计局
出口总额（基于国际收支） Exports：sa：BoP	月度	英镑（百万）	2000 年 1 月 ~ 2016 年 10 月	358638667	英国国家统计局
进口总额（基于国际收支） Imports：sa：BoP	月度	英镑（百万）	2000 年 1 月 ~ 2016 年 10 月	358638677	英国国家统计局

续表

变量名称	频率	单位	起止时间	CEIC 编码	CEIC 注明的来源
能源生产总量 Production:TOE:Total Energy	月度	吨油当量（百万）	2000 年 1 月~2016 年 10 月	56360902	英国能源与气候变化部
生产指数 Index of Production (IoP):sa	月度	2011=100	2000 年 1 月~2015 年 8 月	357718437	英国国家统计局
失业率 Unemployment Rate:sa:UK	季度	%	2000 年 1 季度~2016 年 3 季度	119218401	英国国家统计局
名义周平均收入 Nominal Average Weekly Earnings:sa:Total Pay(TP):Whole Economy	月度	英镑	2000 年 1 月~2016 年 11 月	302906601	英国国家统计局
居民消费价格指数 Consumer Price Index:YoY	月度	%	2000 年 1 月~2016 年 11 月	209932802	英国国家统计局
生产者价格指数 Producer Price Index (PPI):Output:Net Sector:All Products	月度	2010=100	2000 年 1 月~2016 年 11 月	299090904	英国国家统计局
政策性利率:基准利率 Policy Rate:Month End:Base Rate	月度	年率%	2000 年 1 月~2016 年 12 月	16292301	英格兰银行
政府债券收益率(10 年期) Government Bond Yield:Zero Coupon:10 Years	月度	年率%	2000 年 1 月~2016 年 12 月	16301401	英格兰银行

续表

变量名称	频率	单位	起止时间	CEIC 编码	CEIC 注明的来源
英镑兑美元汇率 Exchange Rate against US $:Monthly Average	月度	英镑/美元	2000 年 1 月 ~2016 年 12 月	209932002	CEIC 生成
经济景气指数 UK:Economic Sentiment Index:sa:NACE 2	月度	—	2000 年 1 月 ~2016 年 12 月	236027202	欧盟经济与金融事务委员会
工业信心指数 UK:Industrial Confidence Indicator（ICI）:sa:NACE 2	月度	%	2000 年 1 月 ~2016 年 12 月	236258802	欧盟经济与金融事务委员会
服务业信心指数 UK:Service Confidence Indicator（SCI）:sa:NACE 2	月度	%	2000 年 1 月 ~2016 年 11 月	236317802	欧盟经济与金融事务委员会
英国布伦特原油价格指数 Commodity Price Index: Petroleum: Spot: U. K. Brent	月度	2010＝100	2000 年 1 月 ~2015 年 12 月	217972901	国际货币基金组织
波罗的海干散货运价指数 Baltic Exchange Dry Index（BDI）	每日	—	2000 年 1 月 4 日 ~2017 年 1 月 5 日	268193601	波罗的海交易中心

注：①变量名称中的英文为 CEIC 数据库中的变量名称；②起止时间以 2017 年 1 月 10 日 CEIC 数据库中的信息为准，斜体字的数据序列已停止更新；③阴影中的数据序列未选入预测模型。

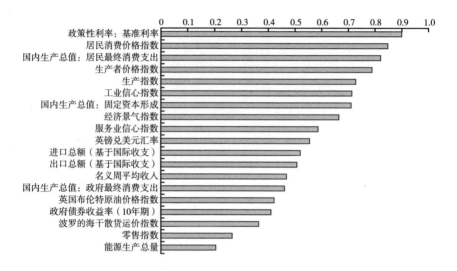

图 10 - 14　英国 GDP 增长率动态因子模型中各变量所对应的因子载荷

注：样本期为 2000 年 1 月至 2015 年 11 月。

资料来源：笔者计算。

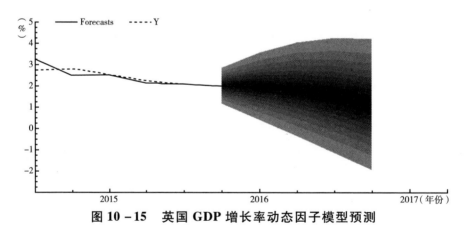

图 10 - 15　英国 GDP 增长率动态因子模型预测

注：基础数据截至 2015 年 11 月。

左右，2016 年 GDP 增长率高于 2% 的可能性较小"。① 从英国国家统计局公布的数据看，2015 年第四季度英国 GDP 季同比增长率为

①　http：//xinhuahe. blog. sohu. com/321201817. html.

1.7%，2016 年一至三季度 GDP 季同比增长率分别为 1.79%、1.96% 和 2.25%，证实笔者的判断是基本正确的。

第六节 意大利 GDP 增长率动态因子模型

意大利也是欧元创始国之一。欧元诞生后不久意大利经济即遭受重创，2000 年意大利季平均 GDP 同比增长率尚在 3.9%，但 2001 年第四季度即下跌至 − 0.25%，直到全球金融危机前，除个别季度外，意大利 GDP 季同比增长率基本在 2% 以下。全球金融危机爆发后，意大利 GDP 季同比增长率快速跌至 2009 年第一季度的 − 7.2%。之后虽反弹至 2010 年的 2%，但作为"欧猪五国"之一，债务危机再次将意大利经济拖入长达 13 个季度的负增长。直到 2015 年方见到一丝曙光（见图 10 - 16）。

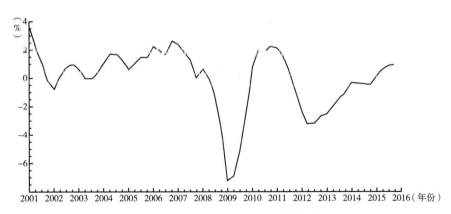

图 10 - 16 意大利 GDP 增长率

资料来源：笔者根据 CEIC 数据库中的相关数据整理。

本研究项目所建立的意大利 GDP 动态因子模型基于 24 个变量组成的数据集（见表 10 - 6）。具体有以下八个主要组成部分：（1）支出法 GDP 的几个组成部分，即居民消费、政府消费、固定资本形成、

表 10 - 6 意大利 GDP 增长率动态因子模型基础变量

变量名称	频率	单位	起止时间	CEIC 编码	CEIC 注明的来源
实际国内生产总值增长率 Real GDP:YoY:swda	季度	%	2000 年 1 季度 ~ 2016 年 3 季度	211168602	CEIC 生成
国内生产总值:居民最终消费支出 GDP: swda: 2010p: FCE: Households & NPISH (HN)	季度	欧元（百万）	2000 年 1 季度 ~ 2016 年 3 季度	358702627	意大利国家统计局
国内生产总值:政府最终消费支出 GDP:swda:2010p:FCE:General Government	季度	欧元（百万）	2000 年 1 季度 ~ 2016 年 3 季度	358702637	意大利国家统计局
国内生产总值:固定资本形成 GDP:swda:2010p:Gross Fixed Capital Formation (GFCF)	季度	欧元（百万）	2000 年 1 季度 ~ 2016 年 3 季度	358702647	意大利国家统计局
出口总额（离岸价） Exports:fob	月度	欧元（百万）	2000 年 1 月 ~ 2016 年 10 月	21660201	意大利国家统计局
进口总额（到岸价） Imports:cif	月度	欧元（百万）	2000 年 1 月 ~ 2016 年 10 月	21656201	意大利国家统计局
一般政府支出 General Govt:Expenditure	季度	欧元（百万）	2000 年 1 季度 ~ 2016 年 3 季度	358704487	意大利国家统计局
一般政府收入 General Govt:Revenue	季度	欧元（百万）	2000 年 1 季度 ~ 2016 年 3 季度	358704577	意大利国家统计局

续表

变量名称	频率	单位	起止时间	CEIC 编码	CEIC 注明的来源
零售贸易指数 Retail Trade Index	月度	2010＝100	2000 年 1 月 ～2016 年 10 月	354324301	意大利国家统计局
工业生产指数 Industrial Production Index（IPI）： Seasonally Adjusted（sa）	月度	2010＝10C	2000 年 1 月 ～2016 年 10 月	354057301	意大利国家统计局
工业营业额指数 Industrial Turnover Index（ITI）	月度	2010＝100	2000 年 1 月 ～2016 年 10 月	354254001	意大利国家统计局
居民消费价格指数 Consumer Price Index：YoY	月度	%	2000 年 1 月 ～2016 年 12 月	211169902	CEIC 生成
生产者价格指数（不包括建筑业） PPI：2010＝100：Excl Construction	月度	2010＝100	2000 年 1 月 ～2016 年 11 月	353309201	意大利国家统计局
短期利率：EURIBOR（3 个月） Short Term Interest Rate：Month End： EURIBOR：3 Months	月度	年率％	2000 年 1 月 ～2016 年 12 月	211826902	欧洲银行联合会
政府债券收益率（10 年期） Government Treasury Bonds Yield：10 Year	月度	年率％	2000 年 1 月 ～2016 年 11 月	103954301	意大利银行
零售贸易营业额增长指数 IT：Retail Trade Turnover Index：swda： Deflated：excl MV：2010＝100	月度	2010＝103	2000 年 1 月 ～2016 年 10 月	366504767	欧盟统计局
劳动成本指数 Labour Cost Index（LCI）：Total	季度	2010＝100	2000 年 1 季度 ～2015 年 2 季度	285275004	意大利国家统计局

239

续表

变量名称	频率	单位	起止时间	CEIC 编码	CEIC 注明的来源
消费者信心指数 Consumer Confidence Indicator:sa	月度	2010＝100	2000 年 1 月 ~2016 年 12 月	367000257	意大利国家统计局
电力需求量 Electricity Demand	月度	百万千瓦时	2000 年 1 月 ~2016 年 11 月	202908002	意大利电网 Terna 集团
石油需求量 Petroleum Consumption	月度	千吨	2003 年 11 月 ~2016 年 11 月	202910402	意大利石油工业联合会
制造业信心指数 Business Confidence Survey(BCS):Manufacturing:sa:Index	月度	2010＝100	2000 年 1 月 ~2016 年 12 月	367005517	意大利国家统计局
工业信心指数 IT:Industrial Confidence Indicator（ICI）:sa:NACE 2	月度	%	2000 年 1 月 ~2016 年 12 月	236286702	欧盟经济与金融事务委员会
经济景气指数 IT:Economic Sentiment Index:sa:NACE 2	月度	—	2000 年 1 月 ~2016 年 12 月	236022702	欧盟经济与金融事务委员会
英国布伦特原油价格指数 Commodity Price Index:Petroleum:Spot:U. K. Brent	月度	2010＝100	2000 年 1 月 ~2016 年 11 月	217972901	国际货币基金组织
波罗的海干散货运价指数 Baltic Exchange Dry Index（BDI）	每日	—	2000 年 1 月 4 日 ~2017 年 1 月 5 日	26193601	波罗的海的海交易中心

注：①变量名称中的英文为 CEIC 数据库中的变量名称；②起止时间以 2017 年 1 月 10 日 CEIC 数据库中的信息为准；③阴影中的数据序列未入选预测模型。

出口总额和进口总额；（2）政府支出和政府收入；（3）工业生产指数、工业营业额指数、零售贸易指数、零售贸易营业额增长指数；（4）居民消费价格指数、生产者价格指数；（5）各种利率；（6）劳动成本指数；（7）反映经济运行状况的消费者信心指数、电力需求量、石油需求量、制造业信心指数、经济景气指数、工业信心指数；（8）反映外部冲击的布伦特原油价格指数和波罗的海干散货运价指数。

意大利季度 GDP 增长率数据一般在下个季度第二个月的中旬公布初步统计数据，在下个季度第二个月月末公布最终统计数据。

本研究项目对意大利 GDP 增长率动态因子模型的构建始于 2016 年初。在 2000 年 1 月至 2015 年 12 月的样本区间内共提取到 3 个动态因子。各变量所对应的因子载荷见图 10 − 17。由于去除政府支出、居民消费价格指数、10 年期政府债券收益率、劳动成本指数、消费者信心指数、波罗的海干散货运价指数后，预测误差明显减小，故在最终动态因子模型的建设中未将这 6 个变量包括在内。

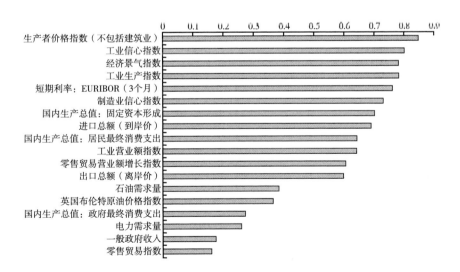

图 10 − 17 意大利 GDP 增长率动态因子模型中各变量所对应的因子载荷

注：样本期为 2000 年 1 月至 2015 年 12 月。

2016 年 2 月 17 日，利用截至 2015 年 12 月的基础数据，笔者对意大利 GDP 增长率进行了预测，结果显示："2016 年意大利 GDP 增长率将减缓，并有可能出现负增长。"[①] 从意大利国家统计局已公布的数据看，2016 年意大利 GDP 季同比增长率，第一季度为 1.0%，第二季度为 0.8%，第三季度为 1.0%。相比样本末期的 2015 年第四季度的 0.9%，上述判断应该是基本正确的。

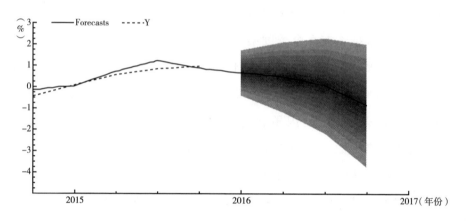

图 10 - 18　意大利 GDP 增长率动态因子模型预测

注：基础数据截至 2015 年 12 月。

第七节　加拿大 GDP 增长率动态因子模型

加拿大地处北美，是北美自由贸易区的成员国。与七国集团其他六个成员国在全球 GDP 中的占比呈下降趋势不同，加拿大从 2000 年在全球经济中占 2.1% 上升至 2006 年的 2.6%。之后虽然占比有所下降，但至 2014 年仍占全球 GDP 的 2.3%。从图 10 - 19 可以看到，全

---

① http：//xinhuahe. blog. sohu. com/321277193. html.

球金融危机爆发前加拿大 GDP 增长率虽然波动较大，但保持了较高
的增长速度。除 2001 年和 2003 年略低外，其余年份均有增长率超过
3% 以上的时段。全球金融危机的爆发使加拿大在 2009 年出现了衰
退，但 2010 年起加拿大经济已走出低谷，回升至危机前的发展速度。
但在样本期末，GDP 增长率呈下降趋势。2015 年二、三季度，加拿
大 GDP 季同比增长率分别只有 1.1% 和 1.2%。

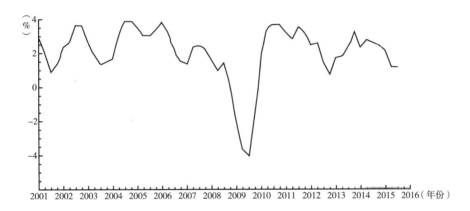

图 10 – 19　加拿大 GDP 增长率

资料来源：笔者根据 CEIC 数据库中的相关数据整理。

　　本研究项目所建立的加拿大 GDP 增长率动态因子模型基于 24
个变量组成的数据集（见表 10 – 7）。具体有以下几个主要组成部
分：（1）商品零售总额、制造业销售额；（2）政府预算收入和支
出；（3）分部门 GDP 和进出口总额；（4）居民消费价格指数和工
业品价格指数；（5）失业率和工资水平；（6）最优商业利率、国债
收益率；（7）加元兑美元汇率；（8）采购经理人指数；（9）影响资
产配置的股票市场走势；（10）布伦特原油价格指数和波罗的海干
散货运价指数。

　　加拿大 GDP 增长率数据一般在下一季度第三个月的上旬公布。

表 10-7 加拿大 GDP 增长率动态因子模型基础变量

变量名称	频率	单位	起止时间	CEIC 编码	CEIC 注明的来源
实际国内生产总值 Real GDP:YoY:saar	季度	%	2000 年 1 季度 ~ 2016 年 3 季度	212024202	CEIC 生成
商品零售总额 Retail Sales:sa	月度	加元（百万）	2000 年 1 月 ~ 2016 年 10 月	208798402	加拿大统计局
进口总额（基于国际收支） Imports:NAPCS:BOP Basis:sa	月度	加元（百万）	2000 年 1 月 ~ 2016 年 11 月	281382603	加拿大统计局
出口总额（基于国际收支） Exports:NAPCS:BOP Basis:sa	月度	加元（百万）	2000 年 1 月 ~ 2016 年 11 月	281382503	加拿大统计局
制造业销售额 Manufacturing Industry:sa:Sales	月度	加元（千）	2000 年 1 月 ~ 2016 年 10 月	276883503	加拿大统计局
政府预算收入 Budgetary Revenue	月度	加元（百万）	2000 年 1 月 ~ 2016 年 10 月	211851202	加拿大财政部
政府预算支出 Budgetary Expense	月度	加元（百万）	2000 年 1 月 ~ 2016 年 10 月	280031503	加拿大财政部
国内生产总值：企业部门 GDP:CL 2007p:saar:Business Sector *GDP:CL 2002p saar:Business Sector*	月度	加元（百万）	2007 年 1 月 ~ 2016 年 10 月 *2000 年 1 月 ~ 2012 年 10 月*	352508801 *176334502*	加拿大统计局
国内生产总值：非企业部门 GDP:CL 2007p:saar:Non Business Sector *GDP:CL 2002p saar:Non Business Sector*	月度	加元（百万）	2007 年 1 月 ~ 2016 年 10 月 *2000 年 1 月 ~ 2012 年 10 月*	352509101 *176334802*	加拿大统计局

续表

变量名称	频率	单位	起止时间	CEIC 编码	CEIC 注明的来源
国内生产总值:工业生产 GDP:CL 2007p:saar:Industrial Production / GDP:CL 2002p:saar:Industrial Production	月度	加元(百万)	2007 年 1 月 ~2016 年 10 月 / 2000 年 1 月 ~2012 年 10 月	352509401 / 176335302	加拿大统计局
国内生产总值:批发贸易 GDP:CL 2007p:saar:Wholesale Trade(WT) / GDP:CL 2002p:saar:Wholesale Trade	月度	加元(百万)	2007 年 1 月 ~2016 年 10 月 / 2000 年 1 月 ~2012 年 10 月	352480701 / 176341802	加拿大统计局
国内生产总值:零售贸易 GDP:CL 2007p:saar:Retail Trade(RT) / GDP:CL 2002p:saar:Retail Trade	月度	加元(百万)	2007 年 1 月 ~2016 年 10 月 / 2000 年 1 月 ~2012 年 10 月	352481701 / 176341902	加拿大统计局
周平均收入 Average Weekly Earnings	月度	加元	2000 年 1 月 ~2016 年 10 月	321669601	加拿大统计局
员工工资(所有行业) Employees Wages;All Industries	月度	加元(千)	2000 年 1 月 ~2016 年 12 月	278699503	加拿大统计局
失业率 Unemployment Rate;sa	月度	%	2000 年 1 月 ~2016 年 12 月	212501102	加拿大统计局
居民消费价格指数 Consumer Price Index	月度	2002=100	2000 年 1 月 ~2016 年 11 月	176840702	加拿大央行
工业品价格指数 Industrial Product Price Index(IPPI):NAPCS	月度	2010=100	2000 年 1 月 ~2016 年 11 月	301138604	加拿大统计局
最优商业利率 Prime Business Rate	月度	年率%	2000 年 1 月 ~2016 年 12 月	279313403	加拿大央行

续表

变量名称	频率	单位	起止时间	CEIC 编码	CEIC 注明的来源
国债收益率（3 个月期）Short Term Interest Rate:Month End: Treasury Bills Yield:3 Months	月度	年率%	2000 年 1 月 ~2016 年 12 月	255506202	加拿大央行
政府债券收益率（10 年期）Government Benchmark Bonds Yield:Month End:10 Years	月度	年率%	2000 年 1 月 ~2016 年 12 月	284091302	加拿大央行
加元兑美元汇率 Exchange Rate against US $:Monthly Average	月度	加元/美元	2000 年 1 月 ~2016 年 12 月	212024902	CEIC 生成
多伦多 S&P/TSX 综合股指 Equity Market Index: Month End: S&P/TSX:Composite	月度	1976 年 12 月 31 日 =1000	2002 年 5 月 ~2016 年 12 月	208830002	多伦多股票交易所
采购经理人指数 Purchasing Manager Index:Seasonally Adjusted	月度	—	2000 年 12 月 ~2016 年 12 月	360403317	Ivey 商学院
英国布伦特原油价格指数 Commodity Price Index: Petroleum: Spot: U. K. Brent	月度	2010 =100	2000 年 1 月 ~2016 年 11 月	217972901	国际货币基金组织
波罗的海干散货运价指数 Baltic Exchange Dry Index(BDI)	每日	—	2000 年 1 月 4 日 ~2017 年 1 月 5 日	268193601	波罗的海交易中心

注：①变量名称中的英文为 CEIC 数据库中的变量名称；②起止时间以 2017 年 1 月 10 日 CEIC 数据库中的信息为准，斜体字的数据序列已停止更新。

246

本研究项目对加拿大 GDP 增长率动态因子模型的构建始于 2016 年 1 月。在 2000 年 1 月至 2015 年 11 月的样本期内，共提取到 3 个动态因子。各变量所对应的因子载荷见图 10 - 20。

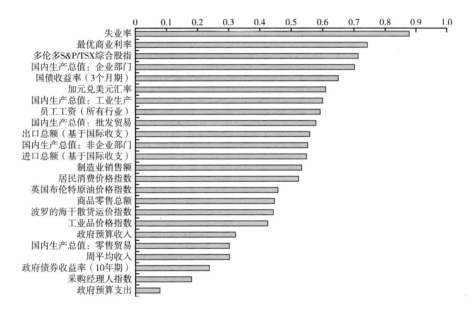

图 10 - 20　加拿大 GDP 增长率动态因子模型中各变量所对应的因子载荷

注：样本期为 2000 年 1 月至 2015 年 11 月。

资料来源：笔者计算。

根据上述 3 个动态因子对加拿大 GDP 增长率所做的预测表明，加拿大 "2015 年第 4 季度 GDP 季同比增长率将低于 2%，但高于 2015 年第 3 季度的增长速度。预计 2016 年上半年 GDP 增长率仍将缓慢回升"。[①] 从加拿大统计局已公布的数据看，2015 年第四季度加拿大 GDP 季同比增长率为 0.4%，高于第三季度的 0.8%。2016 年第一至三季度分别为 1.3%、1.1%、1.3%。证明笔者的判断是正确的。

---

① http://xinhuahe.blog.sohu.com/321189516.html.

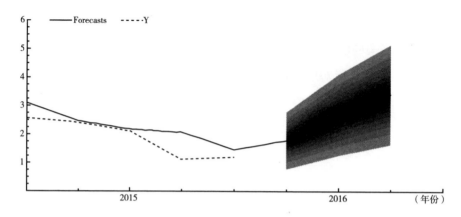

图 10 – 21 　加拿大 GDP 增长率动态因子模型预测

注：基础数据截至 2015 年 11 月。

第八节 　欧盟 GDP 增长率动态因子模型

欧盟是二十国集团中唯一一个区域性组织成员。

1993 年正式成立的欧盟，最初只有德国、法国、意大利、荷兰、比利时、卢森堡、丹麦、英国、爱尔兰、希腊、西班牙、葡萄牙等 12 个国家。1995 年奥地利、瑞典、芬兰 3 国加入欧盟。1999 年欧元诞生，欧盟 15 国只有 11 国首批进入欧元区。英国、瑞典、丹麦决定暂不加入欧元区，希腊则迟至 2001 年加入欧元区。2002 年欧元正式流通，欧元成为欧元区国家唯一的法定货币，此时欧元区国家只有 12 个。之后，加入欧元区的国家陆续有：斯洛文尼亚（2007 年）、塞浦路斯和马耳他（2008 年）、斯洛伐克（2009 年）、爱沙尼亚（2011 年）、拉脱维亚（2014 年）、立陶宛（2015 年）等 7 个国家。2004 年马耳他、塞浦路斯、波兰、匈牙利、捷克、斯洛伐克、斯洛文尼亚、爱沙尼亚、拉脱维亚、立陶宛等 10 个国家正式加入欧盟。2007 年罗马尼亚和保加利亚加入欧盟。2013 年克罗地亚成为欧盟的第 28 个成员国①。2016 年英国经全民公决决定退出欧盟，目前"脱欧"谈判仍在进行中。

由于欧盟成员国加入欧盟的时间不同，欧盟的统计数据往往是一项统计数据针对不同的国家组合各有一个时间序列。然而，由于 CEIC 数据库中各序列的时间跨度不同，有些序列时间跨度很有限。对于需要较长时间跨度的动态因子模型建设而言，这无疑增加了不小的难度。一方面需要筛选能够反映欧盟整体的数据序列，另一方面还必须考虑到需要一定长度的样本区间。鉴于欧元区 19 国的 GDP 数据可覆盖所需样本区间，同时只有英国、瑞典、丹麦、波兰、匈牙利、捷克，以及加入欧盟较晚的罗马尼亚、保加利亚和克罗地亚未包括在内，所以笔者选择了欧元区 19 国的 GDP 数据作为建模的基础数据。根据国际货币基金组织的统计，未包括在欧元区内的这 9 个国家占欧盟 28 国 GDP 的 1/4 左右，如果不包括英国则占比在 10% 上下（见图 10 – 22）。以欧元区 19 国的 GDP 增长率代替欧盟 28 国的 GDP 增长率，自然有其局限性，但在目前条件下，也是无奈之举。

图 10 – 23 给出了 2001 ~ 2015 年欧元区 19 国的 GDP 增长率变化情况。从图中可以看出，欧元诞生之初欧元区 19 国 GDP 增长率下跌速度较快，2001 年一年之内跌去了 2.73 个百分点。直到 2004 年，欧元区的经济才有所好转。自 2005 年第四季度起欧元区 GDP 季同比增长率超过了 2%，并且在之后长达 10 个季度内保持在了 2% 以上的水平，其间甚至有部分季度达到了 3.5% 以上。然而，全球金融危机使欧元区经济遭受重创，2009 年第一季度欧元区 GDP 季同比增长率曾一度跌至 – 5.55%，创下欧元诞生后的最低点。虽然欧元区经济在

---

① https：//europa. eu/european – union/about – eu/countries_ en#tab – 0 – 1.

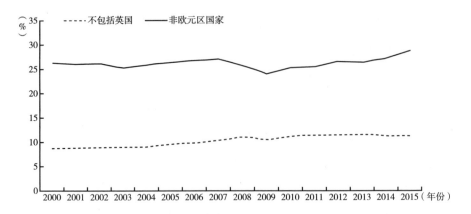

图 10 - 22　欧盟成员国中非欧元区成员国 GDP 占比

注：现价 GDP 以市场汇率换算为美元。
资料来源：国际货币基金组织《世界经济展望》数据库。

2010 年下半年至 2011 年上半年有所恢复，但欧债危机再次使欧元区经济陷入长达近两年的衰退，直到 2014 年情况才有所改善（见图 10 - 23）。

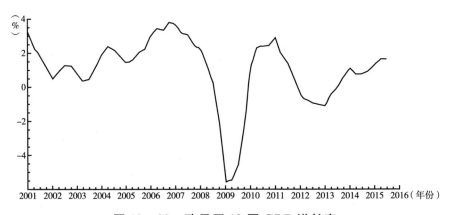

图 10 - 23　欧元区 19 国 GDP 增长率

资料来源：笔者根据 CEIC 数据库中的相关数据整理。

本研究项目所建立的欧盟 GDP 增长率动态因子模型基于 20 个变量组成的数据集（见表 10 - 8）。具体有以下几个主要组成部分：（1）GDP的主要构成，即居民消费、政府消费、资本形成、进出口总

表 10 - 8　欧盟 GDP 增长率动态因子模型基础变量

变量名称	频率	单位	起止时间	CEIC 编码	CEIC 注明的来源
国内生产总值（欧元区 19 国）GDP:swda:CL 2010p:EA 19:Total	季度	欧元（10 亿）	2000 年 1 季度 ~ 2016 年 3 季度	365864687	欧洲中央银行
国内生产总值:居民最终消费支出 GDP:swda:CL 2010p:EA 19:Final Consumption Exp:Household & NPISH	季度	欧元（10 亿）	2000 年 1 季度 ~ 2016 年 3 季度	365864717	欧洲中央银行
国内生产总值:政府最终消费支出 GDP:swda:CL 2010p:EA 19:Final Consumption Exp:Government	季度	欧元（10 亿）	2000 年 1 季度 ~ 2016 年 3 季度	365864757	欧洲中央银行
国内生产总值:资本形成 GDP:swda:CL 2010p:EA 19:Gross Capital Formation	季度	欧元（10 亿）	2000 年 1 季度 ~ 2016 年 3 季度	365864797	欧洲中央银行
出口总额（欧盟 28 国）Exports:swda:EU 28	月度	欧元（10 亿）	2002 年 1 月 ~ 2016 年 10 月	356503002	欧盟统计局
进口总额（欧盟 28 国）Imports:swda:EU 28	月度	欧元（10 亿）	2002 年 1 月 ~ 2016 年 10 月	356502502	欧盟统计局
零售贸易指数（欧盟 28 国）RTI:swda:Val:EU 28:Retail Trade Index（RTI）	月度	2010 = 100	2000 年 1 月 ~ 2016 年 11 月	360937827	欧盟统计局

续表

变量名称	频率	单位	起止时间	CEIC 编码	CEIC 注明的来源
进口价格指数（欧盟 28 国）IPI:swda:EU 28	月度	2010＝100	2000 年 1 月～2016 年 10 月	360814287	欧盟统计局
居民消费价格指数 Consumer Price Index:YoY:sa	月度	%	2000 年 1 月～2016 年 11 月	211396102	CEIC 生成
生产者价格指数（欧盟 28 国）Producer Price Index(PPI):EU 28	月度	2010＝100	2000 年 1 月～2016 年 11 月	285865104	欧盟统计局
失业率（欧盟 28 国）Unemployment Rate:EU 28	月度	%	2000 年 1 月～2016 年 11 月	285997004	欧盟统计局
政策利率：再贷款 Policy Rate:Month End:Main Refinancing Operations	月度	年率%	2000 年 1 月～2016 年 12 月	57668901	欧洲中央银行
政府债券收益率（10 年期）Government Bond Yield:Monthly Average:Euro:10 Years	月度	年率%	2000 年 1 月～2016 年 12 月	15302101	欧洲中央银行
美元兑欧元参考汇率 FX Reference Rate:ECB:US Dollar to Euro	月度	美元/欧元	2000 年 1 月～2016 年 12 月	15293401	欧洲中央银行
发电量（欧盟 28 国）Electricity:Generation:European Union 28	月度	百万千瓦时	2013 年 1 月～2016 年 7 月	366772527	欧盟统计局
发电量（欧盟 27 国）Electricity:Generation:European Union 27	月度		2003 年 1 月～2016 年 7 月	60470302	欧盟统计局

续表

变量名称	频率	单位	起止时间	CEIC 编码	CEIC 注明的来源
预测实际国内生产总值增长率 SPF：Real GDP Growth：YoY：Current Calendar Year	季度	%	2000 年 1 季度～2016 年 4 季度	210757902	欧洲中央银行
预测失业率 SPF：Unemployment Rate：YoY：Current Calendar Year	季度	%	2000 年 1 季度～2016 年 4 季度	210758402	欧洲中央银行
经济景气指数（欧盟 28 国） Economic Sentiment Index：sa：EU 28	月度	—	2000 年 1 月～2016 年 12 月	289840204	欧盟经济与金融事务委员会
道琼斯欧元指数 Equity Market Index：Month End；Dow Jones Euro Stoxx	月度	1991 年 12 月 31 日 = 100	2000 年 1 月～2016 年 12 月	15370001	欧洲斯托克 STOXX
英国布伦特欧元价格指数 Commodity Price Index：Petroleum：Spot：U. K. Brent	月度	2010 = 100	2000 年 1 月～2016 年 11 月	217972901	国际货币基金组织
波罗的海干散货运价指数 Baltic Exchange Dry Index（BDI）	每日	—	2000 年 1 月 4 日～2017 年 1 月 5 日	268193601	波罗的海交易中心

注：①变量名称中的英文为 CEIC 数据库中的变量名称；②起止时间以 2017 年 1 月 10 日 CEIC 数据库中的信息为准。

额；（2）零售贸易指数；（3）居民消费价格指数、生产者价格指数、进口价格指数；（4）失业率；（5）各种利率；（6）GDP 增长率预测和失业率预测；（7）经济景气指数、发电量；（8）影响资产配置的股票市场走势；（9）美元兑欧元汇率、布伦特原油价格指数和波罗的海干散货运价指数。

欧盟 GDP 增长率数据一般在下一季度第二个月的中旬公布初步核算数据，在下一季度的第三个月上旬公布最终核算数据。

本研究项目对欧盟 GDP 增长率动态因子模型的构建始于 2016 年初。在 2000 年 1 月至 2015 年 11 月的样本期内共提取到 5 个动态因子。各变量所对应的因子载荷见图 10 - 24。

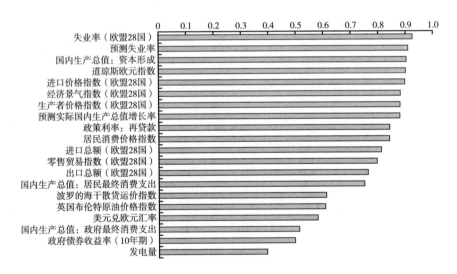

图 10 - 24 欧盟 GDP 增长率动态因子模型中各变量所对应的因子载荷

注：样本期为 2000 年 1 月至 2015 年 11 月。

资料来源：笔者计算。

2016 年 2 月 4 日，依据截至 2015 年 11 月的基础数据对欧盟 GDP 增长率所做的预测提示："欧盟委员会秋季经济展望报告中所期望的

2016 年 GDP 增长 1.9% 的目标恐难实现。"[1] 从已公布的数据看[2]，2016 年第一至第四季度欧盟 GDP 季同比增长率分别为 1.83%、2.28%、1.72% 和 1.71%，全年 GDP 增长率 1.88%。2016 年第一至第四季度欧元区 GDP 同比增长率分别为 1.66%、2.25%、1.68% 和 1.45%，全年 GDP 增长率 1.76%。基本印证了笔者的判断。

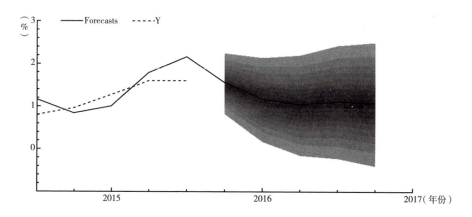

图 10 - 25　欧盟 GDP 增长率动态因子模型预测

注：基础数据截至 2015 年 11 月。

---

① http://xinhuahe. blog. sohu. com/321239042. html.

② 见欧洲统计局网站，http://ec. europa. eu/eurostat/web/main。

第十一章

G20 其他亚洲经济体
GDP 增长率动态因子模型

摘要： 本章收录了本研究项目中对印度、印度尼西亚、韩国、沙特阿拉伯和土耳其五个国家 GDP 增长率所建动态因子模型的相关内容。通过与实际经济运行数据进行比较可以发现，本研究项目所建立的印度、印度尼西亚和韩国三个 GDP 增长率动态因子模型的预测效果是令人满意的。本研究项目所建沙特阿拉伯和土耳其两个 GDP 增长率动态因子模型目前看预测误差较大，离实际运用仍有较大距离。

第一节　印度 GDP 增长率动态因子模型

国际货币基金组织《世界经济展望》数据库中的信息表明，印度是金砖五国中的第三大经济体，2000 年印度在全球 GDP 中的占比仅为 1.4%，2014 年其占比上升到 2.7%，已接近全球第八大经济体意大利。近年来高速增长的印度经济引起了世人的广泛关注。

2001 年初，印度 GDP 增长率只有不到 2%，但至 2001 年末印度 GDP 增长率已猛增至 6% 以上。尽管 2002 年底曾再次回落至 2% 以下，但之后印度 GDP 增长率快速上升到 2003 年下半年至 2008 年上半年的平均季同比增长在 9% 以上，其间仅有两个季度低于 8%。在全球金融危机影响下，印度 GDP 增长率虽大幅下滑，但仍保持了正增长。2010 年，印度 GDP 增长率快速反弹至 2 位数以上，并且于 2010 年第一季度创下了 13.3% 的 2000 年以来的最高增长速度。不过，之后印度 GDP 增长率却再次跌至 8% 以下，并在小幅波动中稳定下来。2012～2015 年印度 GDP 平均季同比增长率为 6.7%（见图 11-1）。

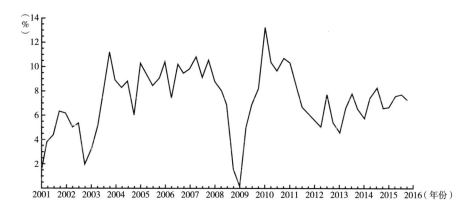

图 11-1 印度 GDP 增长率

资料来源：笔者根据 CEIC 数据库中的相关数据整理。

本研究项目所建立的印度 GDP 增长率动态因子模型基于 20 个变量组成的数据集（见表 11-1）。具体有以下几个主要组成部分：（1）居民消费、固定资本形成、出口、进口；（2）居民消费价格指数、批发价格指数和工业生产指数；（3）电力需求量、外国直接投资；（4）回购利率和 10 年期政府债券收益率；（5）商业乐观指数；（6）工业前景调查：生产、产能利用、公司就业、总体商业状况等；（7）影响资产配置的股票市场

表 11 - 1 印度 GDP 增长率动态因子模型基础变量

变量名称	频率	单位	起止时间	CEIC 编码	CEIC 注明的来源
国内生产总值 Gross Domestic Product：2011 - 12p	季度	卢比（百万）	2011 年 2 季度 ~ 2016 年 3 季度	365384367	印度中央统计局
Gross Domestic Product at Market Prices：2004 - 05p			2004 年2 季度 ~ 2014 年 3 季度	230794802	
Gross Domestic Product at Market Price：1999 - 00p			2000 年1 季度 ~ 2009 年 3 季度	56615002	
国内生产总值：最终居民消费支出 Final Consumption Expenditure：Private：2011 - 12p	季度	卢比（百万）	2011 年 2 季度 ~ 2016 年 3 季度	365384407	印度中央统计局
GDP：2004 - 05p：Final Consumption Expenditure：Private			2004 年2 季度 ~ 2014 年 3 季度	230795002	
GDP：1999 - 00p：Final Consumption Expenditure：Private			2000 年1 季度 ~ 2009 年 3 季度	56615102	
国内生产总值：固定资本形成 Gross Fixed Capital Formation：2011 - 12p	季度	卢比（百万）	2011 年 2 季度 ~ 2016 年 3 季度	365384437	印度中央统计局
GDP：2004 - 05p：Gross Fixed Capital Formation			2004 年2 季度 ~ 2014 年 3 季度	230795302	
GDP：1999 - 00p：Gross Fixed Capital Formation			2000 年1 季度 ~ 2009 年 3 季度	56615302	
出口总额 Exports	月度	卢比（百万）	2000 年 1 月 ~ 2016 年 11 月	19672101	印度商业与工业部

续表

变量名称	频率	单位	起止时间	CEIC 编码	CEIC 注明的来源
进口总额 Imports	月度	卢比(百万)	2000 年 1 月 ~2016 年 11 月	19669801	印度商业与工业部
工业生产指数(IPI) Industrial Production Index(IPI)	月度	2004~2005=100 1993~1994=100	2005 年 4 月 ~2016 年 10 月 2000 年 1 月 ~2011 年 6 月	314398401 18989701	印度中央统计局
外国直接投资 Foreign Inward Inv:Direct:to India:Gross Investment(GI)	月度	美元(百万)	2000 年 1 月 ~2016 年 11 月	21355301	印度储备银行
电力需求量 Power Demand	月度	百万瓦时	2005 年 1 月 ~2016 年 11 月	99065401	印度中央电力局
居民消费价格指数增长率 Consumer Price Index:YoY	月度	%	2000 年 1 月 ~2016 年 11 月	229349002	CEIC 生成
批发价格指数增长率 Wholesale Price Index:YoY	月度	%	2000 年 1 月 ~2016 年 11 月	211637302	CEIC 生成
政策性利率:回购利率 Policy Rate:Month End:Repo Rate	月度	年率%	2001 年 4 月 ~2016 年 12 月	81382801	印度储备银行
政府债券收益率(10 年期) Government Securities Yield:10 Years	月度	年率%	2000 年 1 月 ~2016 年 11 月	81383901	印度储备银行
卢比兑美元汇率 Exchange Rate against US $:Monthly Average	月度	卢比/美元	2000 年 1 月 ~2016 年 12 月	227651502	CEIC 生成
工业前景调查:生产 Industrial Outlook Survey:RBI:Production	季度	%	2000 年 2 季度 ~2016 年 4 季度	224244602	印度储备银行

续表

变量名称	频率	单位	起止时间	CEIC 编码	CEIC 注明的来源
工业前景调查：产能利用 Industrial Outlook Survey：RBI：Capacity Utilisation	季度	%	2000 年 2 季度 ~ 2016 年 4 季度	224245202	印度储备银行
工业前景调查：公司就业 Industrial Outlook Survey：RBI：Employment in Company	季度	%	2000 年 2 季度 ~ 2016 年 4 季度	224245502	印度储备银行
工业前景调查：总体商业状况 Industrial Outlook Survey：RBI：Overall Business Situation	季度	%	2000 年 2 季度 ~ 2016 年 4 季度	224244202	印度储备银行
商业乐观指数 Business Expectation Survey：Business Optimism Index	季度	*1999 年 6 月 = 100*	*2000 年 2 季度 ~ 2015 年 4 季度*	*198959402*	邓白氏咨询公司
印度 Nifty500 股指 NSE：Index：Nifty 500	月度	1995 年 1 月 1 日 = 1000	2000 年 1 月 ~ 2016 年 1 月	21918301	印度国家证券交易所
英国布伦特原油价格指数 Commodity Price Index：Petroleum：Spot：U. K. Brent	月度	2010 = 100	2000 年 1 月 ~ 2015 年 12 月	217972901	国际货币基金组织
波罗的海干散货运价指数 Baltic Exchange Dry Index（BDI）	每日	—	2000 年 1 月 4 日 ~ 2017 年 1 月 5 日	268193601	波罗的海交易中心

注：①变量名称中的英文为 CEIC 数据库中的变量名称；②起止时间以 2017 年 1 月 10 日 CEIC 数据库中的信息为准，斜体字的数据序列已停止更新。

走势；（8）卢比兑美元汇率、布伦特原油价格指数和波罗的海干散货运价指数。

印度 GDP 增长率数据一般在下一季度第二个月的月底公布。

本研究项目对印度 GDP 增长率动态因子模型的构建工作始于 2016 年初。在 2000 年 1 月至 2015 年 12 月的样本期内，共提取到 4 个动态因子。各变量所对应的因子载荷见图 11 - 2。

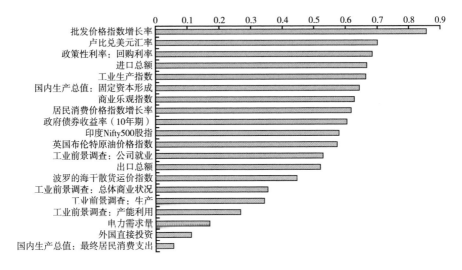

图 11 - 2　印度 GDP 增长率动态因子模型中各变量所对应的因子载荷

注：样本期为 2000 年 1 月至 2015 年 12 月。
资料来源：笔者计算。

笔者利用所提取到的 4 个动态因子，于 2016 年 3 月 2 日对印度 GDP 增长率进行了预测，并依据预测结果得出了"2016 年印度 GDP 增长率将居金砖国家首位"的结论[1]。各金砖国家已公布的数据印证了这一结论。

---

[1]　http：//xinhuahe. blog. sohu. com/321362498. html.

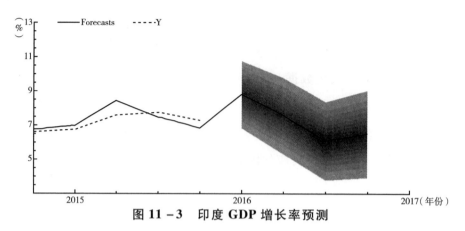

图 11 − 3　印度 GDP 增长率预测

注：基础数据截至 2015 年 12 月。

第二节　印度尼西亚 GDP 增长率动态因子模型

印度尼西亚是东盟国家中唯一一个二十国集团成员。2000 年以来，除 2001 年第四季度跌至 1.6% 外，其余时间印度尼西亚 GDP 增长率相对稳定，波动幅度并不大。2002 年第二季度至 2004 年第三季度，印度尼西亚季同比增长率平均在 4.6% 上下波动。2004 年第四季度上升至 7.2%，但随后即开始回落，至 2006 年第二季度已不足 5%。但 2006 年第三季度再次反弹，并在全球金融危机前保持在了 6% 以上。全球金融危机给印度尼西亚经济增长率带来的影响不算大，GDP 季同比增长率最低只达到 2009 年第二季度的 4.1%，随后则再回升至 6% 以上。2010 年第四季度，印度尼西亚 GDP 季同比增长率达到 2000 年以来的次高点 6.8%，之后则呈下滑趋势，至 2015 年第三季度已降至 4.7%（见图 11 − 4）。

本研究项目所建立的印度尼西亚 GDP 增长率动态因子模型基于 21 个变量组成的数据集（见表 11 − 2）。具体有以下几个主要组成部分：（1）居民消费、政府消费、固定资本形成、出口；（2）居民消费价格指数、批发价格指数、零售销售指数、工业生产指数；（3）消费者信

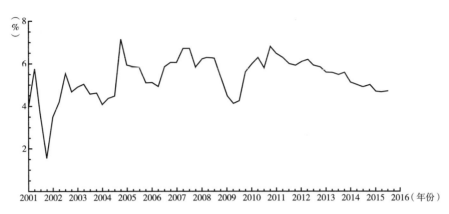

图 11 - 4 印度尼西亚 GDP 增长率

资料来源：笔者根据 CEIC 数据库中的相关数据整理。

心指数、消费者信心指数预期、消费者倾向指数、商业趋势指数、商业活动预期、企业产能利用率、制造业产能利用率；（4）央行政策性利率；（5）影响资产配置的股票市场走势；（6）进口价格、印尼盾兑美元汇率、布伦特原油价格指数和波罗的海干散货运价指数。

印度尼西亚 GDP 增长率数据一般在下一季度第二个月的 1~6 日公布。

本研究项目对印度尼西亚 GDP 增长率动态因子模型的构建始于 2016 年初。在 2000 年 1 月至 2015 年 11 月的样本区间内共提取到 5 个动态因子。各变量所对应的因子载荷见图 11 - 5。

笔者依据上述 5 个动态因子对印度尼西亚 GDP 增长率进行了预测。"从预测结果看，2015 年第 4 季度 GDP 有望高于 5%，预计季同比增长率有可能超过第 3 季度，2016 年 GDP 增长率仍将维持在 5% 左右"。① 从印度尼西亚中央统计局已公布的数据看，2015 年第四季度 GDP 季同比增长率为 5.04%，高于 2015 年第三季度的 4.74%。2016 年第一至第三季度 GDP 季同比增长率分别为 4.91%、5.19% 和 5.02%，印证了笔者的判断。

---

① http：//xinhuahe. blog. sohu. com/321205598. html.

表 11 – 2　印度尼西亚 GDP 增长率动态因子模型基础变量

变量名称	频率	单位	起止时间	CEIC 编码	CEIC 注明的来源
国内生产总值 Real GDP:YoY *Gross Domestic Product (GDP):SNA 1993:* *2000p*	季度	%	2011 年 1 季度~2016 年 3 季度 *2003 年 1 年 4 季度*	249445001 *13132401*	CEIC 生成
国内生产总值:居民消费支出 GDP:SNA 2008:2010p:CE:Household *GDP:SNA 1993:2000p:CE:Private* *Consumption Expenditures*	季度	印尼盾（10 亿）	2010 年 1 季度~2016 年 3 季度 *2003 年 1 年 4 季度*	365749347 *13123901*	印度尼西亚中央 统计局
国内生产总值:政府消费支出 GDP:SNA 2008:2010p:CE:Government *GDP:SNA 1993:2000p:CE:Government*	季度	印尼盾（10 亿）	2010 年 1 季度~2016 年 3 季度 *2003 年 1 季度~2014 年 4 季度*	365749367 *13124001*	印度尼西亚中央 统计局
国内生产总值:固定资本形成 GDP:SNA 2008:2010p:Gross Fixed Capital Formation *GDP:SNA 1993:2000p:Gross Fixed Capital* *Formation (GFCF)*	季度	印尼盾（10 亿）	2010 年 1 季度~2016 年 3 季度 *2003 年 1 季度~2014 年 4 季度*	365749377 *13124101*	印度尼西亚中央 统计局
出口总额（离岸价） Exports:fob	月度	美元（百万）	2000 年 1 月~2016 年 11 月	13920901	印度尼西亚中央 统计局

续表

变量名称	频率	单位	起止时间	CEIC 编码	CEIC 注明的来源
进口价格 Imports：Aggregate Price Average：Total	月度	美元/吨	2002 年 1 月 ~2016 年 11 月	367602177	印度尼西亚中央统计局
零售销售指数 Retail Sales Survey：Retail Sales Index （DC）Retail Sales Survy（RSS）： Retail Sales Index	月度	2010＝100 2000 至 10 月＝100	2010 年 1 月 ~2016 年 11 月 2000 年 11 月 ~2011 年 12 月	322851702 13851601	印度尼西亚银行
工业生产指数 Industrial Production Index（IPI）：2010＝100 （DC）Industrial Production Index（IPI）： 2000＝100	月度	2010＝10C 2000＝100	2010 年 1 月 ~2016 年 10 月 2000 年 1 月 ~2011 年 12 月	322957602 79287101	印度尼西亚中央统计局
消费者信心指数 Consumer Survey Index；Consumer Confidence Index Consumer Survey Index（CSI）： Consumer Confidence Index	月度	—	2010 年 1 月 ~2016 年 12 月 2001 年 4 月 ~2011 年 3 月	277372502 13846501	印度尼西亚银行
消费者信心指数预期 CSI：Consumer Confidence Index： Expectations CSI ：Consumer Confidence Index ： Consumer Expectation	月度	—	2010 年 1 月 ~2016 年 12 月 2001 年 4 月 ~2011 年 3 月	277372702 13847001	印度尼西亚银行

续表

变量名称	频率	单位	起止时间	CEIC 编码	CEIC 注明的来源
消费者倾向指数 Consumer Tendency Index	季度	一	2000 年 2 季度 ~ 2016 年 3 季度	245625102	印度尼西亚中央统计局
居民消费价格指数 Consumer Price Index：YoY	月度	%	2000 年 1 月 ~ 2016 年 12 月	249445601	CEIC 生成
批发价格指数 Wholesale Price Index：General Wholesale Price Index Wholesale Price Index	月度	2010 = 100 2005 = 100 2000 = 100	2013 年 1 月 ~ 2016 年 11 月 2008 年 12 月 ~ 2013 年 9 月 2000 年 1 月 ~ 2008 年 12 月	298527004 206943902 107639901	印度尼西亚中央统计局
央行政策性利率 ID：Central Bank Policy Rate：End of Period	月度	年率%	2000 年 1 月 ~ 2016 年 11 月	224794301	国际货币基金组织
印尼盾兑美元汇率 Exchange Rate against US $：Monthly Average	月度	印尼盾/美元	2000 年 1 月 ~ 2016 年 12 月	249446301	CEIC 生成
商业活动预期 BS：Business Activity：Expectation：Weighted Net Balance（WB）	季度	%	2004 年 1 季度 ~ 2016 年 4 季度	205668502	印度尼西亚银行

续表

变量名称	频率	单位	起止时间	CEIC 编码	CEIC 注明的来源
企业产能利用率 Business Survey (BS): Production Capacity Utilization (PC)	季度	%	2004 年 1 季度 ~ 2016 年 3 季度	205673602	印度尼西亚银行
制造业产能利用率 BS: PC Utilization: Manufacturing Industry (MI)	季度	%	2004 年 1 季度 ~ 2016 年 3 季度	205674402	印度尼西亚银行
商业趋势指数 Business Tendency Index	季度	—	2000 年 2 季度 ~ 2016 年 3 季度	245732302	印度尼西亚中央统计局
印尼股票价格指数 ID: Index: Share Price (End of Period)	月度	2010 = 100	2000 年 1 月 ~ 2016 年 11 月	295252301	国际货币基金组织
英国布伦特原油价格指数 Commodity Price Index: Petroleum: Spot: U. K. Brent	月度	2010 = 100	2000 年 1 月 ~ 2016 年 11 月	217972901	国际货币基金组织
波罗的海干散货运价指数 Baltic Exchange Dry Index (BDI)	每日	—	2000 年 1 月 4 日 ~ 2017 年 1 月 5 日	268193601	波罗的海交易中心

注：①变量名称中的英文为 CEIC 数据库中的变量名称；②起止时间以 2017 年 1 月 10 日 CEIC 数据库中的信息为准；斜体字的数据序列已停止更新。

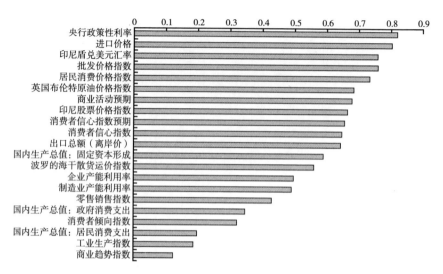

图 11-5 印度尼西亚 GDP 增长率动态因子模型中各变量所对应的因子载荷

注：样本期为 2000 年 1 月至 2015 年 11 月。

资料来源：笔者计算。

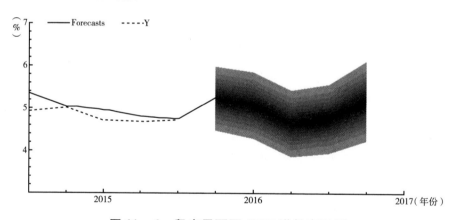

图 11-6 印度尼西亚 GDP 增长率预测

注：基础数据截至 2015 年 11 月。

第三节　韩国 GDP 增长率动态因子模型

2000 年以来，韩国经济大起大落。全球金融危机前，韩国 GDP 季同比增长率在2%~8%区间波动。2001年初韩国GDP季同比增长率为4.6%，但第三季度降至3.3%。之后快速上升至2002年第三季度的7.9%，一年后又降至1.9%。然后韩国GDP增长率再次上升至2004年第二季度的6.3%，复又降至2005年第一季度的2.4%。2005年第三季度至2008年第一季度，韩国GDP季同比增长率进入2000年以来最稳定的一段时光，平均达到了5.2%以上。全球金融危机的爆发，使韩国经济增长率快速跌入谷底，2009年第一季度韩国GDP季同比增长率下探至-1.9%。但随后创下了一年之内9个百分点的高幅反弹，2010年第一季度韩国GDP季同比增长率达到了7.1%。然而好景不长，在达到2010年第二季度7.4%的2000年以来次高增长率后，韩国经济增长率持续下滑，至2012年第三季度已降至不足2.1%。之后虽在2014年有所回升，但最高只达到不足4%，2015年复又降至略高于2%（见图11-7）。

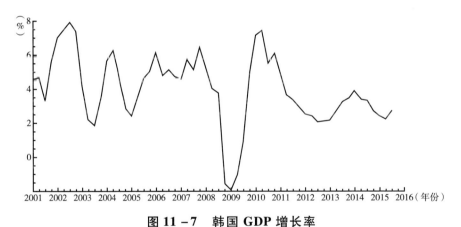

图11-7 韩国GDP增长率

资料来源：笔者根据CEIC数据库中的相关数据整理。

本研究项目所建立的韩国GDP增长率动态因子模型基于22个变量组成的数据集（见表11-3）。具体有以下几个主要组成部分：（1）最终消费支出、政府消费支出、资本形成、出口、进口；（2）居民消费价格指数、生产者价格指数；（3）电力消费、能源消费、工业生产指

表 11 – 3　韩国 GDP 增长率动态因子模型基础变量

变量名称	频率	单位	起止时间	CEIC 编码	CEIC 注明的来源
实际国内生产总值增长率 Real GDP:sa:YoY	季度	%	2000 年 1 季度 ~ 2016 年 3 季度	206099802	CEIC 生成
国内生产总值:最终消费支出 GDP:2010p:sa:Final Consumption Expenditure(FCE)	季度	韩元(10 亿)	2000 年 1 季度 ~ 2016 年 3 季度	354158327	韩国央行
国内生产总值:政府消费支出 GDP:2010p:sa:FCE:Government Consumption	季度	韩元(10 亿)	2000 年 1 季度 ~ 2016 年 3 季度	354158367	韩国央行
国内生产总值:资本形成 GDP: 2010p: sa: Gross Capital Formation (GCF)	季度	韩元(10 亿)	2000 年 1 季度 ~ 2016 年 3 季度	354158377	韩国央行
零售销售指数 Retail Sales Index:Real	月度	2010 = 100	2000 年 1 月 ~ 2016 年 11 月	351829202	韩国统计局
进口总额(到岸价) Imports cif	月度	美元(百万)	2000 年 1 月 ~ 2016 年 12 月	29709801	韩国海关
出口总额(离岸价) Exports fob	月度	美元(百万)	2000 年 1 月 ~ 2016 年 12 月	29709701	韩国海关
工业生产指数 KR: Industrial Production Index: Seasonally Adjusted	月度	2010 = 100	2000 年 1 月 ~ 2016 年 10 月	224916001	国际货币基金组织

续表

变量名称	频率	单位	起止时间	CEIC 编码	CEIC 注明的来源
失业率 Unemployment Rate:sa	月度	%	2000 年 1 月 ~ 2016 年 11 月	79315301	韩国统计局
电力消费 Electricity Consumption	月度	千瓦时（百万）	2000 年 1 月 ~ 2016 年 11 月	28112801	韩国电力公司
能源消费 Energy Consumption:Total by Demand Sector	月度	吨油当量（千）	2000 年 1 月 ~ 2016 年 9 月	28258301	韩国能源经济研究所
居民消费价格指数增长率 Consumer Price Index:YoY	月度	%	2000 年 1 月 ~ 2016 年 12 月	208819402	CEIC 生成
生产者价格指数:所有商品与服务 Producer Price Index:All Commodities and Services	月度	2010＝100	2000 年 1 月 ~ 2016 年 11 月	349719002	韩国央行
央行基准政策性利率 Policy Rate:Month End:Base Rate:Bank of Korea	月度	年率%	2000 年 1 月 ~ 2016 年 12 月	30189201	韩国央行
韩元兑美元汇率 Exchange Rate against US $:Monthly Average	月度	韩元/美元	2000 年 1 月 ~ 2016 年 12 月	227692502	CEIC 生成

续表

变量名称	频率	单位	起止时间	CEIC 编码	CEIC 注明的来源
领先综合指数 Leading Composite Index（LDCI）	月度	2010＝100	2000 年 1 月～2016 年 11 月	351824202	韩国统计局
同步综合指数 Coincident Composite Index（CCI）	月度	2010＝100	2000 年 1 月～2016 年 11 月	351824502	韩国统计局
滞后综合指数 Lagging Composite Index（LACI）	月度	2010＝100	2000 年 1 月～2016 年 11 月	351824802	韩国统计局
经济景气指数 Economic Sentiment Index	月度	—	2003 年 1 月～2016 年 12 月	360732827	韩国央行
韩国 KOSPI 股指 Equity Market Index：Month End：KOSPI	月度	1980 年 1 月 4 日＝100	2000 年 1 月～2016 年 12 月	30688701	韩国证券交易所
韩国 KOSPI 200 综合股指 Index：KOSPI 200：Composite	月度	1990 年 1 月 3 日＝100	2000 年 1 月～2016 年 12 月	30693301	韩国证券交易所
英国布伦特原油价格指数 Commodity Price Index：Petroleum：Spot：U. K. Brent	月度	2010＝100	2000 年 1 月～2016 年 11 月	217972901	国际货币基金组织
波罗的海干散货运价指数 Baltic Exchange Dry Index（BDI）	每日	—	2000 年 1 月 4 日～2017 年 1 月 5 日	268193601	波罗的海交易中心

注：①变量名称中的英文为 CEIC 数据库中的变量名称；②起止时间以 2017 年 1 月 10 日 CEIC 数据库中的信息为准。

数、零售销售指数；（4）失业率；（5）央行基准政策性利率；（6）领先综合指数、同步综合指数、滞后综合指数、经济景气指数；（7）影响资产配置的股票市场走势；（8）韩元兑美元汇率、布伦特原油价格指数和波罗的海干散货运价指数。

韩国 GDP 增长率数据一般在下一季度第二个月的中旬公布。

本研究项目对韩国 GDP 增长率动态因子模型的构建始于 2016 年初。在 2000 年 1 月至 2015 年 12 月的样本区间内共提取到 4 个动态因子。各变量所对应的因子载荷见图 11－8。

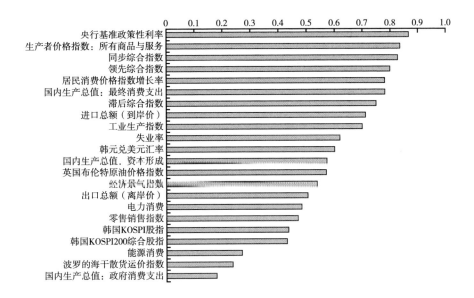

图 11－8　韩国 GDP 增长率动态因子模型中各变量所对应的因子载荷

注：样本期为 2000 年 1 月至 2015 年 12 月。
资料来源：笔者计算。

笔者依据这 4 个动态因子对韩国 GDP 增长率进行了预测，并得出了"2016 年韩国 GDP 增长率将在 2.5% 以上"的结论[①]。从 CEIC

---

① http://xinhuahe.blog.sohu.com/321312273.html.

数据库中已公布的数据看，2016 年 1 ~ 3 季度韩国 GDP 季同比增长率分别为 2.8%、3.2% 和 2.6%，印证了笔者的判断。

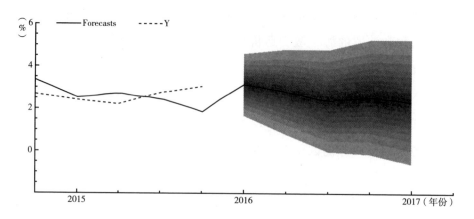

图 11 - 9　韩国 GDP 增长率预测

注：基础数据截至 2015 年 12 月。

第四节　沙特阿拉伯 GDP 增长率动态因子模型

进入 2000 年以来，沙特阿拉伯 GDP 增长率首先在 2001 年和 2002 年两年出现了负增长。2003 年沙特阿拉伯 GDP 增长率创下了 2000 年以来的最高值，之后逐年下降至 2007 年的 1.8%。全球金融危机的爆发首先使沙特阿拉伯 GDP 增长率上升至 6.2%，然后调头降至 2009 年的 - 2.1%。2010 ~ 2011 年两年，沙特阿拉伯 GDP 增长率再度回升，并于 2011 年达到 2000 年以来的次高点 10%。之后沙特阿拉伯 GDP 又一次回调，于 2013 年降至 2.7%。2014 年沙特阿拉伯经济略有回升（见图 11 - 10）。

本研究项目所建立的沙特阿拉伯 GDP 增长率动态因子模型基于 15 个变量组成的数据集（见表 11 - 4）。具体有以下几个主要组成部

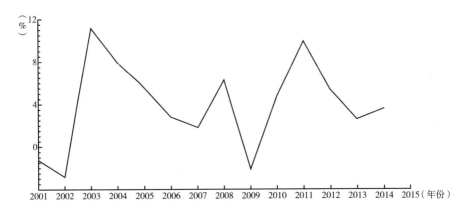

图 11 – 10 沙特阿拉伯 GDP 增长率

资料来源：笔者根据 CEIC 数据库中的相关数据整理。

分：(1) 居民消费、出口总额、进口总额、不含政府服务的 GDP；
(2) 居民消费价格指数、出口价格指数、批发价格指数、GDP 平减
指数；(3) 原油生产指数、石油部门产值；(4) 官方回购利率和央
行票据平均利率；(5) 商业银行资产：私营部门债券；(6) 布伦特
原油价格指数和波罗的海干散货运价指数。

　　沙特阿拉伯 GDP 增长率数据一般在下一季度第三个月的下旬
公布。

　　本研究项目对沙特阿拉伯 GDP 增长率动态因子模型的构建始于
2016 年初。在 2000 年 1 月至 2015 年 11 月的样本区间内共提取到 4
个动态因子。各变量所对应的因子载荷见图 11 – 11。

　　依据这 4 个动态因子对沙特阿拉伯 GDP 增长率进行的预测，笔
者认为 "2015 年沙特 GDP 增长率基本与 2014 年持平，受原油价格波
动等因素的影响，2016 年第一季度增速将减缓，但全年仍有望高于
2015 年"。[①] 从沙特阿拉伯统计局已公布的数据看，2016 年第一季度的

---

　　① http：//xinhuahe. blog. sohu. com/321275676. html.

表 11 - 4　沙特阿拉伯 GDP 增长率动态因子模型基础变量

变量名称	频率	单位	起止时间	CEIC 编码	CEIC 注明的来源
国内生产总值 Gross Domestic Product(GDP):2010p	年度	里亚尔(百万)	2000 ~ 2016 年	360859187	沙特阿拉伯经济和规划部
实际国内生产总值 Real GDP:YoY	季度	%	2011 年 1 季度 ~ 2016 年 3 季度	360878627	沙特阿拉伯统计局
国内生产总值:居民消费支出 GDP:Consumption Expenditure:Private	季度	里亚尔(百万)	2003 年 1 季度 ~ 2016 年 3 季度	110186308	沙特阿拉伯统计局
进口总额(到岸价) SA:Imports:cif:Local Currency	月度	里亚尔(10 亿)	2000 年 1 月 ~ 2016 年 10 月	223993501	国际货币基金组织
出口总额(离岸价) Exports:fob:World	月度	美元(百万)	2000 年 1 月 ~ 2016 年 8 月	203652801	国际货币基金组织
居民消费价格指数增长率 Consumer Price Index:YoY	月度	%	2000 年 1 月 ~ 2016 年 11 月	211189002	沙特阿拉伯统计局
批发价格指数 Wholesale Price Index(WPI)	季度	1988 = 100	2000 年 1 季度 ~ 2016 年 3 季度	110385808	沙特阿拉伯经济和规划部
批发价格指数 Wholesale Price Index(WPI)	月度		2012 年 1 月 ~ 2016 年 11 月	302649004	沙特阿拉伯统计局
国内生产总值平减指数 GDP Deflator:Producer Values	年度	1999 = 100	2000 年 1 月 ~ 2013 年 12 月	212095202	沙特阿拉伯货币管理局
国内生产总值平减指数增长率 GDP Deflator:YoY	季度	%	2011 年 1 季度 ~ 2016 年 3 季度	276913903	CEIC 生成
原油生产指数 SA:Production Index:Crude Oil	月度	2010 = 100	2000 年 1 月 ~ 2016 年 10 月	223991601	国际货币基金组织

续表

变量名称	频率	单位	起止时间	CEIC 编码	CEIC 注明的来源
石油部门产值 GDP:Producer Values:Oil Sector	季度	里亚尔（百万）	2003 年 1 季度～2016 年 3 季度	110185608	沙特阿拉伯统计局
国内生产总值:不含政府服务 GDP:2010p:Producer Values:excl Government Services	年度		2000～2016 年	360557077	沙特阿拉伯统计局
国内生产总值:不含政府服务 GDP:2010p:Producer Values:excl Government Services	季度	里亚尔（百万）	2010 年 1 季度～2016 年 3 季度	360878587	
出口价格指数 Export Unit Value Index:USD	月度	2010＝100	2000 年 1 月～2016 年 10 月	223995001	国际货币基金组织
官方回购利率 Policy Rate:Month End:Official Repo Rate	月度	年率%	2000 年 1 月～2016 年 12 月	240368703	沙特阿拉伯货币管理局
央行票据年平均利率 SAMA Bills:Average:52 Weeks	月度	年率%	2000 年 1 月～2017 年 1 月	256311203	沙特阿拉伯货币管理局
商业银行资产:私营部门债券 Commercial Banks:Assets:Claims:Private Sector	月度	里亚尔（百万）	2000 年 1 月～2016 年 11 月	110515608	沙特阿拉伯货币管理局
英国布伦特原油价格指数 Commodity Price Index:Petroleum:Spot: U. K. Brent	月度	2010＝100	2000 年 1 月～2016 年 11 月	217972901	国际货币基金组织
波罗的海干散货运价指数 Baltic Exchange Dry Index（BDI）	每日	—	2000 年 1 月 4 日～2017 年 1 月 5 日	26819360	波罗的海交易中心

注：①变量名称中的英文为 CEIC 数据库中的变量名称；②起止时间以 2017 年 1 月 10 日 CEIC 数据库中的信息为准。

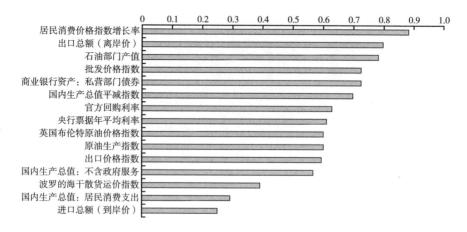

图 11 -11　沙特阿拉伯 GDP 增长率动态因子模型中各变量所对应的因子载荷

注：样本期为 2000 年 1 月至 2015 年 11 月。

资料来源：笔者计算。

确比 2015 年第四季度有所下降，但 2016 年全年低于 2015 年。也就是说，从实际数据看，笔者的判断仅部分正确。

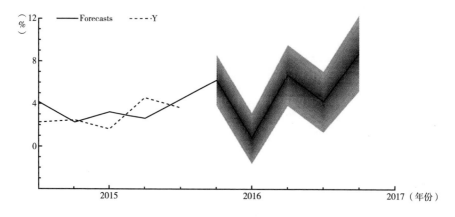

图 11 -12　沙特阿拉伯 GDP 增长率预测

注：基础数据截至 2015 年 11 月。

第五节　土耳其 GDP 增长率动态因子模型

土耳其是联接东西方的纽带，也是二十国集团中两个中东国家之一。2000 年以来，土耳其经济增长经历了两次大的波动，第一次发生在 2000 年之初，第二次发生在全球金融危机爆发之时。21 世纪初，土耳其 GDP 季同比增长率从 2000 年第三季度的 8.7% 快速跌落至 2001 年第四季度的 −9.6%，一年后又快速回升至 2002 年第四季度的 11.6%。之后土耳其经济虽相对平稳，2003 ~ 2008 年上半年 GDP 季同比增长率基本都在 4% 以上，但波动幅度也在 8 个百分点左右，并且自 2004 年第二季度起呈明显的下降趋势。全球金融危机的爆发使土耳其经济遭受重创，2009 年第一季度 GDP 季同比增长率最低甚至下探至 −13.1%。然而仅用了一年时间，2010 年第一季度土耳其 GDP 季同比增长率已反弹至 11.4%，并且保持在超过 8% 的高位接近 7 个季度。2011 年第四季度起土耳其经济增长率再次下滑，并在 4% 以下的水平上持续至 2015 年（见图 11 − 13）。

图 11 − 13　土耳其 GDP 增长率

资料来源：笔者根据 CEIC 数据库中的相关数据整理。

本研究项目所建立的土耳其 GDP 增长率动态因子模型基于 19 个变量组成的数据集（见表 11 − 5）。具体有以下几个主要组成部分：

表 11 - 5　土耳其 GDP 增长率动态因子模型基础变量

变量名称	频率	单位	起止时间	CEIC 编码	CEIC 注明的来源
实际国内生产总值增长率 Real GDP:YoY	季度	%	2000 年 1 季度 ~ 2016 年 3 季度	236305503	CEIC 生成
国内生产总值:居民消费 GDP:1998p:swda:FCE:Household（HH）: Resident & Non Resident	季度	土耳其里拉（千）	2000 年 1 季度 ~ 2016 年 2 季度	360393567	土耳其国家统计局
国内生产总值:政府消费 GDP:1998p:swda:FCE:Government	季度	土耳其里拉（千）	2000 年 1 季度 ~ 2016 年 2 季度	360393597	土耳其国家统计局
国内生产总值:固定资本形成 GDP:1998p:swda:Gross Fixed Capital Formation（GFCF）	季度	土耳其里拉（千）	2000 年 1 季度 ~ 2016 年 2 季度	360393627	土耳其国家统计局
出口总额 Exports:TRY	月度	土耳其里拉（百万）	2000 年 1 月 ~ 2016 年 11 月	242468203	土耳其国家统计局
进口总额 Imports:TRY	月度	土耳其里拉（百万）	2000 年 1 月 ~ 2016 年 11 月	242468303	土耳其国家统计局
电力消费 Gross Electricity Consumption	月度	百万千瓦时	2001 年 1 月 ~ 2016 年 12 月	243491903	土耳其电力传输公司

续表

变量名称	频率	单位	起止时间	CEIC 编码	CEIC 注明的来源
居民消费价格指数增长率 Consumer Price Index:YoY:Extended History	月度	%	2000 年 1 月 ~2016 年 12 月	366734147	CEIC 生成
生产者价格指数 TR:Producer Price Index	月度	2010＝100	2000 年 1 月 ~2011 年 11 月	220285901	国际货币基金组织
短期利率 TRLIBOR(3 个月) Short Term Interest Rate:Month End: TRLIBOR:3 Months	月度	年率%	2002 年 8 月 ~2016 年 12 月	236266803	土耳其银行业协会
贴现率 TR:Discount Rate:End of Period	月度	年率%	2000 年 1 月 ~2016 年 11 月	131898704	国际货币基金组织
土耳其里拉兑美元汇率 Exchange Rate against US ＄:Monthly Average	月度	土耳其里拉/美元	2000 年 1 月 ~2016 年 12 月	236291103	CEIC 生成
工业生产指数 IPI:NACE 2:Seasonally and Working Day Adjusted(swda) Industrial Production Index (IPI).97＝100	月度	2010＝100 1997＝100	2005 年 1 月 ~2016 年 11 月 2000 年1 月~2008 年12 月	353785101 39502801	土耳其国家统计局
消费者信心指数 Consumer Confidence Index	月度	—	2004 年 1 月 ~2016 年 12 月	282173304	土耳其国家统计局

续表

变量名称	频率	单位	起止时间	CEIC 编码	CEIC 注明的来源
实体经济部门信心指数 Real Sector Confidence Index:CANE 2: Seasonally Adjusted (sa)	月度	—	2007 年 1 月 ~ 2016 年 12 月	259949803	土耳其央行
综合领先指数 Composite Leading Indicator Index: Trend Restored	月度	—	2000 年 1 月 ~ 2016 年 12 月	354171207	土耳其央行
土耳其 BIST National 100 股指 Equity Market Index: Month End: TRY: BIST National 100	月度	1986 年 1 月 1 日 = 1	2000 年 1 月 ~ 2016 年 12 月	39872801	伊斯坦布尔证交 所
土耳其 National 30 股指 Index: TRY: National 30	月度	1996 年 12 月 27 日 = 976	2000 年 1 月 ~ 2016 年 12 月	113761101	伊斯坦布尔证交 所
英国布伦特原油价格指数 Commodity Price Index: Petroleum: Spot: U. K. Brent	月度	2010 = 100	2000 年 1 月 ~ 2016 年 11 月	217972901	国际货币基金组 织
波罗的海干散货运价指数 Baltic Exchange Dry Index (BDI)	每日	—	2000 年 1 月 4 日 ~ 2017 年 1 月 5 日	268193601	波罗的海交易中 心

注：①变量名称中的英文为 CEIC 数据库中的变量名称；②起止时间以 2017 年 1 月 10 日 CEIC 数据库中的信息为准，斜体字的
数据序列已停止更新。

（1）居民消费、政府消费、固定资本形成、出口总额、进口总额；
（2）居民消费价格指数、生产者价格指数；（3）电力消费、工业生产指数；（4）短期利率 TRLIBOR（3 个月）、贴现率；（5）消费者信心指数、实体经济部门信心指数、综合领先指数；（6）影响资产配置的股票市场走势；（7）土耳其里拉兑美元汇率、布伦特原油价格指数和波罗的海干散货运价指数。

土耳其 GDP 增长率数据一般在下一季度第三个月的 10 日左右公布。

本研究项目对土耳其 GDP 增长率动态因子模型的构建始于 2016 年初。在 2000 年 1 月至 2015 年 12 月的样本区间内共提取到 4 个动态因子。各变量所对应的因子载荷见图 11－14。

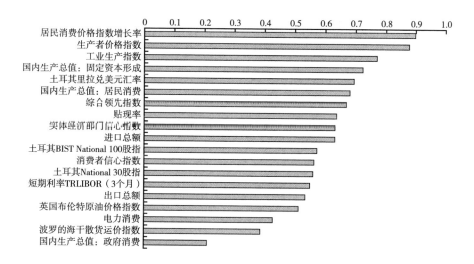

图 11－14 土耳其 GDP 增长率动态因子模型中各变量所对应的因子载荷

注：样本期为 2000 年 1 月至 2015 年 12 月。
资料来源：笔者计算。

笔者虽依据以上 4 个动态因子对土耳其 GDP 增长率进行了预测，但由于预测误差偏大，未予发表。从土耳其国家统计局已公布的数据看，2015 年第四季度至 2016 年第三季度 GDP 季同比增长率分别为

7.4%、4.5%、4.5% 和 − 1.8%。尽管对比图 11 − 15 可以发现，除 2016 年第三季度实际数据超出模型给定的预测区间外，其余三个季度还是落在了模型给定的置信区间内。但由于模型给出的置信区间已接近正负 4 个百分点，如此大的置信区间使点预测的参考价值大打折扣。笔者曾经通过扩大或缩减基础变量集的方式试图减小预测置信区间的宽度，但未能成功。

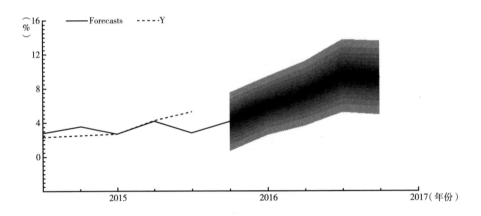

图 11 − 15 土耳其 GDP 增长率预测

注：基础数据截至 2015 年 12 月。
资料来源：笔者计算。

第十二章

G20 其余经济体
GDP 增长率动态因子模型

摘要：本章收录了本研究项目中对澳大利亚、巴西、墨西哥、俄罗斯、南非五个国家 GDP 增长率所建动态因子模型的相关内容。澳大利亚和俄罗斯的 GDP 增长率动态因子模型表现良好，依据模型给出的预测结果作出的判断得到了实际经济运行数据的印证。巴西实际经济数据虽然也在模型给出的范围内，但由于模型给出的预测置信区间过宽，模型有待进一步改进。墨西哥和南非的 GDP 增长率动态因子模型虽经反复试验，仍未得到满意的预测结果，未予发表。

第一节 澳大利亚 GDP 增长率动态因子模型

澳大利亚是大洋洲经济规模最大的国家，也是大洋洲唯一一个二十国集团成员国。澳大利亚农产品的 70%、资源产品的 80% 用于出口。2000~2015 年，澳大利亚的经济结构发生了翻天覆地的变化。对于资源的依赖度已经由 2000 年的不到 1/3，升至如今一半以上的 GDP 都依靠资源出口获取。

2000 年以来，澳大利亚经济增长速度平稳，除全球金融危机期间 GDP 增长率略低外，基本都在 2% 以上，但最高也只是略高于 5%。2001 年上半年澳大利亚 GDP 季同比增长率只有 1.6%，是仅次于全球金融危机期间的低增长水平。一年后的 2002 年第二季度澳大利亚 GDP 季同比增长率已上升至 4.7%，但稍后又回落至 2003 年第二季度的 2%。2003 年第四季度澳大利亚 GDP 季同比增长率再次反弹至 4% 以上，并在此高位保持了近四个季度。2004 年第四季度 GDP 季同比增长率再次回落至 3% 左右，并于 2006 年第三季度继续下滑至 2.3%，之后迎来全球金融危机前的最后一次高增长时期，并且创下了 2000 年以来的最高增长速度，2007 年第二季度 GDP 季同比增长率达到了 5.1%。全球金融危机的爆发虽然对澳大利亚经济产生了一定的冲击，但其并未像其他发达国家那样陷入经济衰退。2008 年第四季度到 2009 年第三季度澳大利亚经历了 2000 年以来的最低增长期，GDP 季同比增长率最低达到了 1.1%。2009 年第四季度澳大利亚 GDP 季同比增长率已回升到 2% 以上，2012 年第一季度进一步回升至 4.6%，达到全球金融危机之后的最高点。2013 年第一季度复又回调至 2% 左右，2014 年后虽有些许上升，但未能突破 3%。

本研究项目所建立的澳大利亚 GDP 增长率动态因子模型基于 17 个变量组成的数据集（见表 12-1）。具体有以下几个主要组成部分：（1）居民消费、政府消费、固定资本形成、进口总额；（2）商品零售总额、制造业产能利用率、服务业产能利用率、工业生产指数；（3）长期国债收益率；（4）预期经济效益、制造业效益综合指数、服务业效益综合指数；（5）影响资产配置的股票

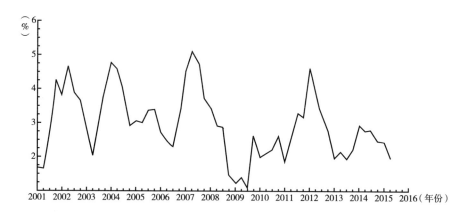

图 12 -1　澳大利亚 GDP 增长率

资料来源：笔者根据 CEIC 数据库中的相关数据整理。

市场走势；（6）澳元兑美元汇率、布伦特原油价格指数和波罗的海干散货运价指数。

澳大利亚 GDP 增长率数据一般在下一季度第三个月的上旬公布。

本研究项目对澳大利亚 GDP 增长率动态因子模型的构建始于 2016 年初。在 2000 年 1 月至 2015 年 11 月的样本期内，共提取到 5 个动态因子。各变量所对应的因子载荷见图 12 - 2。

依据这 5 个动态因子对澳大利亚 GDP 增长率进行的预测，笔者于 2016 年 2 月 17 日得出结论 "2015 年澳大利亚经济运行平稳，第四季度同比增速有望超过第三季度，2016 年 GDP 增长率仍有望超过 2%，但达到 3% 的可能性较小"。[①] 从澳大利亚统计局已公布的数据看，2015 年第四季度澳大利亚 GDP 季同比增长率为 2.5%，与第三季度持平；2016 年第一季度至第三季度分别为 2.55%、3.05% 和 1.73%，完全印证了笔者的判断。

---

① http：//xinhuahe. blog. sohu. com/321277140. html.

表 12 - 1　澳大利亚 GDP 增长率动态因子模型基础变量

变量名称	频率	单位	起止时间	CEIC 编码	CEIC 注明的来源
国内生产总值 Gross Domestic Product(GDP):2014 - 15p	季度	澳元（百万）	2000 年 1 季度 ~ 2016 年 3 季度	383053797	澳大利亚统计局
国内生产总值:居民最终消费支出 GDP:2014 - 15p:Final Consumption Expenditure:Households	季度	澳元（百万）	2000 年 1 季度 ~ 2016 年 3 季度	383053397	澳大利亚统计局
国内生产总值:政府最终消费支出 GDP:2014 - 15p:Final Consumption Expenditure:General Government	季度	澳元（百万）	2000 年 1 季度 ~ 2016 年 3 季度	383053387	澳大利亚统计局
国内生产总值:固定资本形成 GDP:2014 - 15p:Gross Fixed Capital Formation	季度	澳元（百万）	2000 年 1 季度 ~ 2016 年 3 季度	383053697	澳大利亚统计局
进口总额:商品与服务 Import:Goods & Services	月度	澳元（百万）	2000 年 1 月 ~ 2016 年 12 月	259036001	澳大利亚统计局
工业生产指数 Index of Industrial Production:sa:Total Industrial Industries	季度	2014 ~ 2015 = 100	2000 年 1 季度 ~ 2016 年 3 季度	383057557	澳大利亚统计局

续表

变量名称	频率	单位	起止时间	CEIC 编码	CEIC 注明的来源
工业生产指数变化率 Industrial Production Index: % Change	月度	%	2000 年 1 月 ~ 2016 年 9 月	131546204	国际货币基金组织
商品零售总额 AU: Retail Sales: sa	月度	澳元（百万）	2000 年 1 月 ~ 2016 年 12 月	258536501	澳大利亚统计局
制造业产能利用率 Capacity Utilization Rate: Manufacturing	月度	%	2007 年 9 月 ~ 2017 年 1 月	235691501	澳大利亚工业集团
服务业产能利用率 Capacity Utilization Rate: Services	月度	%	2007 年 10 月 ~ 2017 年 1 月	235691801	澳大利亚工业集团
长期国债收益率 AU: Government Bond Yield: Long Term	月度	年率%	2000 年 1 月 ~ 2016 年 12 月	220338501	国际货币基金组织
澳元兑美元汇率 Exchange Rate against US $: Monthly Average	月度	澳元/美元	2000 年 1 月 ~ 2017 年 1 月	211194702	CEIC 生成
预期经济效益 Business Expectations Survey : Expected Economic Performance : for Next 12 Months : sa	季度	—	2000 年 1 季度 ~ 2015 年 4 季度	240439901	澳大利亚工商会

续表

变量名称	频率	单位	起止时间	CEIC 编码	CEIC 注明的来源
制造业效益综合指数 Composite Index:Performance of Manufacturing Index:sa	月度	—	2006 年 8 月 ~2017 年 1 月	235690501	澳大利亚工业集团
服务业效益综合指数 Composite Index: Performance of Services Index:sa	月度	—	2006 年 1 月 ~2017 年 1 月	235691601	澳大利亚工业集团
澳大利亚 S&P/ASX 200 股指 Equity Market Index: Month End: ASX: S&P/ASX 200	月度	1996 年 1 月 1 日 = 100	2000 年 1 月 ~2017 年 1 月	1041601	澳大利亚股票交易所
英国布伦特原油价格指数 Commodity Price Index: Petroleum: Spot: U. K. Brent	月度	2010 = 100	2000 年 1 月 ~2016 年 11 月	217972901	国际货币基金组织
波罗的海干散货运价指数 Baltic Exchange Dry Index(BDI)	每日	—	2000 年 1 月 4 日 ~2017 年 1 月 5 日	26193601	波罗的海交易中心

注：①变量名称中的英文为 CEIC 数据库中的变量名称；②起止时间以 2017 年 1 月 10 日 CEIC 数据库中的信息为准，斜体字的数据序列已停止更新。

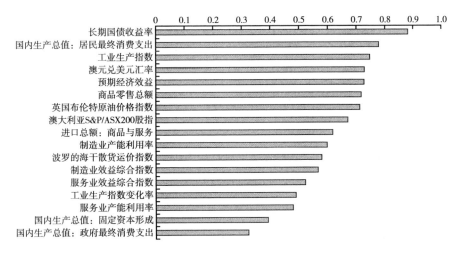

图 12 - 2　澳大利亚 GDP 增长率动态因子模型中各变量所对应的因子载荷

注：样本期为 2000 年 1 月至 2015 年 11 月。

资料来源：笔者计算。

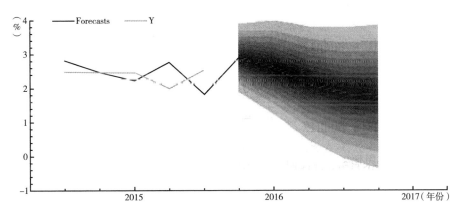

图 12 - 3　澳大利亚 GDP 增长率预测

注：基础数据截至 2015 年 11 月。

第二节　巴西 GDP 增长率动态因子模型

位于南美洲的巴西，2000 年以来经济在振荡中前行。全球金融危机爆发前，巴西虽两次跌至衰退边缘，但也曾有过超过 4% 以上的增长时期。2001 年，巴西 GDP 季同比增长率从第一季度的 3.3% 降至第四季度的 -0.5%，但 2002 年第三季度已上升至 4.3%，并且第四季度继续上行至 5.2%。不过，2003 年第三季度又下滑至 0.6%。2004 年巴西 GDP 季同比增长率再次上扬，第二季度至第四季度始终保持在 6% 以上。2005 年起直到全球金融危机前，巴西 GDP 季同比增长率较之前略有下降，但一直保持在 4% 左右。全球金融危机使巴西 GDP 季同比增长率在 2008 年下半年跌去近 10 个百分点，至 2009 年第一季度巴西 GDP 季同比增长率已下探至 -2.7%。在经历了连续三个季度的负增长之后，巴西经济有所恢复。2009 年第四季度，巴西 GDP 季同比增长率回升至 5.3%，2010 年第一季度更进一步达到 9.1%。然而之后巴西经济增长速度则一路下滑，2012 年第二季度降至 1%，2014 年第二季度起跌入负增长，并且到 2015 年第三季度仍在下跌。到样本期末，巴西经济依然处于衰退之中（见图 12 - 4）。

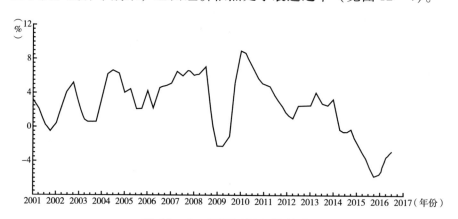

图 12 - 4　巴西 GDP 增长率

资料来源：笔者根据 CEIC 数据库中的相关数据整理。

本研究项目所建立的巴西 GDP 增长率动态因子模型基于 20 个变量组成的数据集（见表 12 -2）。具体有以下几个主要组成部分：（1）居

表 12-2 巴西 GDP 增长率动态因子模型基础变量

变量名称	频率	单位	起止时间	CEIC 编码	CEIC 注明的来源
国内生产总值指数 GDP Index:SNA 2010:1995 = 100:sa	季度	1995 = 100	2000 年 1 季度 ~ 2016 年 3 季度	36988057	巴西地理统计研究所
国内生产总值指数:居民消费 GDP Index: SNA 2010: 1995 = 100: sa: Household Consumption	季度	1995 = 100	2000 年 1 季度 ~ 2016 年 3 季度	36988107	巴西地理统计研究所
国内生产总值指数:固定资本形成 GDP Index: SNA 2010: 1995 = 100: sa: Gross Formation of Fixed Capital	季度	1995 = 100	2000 年 1 季度 ~ 2016 年 3 季度	36988127	巴西地理统计研究所
出口总额 Exports	月度	美元(百万)	2000 年 1 月 ~ 2016 年 12 月	1380001	巴西工业外贸发展部
进口总额 Imports	月度	美元(百万)	2000 年 1 月 ~ 2016 年 12 月	1380501	巴西工业外贸发展部
工业生产指数 Industrial Production Index(IPI):sa	月度	2012 = 100	2002 年 1 月 ~ 2016 年 11 月	354832977	巴西地理统计研究所
石油相关产品消费 Consumption:Oil Derivatives	月度	千桶	2000 年 1 月 ~ 2016 年 11 月	1303701	巴西中央银行

续表

变量名称	频率	单位	起止时间	CEIC 编码	CEIC 注明的来源
电力总消费 Electricity Consumption:Total	月度	百万千瓦时	2000 年 1 月 ~2016 年 11 月	1304601	巴西中央银行
居民消费价格指数 Consumer Price Index:YoY	月度	%	2000 年 1 月 ~2016 年 11 月	237415703	CEIC 生成
失业率 (DC)Unemployment Rate	月度	%	2001 年 10 月 ~2016 年 2 月	1355101	巴西地理统计研究所
实际平均工资指数 (DC)Real Average Wage Index :Total	月度	2001 年 1 月 = 100	2000 年 12 月 ~2015 年 12 月	256109901	巴西地理统计研究所
政策性利率:SELIC Policy Rate:Month End:SELIC	月度	年率%	2000 年 1 月 ~2016 年 12 月	227793902	巴西中央银行
巴西雷亚尔兑美元汇率 Exchange Rate against US $:Monthly Average	月度	巴西雷亚尔/美元	2000 年 1 月 ~2016 年 12 月	237414703	CEIC 生成
消费者信心指数 Consumer Confidence Index:sa	月度	2010 年 7 月 ~2015 年 6 月 =100	2005 年 9 月 ~2016 年 12 月	373694627	格图力·巴尔加斯基金会 Getulio Vargas Foundation
GDP 增长率市场预期 ME:GDP:YoY:Current Calendar Year:Average	月度	%	2000 年 1 月 ~2016 年 12 月	2700017701	巴西中央银行

续表

变量名称	频率	单位	起止时间	CEIC 编码	CEIC 注明的来源
工业生产增长率市场预期 ME: Industrial Production: YoY: Current Calendar Year: Average	月度	%	2001 年 11 月 ~2016 年 12 月	270020701	巴西中央银行
巴西 BOVESPA 股指 Equity Market Index: Month End: Sao Paulo Stock Exchange: BOVESPA	月度	1968 年 1 月 2 日=100	2000 年 1 月 ~2016 年 12 月	1665201	巴西圣保罗证券期货交易所
巴西 BOVESPA 美元股指 Index: Sao Paulo Stock Exchange: BOVESPA US $	月度	1968 年 1 月 2 日=100	2000 年 1 月 ~2016 年 12 月	193593402	巴西圣保罗证券期货交易所
巴西 IBrX 股指 Index: Sao Paulo Stock Exchange: IBrX	月度	1995 年 12 月 28 日=1000	2000 年 1 月 ~2016 年 12 月	1665301	巴西圣保罗证券期货交易所
英国布伦特原油价格指数 Commodity Price Index: Petroleum: Spot: U. K. Brent	月度	2010=100	2000 年 1 月 ~2016 年 11 月	217972901	国际货币基金组织
波罗的海干散货运价指数 Baltic Exchange Dry Index(BDI)	每日	—	2000 年 1 月 4 日 ~2017 年 1 月 5 日	26819601	波罗的海交易中心

注：①变量名称中的英文为 CEIC 数据库中变量名称；②起止时间以 2017 年 1 月 10 日 CEIC 数据库中的信息为准，斜体字的数据序列已停止更新。

民消费、固定资本形成、出口总额、进口总额；（2）居民消费价格
指数、工业生产指数；（3）石油相关产品消费、电力总消费；
（4）失业率、实际平均工资；（5）政策性利率：SELIC；（6）消费者
信心指数；（7）GDP 增长率市场预期、工业生产增长率市场预期；
（8）影响资产配置的股票市场走势；（9）巴西雷亚尔兑美元汇率、
布伦特原油价格指数和波罗的海干散货运价指数。

巴西 GDP 增长率数据一般在下一季度第二个月的月底公布。

本研究项目对巴西 GDP 增长率动态因子模型的构建始于 2016 年
初。在 2000 年 1 月至 2015 年 12 月的样本期内，共提取到 5 个动态因
子。各变量所对应的因子载荷见图 12 – 5。

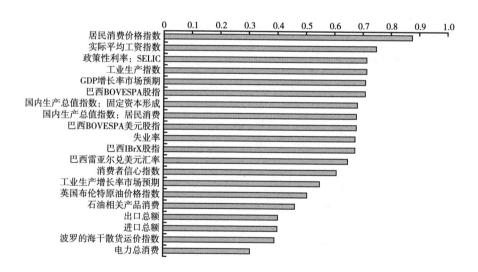

图 12 – 5 巴西 GDP 增长率动态因子模型中各变量所对应的因子载荷

注：样本期为 2000 年 1 月至 2015 年 12 月。

资料来源：笔者计算。

2016 年 2 月 23 日，根据这 5 个动态因子对巴西 GDP 增长率进行
的预测："2016 年巴西经济将陷入严重衰退，GDP 增长率有可能达到

-6% 以下。"① 从巴西地理统计研究所已公布的数据看,2016 年巴西经济依然深陷衰退,虽然第一季度 GDP 季同比增长率达到了 -5.4%,但第二季度起已在 -4% 以上。证明笔者的判断仅部分正确。虽然从图 12-6 可以看出,上述实际值均在模型给出的预测置信区间内,但由于模型给出的预测置信区间过宽,实际参考意义大打折扣。

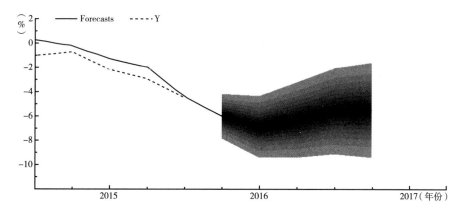

图 12-6 巴西 GDP 增长率预测

注:基础数据截至 2015 年 12 月。

第三节 墨西哥 GDP 增长率动态因子模型

进入 2000 年以来,墨西哥先是在 2001 年由第一季度的 3.1% 下跌至第三季度的 -1.9% 和第四季度的 -2.1%。在经历 3 个季度的负增长后,于 2002 年第二季度实现正增长。之后一直到 2006 年第二季度,墨西哥 GDP 季同比增长率基本呈上升趋势,2003 年第一季度达到 2.5%,2004 年第四季度达到 6.1%,2006 年第二季度达到 7.6%。2006 年第三

---

① http://xinhuahe.blog.sohu.com/321311264.html.

季度起墨西哥 GDP 季同比增长率再次回落，2006 年第四季度起稳定在 4% 左右，达 6 个季度左右。全球金融危机的爆发，使墨西哥经济遭受重创，2009 年第二季度最低达到了 -11%。2010 年墨西哥经济快速反弹，2010 年第一季度已升至 7.1%，第二季度进一步升至 11.4%。不过自 2010 年第三季度开始，墨西哥经济增长速度又开始回落，2011 年第一季度已回调至 5.3%，2012 年第三季度则进一步下滑至 2.9%，2013 年再回落至第二季度的 1.4% 和第四季度的 0.9%。2014 年起略有回升，并在 4% 左右持续了 6 个季度后再次呈下滑趋势（见图 12 - 7）。

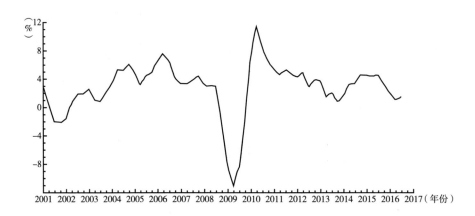

图 12 - 7   墨西哥 GDP 增长率

资料来源：笔者根据 CEIC 数据库中的相关数据整理。

本研究项目所建立的墨西哥 GDP 增长率动态因子模型基于 25 个变量组成的数据集（见表 12 - 3）。具体有以下几个主要组成部分：（1）居民消费、政府消费、固定资本形成、出口总额、进口总额；（2）政府预算收入、政府净支出； （3）电力消费、原油出口；（4）制造业单位劳动成本、失业率、实际平均工资；（5）居民消费价格指数、生产者价格指数、工业生产指数；（6）政策性利率：隔夜目标利率、短期利率：银行间均衡利率；（7）采购经理人指数、消费

表 12 - 3 墨西哥 GDP 增长率动态因子模型基础变量

变量名称	频率	单位	起止时间	CEIC 编码	CEIC 注明的来源
国内生产总值 GDP:Annualized:2008p:sa:Total Supply	季度	比索（十0亿）	2000 年 1 季度 ~ 2016 年 3 季度	296961504	墨西哥国家统计和地理研究所
国内生产总值:居民消费支出 GDP:Annualized:2008p:sa:Consumption Expenditure:Private	季度	比索（十0亿）	2000 年 1 季度 ~ 2016 年 3 季度	296962204	墨西哥国家统计和地理研究所
国内生产总值:政府消费支出 GDP:Annualized:2008p:sa:Consumption Expenditure:Public	季度	比索（十0亿）	2000 年 1 季度 ~ 2016 年 3 季度	296962304	墨西哥国家统计和地理研究所
国内生产总值:固定资本形成 GDP:Annualized:2008p:sa:Gross Fixed Capital Formation	季度	比索（十0亿）	2000 年 1 季度 ~ 2016 年 3 季度	296962404	墨西哥国家统计和地理研究所
出口总额（离岸价） Exports fob:sa	月度	美元（百万）	2000 年 1 月 ~ 2016 年 11 月	276042402	墨西哥央行
进口总额（到岸价） Imports fob:sa	月度	美元（百万）	2000 年 1 月 ~ 2016 年 11 月	276042502	墨西哥央行
政府预算收入 Public Fin:ytd:Budgetary Revenue(BR)	月度	比索（百万）	2000 年 1 月 ~ 2016 年 11 月	32866901	墨西哥财政和公共信贷部
政府净支出 Public Fin:ytd:Net Paid Expenditure(NE)	月度	比索（百万）	2000 年 1 月 ~ 2016 年 11 月	32868901	墨西哥财政和公共信贷部
工业生产指数 IPI:sa	月度	2008 = 100	2000 年 1 月 ~ 2016 年 10 月	292895804	墨西哥国家统计和地理研究所

续表

变量名称	频率	单位	起止时间	CEIC 编码	CEIC 注明的来源
电力消费增长率 Electric Power Consumption:Domestic:Yoy%	月度	%	2000 年 1 月 ~2016 年 11 月	237445903	墨西哥联邦电力委员会
原油出口总量 Exports:Crude Oil:Total	月度	美元（百万）	2000 年 1 月 ~2016 年 11 月	32959901	墨西哥国家石油公司
制造业单位劳动成本指数 Unit Labor Cost Index:Manufacturing (DC)Unit Labor Cost Index:Mfg:Seasonally Adjusted Unit Labor Cost Index:Manufacturing (Mfg)	月度	2008＝100 2003＝100 1993＝100	2007 年 1 月 ~2016 年 10 月 2005 年 1 月 ~2010 年 12 月 2000 年 1 月 ~2008 年 12 月	258771103 239818303 61155002	墨西哥国家统计和地理研究所
失业率 MX:Unemployment Rate	季度	%	2000 年 2 季度 ~2016 年 2 季度	221724901	国际货币基金组织
实际平均工资指数 Real Average Earnings Index:per Worker Real Earning Index:Trade 2003＝100	月度	2008＝100 2003＝100	2007 年 1 月 ~2016 年 10 月 2001 年 1 月 ~2014 年 7 月	324205601 207370002	墨西哥央行
居民消费价格指数增长率 Consumer Price Index:YoY	月度	%	2000 年 1 月 ~2016 年 12 月	237417703	CEIC 生成
生产者价格指数 Producer Price Index	月度	2012 年 6 月 ＝100	2003 年 1 月 ~2016 年 12 月	34873501	墨西哥国家统计和地理研究所
政策性利率:隔夜目标利率 Policy Rate:Month End:Overnight Target Rate	月度	年率%	2008 年 1 月 ~2016 年 12 月	227800302	墨西哥央行

续表

变量名称	频率	单位	起止时间	CEIC 编码	CEIC 注明的来源
短期利率：银行间均衡利率 Short Term Interest Rate: Month End: Interbank Equilibrium Rate	月度	年率%	2000 年 1 月 ~ 2016 年 12 月	227806902	墨西哥央行
墨西哥比索兑美元汇率 MX: Official Rate: End of Period: National Currency per USD	月度	墨西哥比索/美元	2000 年 1 月 ~ 2016 年 11 月	221639001	国际货币基金组织
采购经理人指数 Purchasing Managers Index (PMI)	月度	—	2004 年 1 月 ~ 2016 年 12 月	352466301	墨西哥国家统计和地理研究所
消费者信心指数 Consumer Confidence Index	月度	2003 年 1 月 = 100	2001 年 4 月 ~ 2016 年 12 月	32935201	墨西哥国家统计和地理研究所
综合同步指数 Composite Coincident Index	月度	2008 = 100	2000 年 1 月 ~ 2016 年 10 月	301085804	墨西哥国家统计和地理研究所
综合领先指数 Composite Leading Index	月度	2008 = 100	2000 年 1 月 ~ 2016 年 10 月	301085904	墨西哥国家统计和地理研究所
墨西哥 BMV:IPC 股指 Equity Market Index: Month End: BMV: IPC	月度	1978 年 10 月 30 日 = 0.78	2000 年 1 月 ~ 2016 年 12 月	33072301	墨西哥证券交易所
英国布伦特原油价格指数 Commodity Price Index: Petroleum: Spot: U. K. Brent	月度	2010 = 100	2000 年 1 月 ~ 2016 年 11 月	217972901	国际货币基金组织
波罗的海干散货运价指数 Baltic Exchange Dry Index (BDI)	每日	—	2000 年 1 月 4 日 ~ 2017 年 1 月 5 日	268193601	波罗的海的海交易中心

注：①变量名称中的英文为 CEIC 数据库中的变量全称；②起止时间以 2017 年 1 月 10 日 CEIC 数据库中的信息为准，斜体字的数据序列已停止更新。

者信心指数、综合同步指数、综合领先指数；（8）影响资产配置的
股票市场走势；（9）墨西哥比索兑美元汇率、布伦特原油价格指数
和波罗的海干散货运价指数。

墨西哥 GDP 增长率数据一般在下一季度第二个月的下旬公布。

本研究项目对墨西哥 GDP 增长率动态因子模型的构建始于 2016
年初。在 2000 年 1 月至 2015 年 12 月的样本期内，共提取到 4 个动态
因子。各变量所对应的因子载荷见图 12 - 8。

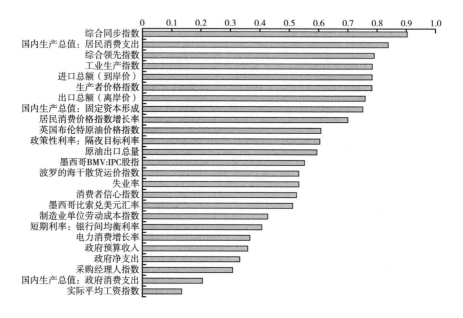

图 12 - 8　墨西哥 GDP 增长率动态因子模型中各变量所对应的因子载荷

注：样本期为 2000 年 1 月至 2015 年 12 月。

资料来源：笔者计算。

根据以上 4 个动态因子对墨西哥 GDP 增长率所做的预测见
图 12 - 9。鉴于模型给出的预测置信区间过大，本预测并未予以发表。
从墨西哥国家统计和地理研究所公布的数据看，2015 年第四季度至
2016 年第三季度 GDP 季同比增长率分别为 3.2%、2.2%、1.1% 和

1.5%。显然，只有 2015 年第四季度的数据落在了预测置信区间内，其余三个季度均超出了预测置信区间。证明本研究项目对墨西哥 GDP 增长率的建模还有待改进。

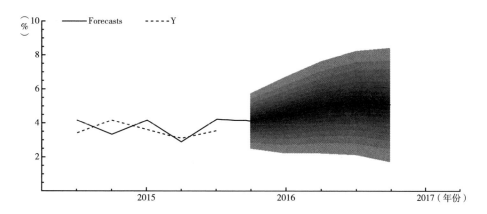

图 12 - 9　墨西哥 GDP 增长率动态因子模型预测结果

注：基础数据截至 2015 年 12 月。

第四节　俄罗斯 GDP 增长率动态因子模型

进入 2000 年以来，俄罗斯在普京的领导下进入了一个高速发展的新阶段。2001~2002 年俄罗斯 GDP 季同比增长率基本在 4% 上下波动，2003~2008 年上半年俄罗斯 GDP 季同比增长率除个别时间外已上升至 8% 左右。同许多开放经济体一样，俄罗斯经济在全球金融危机中也遭受重创，自 2008 年第四季度起俄罗斯 GDP 季同比增长率开始出现负增长，并且于 2009 年第二季度达到 - 11.2% 的谷底。在经历了长达五个季度的负增长后，俄罗斯经济于 2010 年第一季度实现正增长，并在 4% 上下保持了十个季度。2012 年第三季度起，俄罗斯经济增长率再次回调，2013 年第一季度已降至不足 1%。2015 年

俄罗斯经济增长率继续下跌，2015 年第二季度探至 - 4.6%。至 2016
年末，仍未走出衰退阴影（见图 12 - 10）。

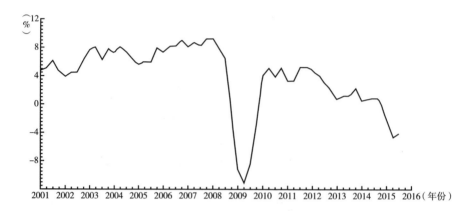

图 12 - 10　俄罗斯 GDP 增长率

资料来源：笔者根据 CEIC 数据库中的相关数据整理。

本研究项目所建立的俄罗斯 GDP 增长率动态因子模型基于 23 个
变量组成的数据集（见表 12 - 4）。具体有以下几个主要组成部分：
（1）居民消费、政府消费、固定资本形成、出口总额、进口总额；
（2）生产者价格指数、原油生产价格；（3）零售贸易营业额指数、
工业生产指数；（4）原油出口、汽油出口；（5）失业率、实际工资
指数；（6）政府收入；（7）短期利率 MIBOR（1 ~ 3 个月）、俄罗斯
央行短期债券利率；（8）消费者信心指数、企业家信心指数；（9）
影响资产配置的股票市场走势；（10）卢布兑美元汇率、布伦特原油
价格指数和波罗的海干散货运价指数。

俄罗斯 GDP 增长率数据一般在下一季度第二个月公布。

本研究项目对俄罗斯 GDP 增长率动态因子模型的构建始于 2016
年初。在 2000 年 1 月至 2015 年 12 月的样本期内，共提取到 5 个动态
因子。各变量所对应的因子载荷见图 12 - 11。

表 12 - 4　俄罗斯 GDP 增长率动态因子模型基础变量

变量名称	频率	单位	起止时间	CEIC 编码	CEIC 注明的来源
国内生产总值 Gross Domestic Product(GDP):2011p *Gross Domestic Product 2008p*	季度	卢布(10亿)	2011 年 1 季度 ~2016 年 3 季度 *2000 年 1 季度 ~2015 年 3 季度*	375568587 *255690903*	俄罗斯联邦统计局
国内生产总值:居民最终消费支出 GDP:2011p:Final Consumption:Households *GDP 2008p:Final Consumption Households*	季度	卢布(10亿)	2011 年 1 季度 ~2016 年 3 季度 *2003 年 1 季度 ~2015 年 3 季度*	375569297 *255697103*	俄罗斯联邦统计局
国内生产总值:政府最终消费支出 GDP:2011p:Final Consumption:Government *GDP 2008p:Final Consumption Government*	季度	卢布(10亿)	2011 年 1 季度 ~2016 年 3 季度 *2003 年 1 季度 ~2015 年 3 季度*	375569307 *255697203*	俄罗斯联邦统计局
国内生产总值:资本形成 GDP:2011p:Gross Capital Formation *GDP 2008p:Gross Capital Formation*	季度	卢布(10亿)	2011 年 1 季度 ~2016 年 3 季度 *2003 年 1 季度 ~2015 年 3 季度*	375569327 *255697403*	俄罗斯联邦统计局
出口总额 Exports	月度	美元(百万)	2000 年 1 月 ~2016 年 10 月	69388901	俄罗斯联邦海关
进口总额 Imports	月度	美元(百万)	2000 年 1 月 ~2016 年 10 月	69389001	俄罗斯联邦海关
原油出口 Exports:Petroleum Products:Crude Oil	月度	美元(百万)	2000 年 1 月 ~2016 年 10 月	126547408	俄罗斯联邦统计局
汽油出口 Exports:Petroleum Products:Gasoline	月度	美元(百万)	2000 年 1 月 ~2016 年 10 月	126547508	俄罗斯联邦统计局

续表

变量名称	频率	单位	起止时间	CEIC 编码	CEIC 注明的来源
政府收入 Consolidated Government Revenue:ytd	月度	卢布（10 亿）	2000 年 1 月 ~ 2016 年 10 月	114812208	俄罗斯联邦财政部
零售贸易营业额指数 Retail Trade Turnover Index:Same Mth PY =100	月度	上年同月 = 100	2000 年 1 月 ~ 2016 年 11 月	236710903	俄罗斯联邦统计局
生产者价格指数 PPI:2000=100	月度	2000 = 100	2001 年 1 月 ~ 2016 年 11 月	68514501	俄罗斯联邦统计局
原油生产价格 Avg Producer Price:Energy:Crude Oil	月度	卢布/吨	2000 年 1 月 ~ 2016 年 11 月	126592908	俄罗斯联邦统计局
工业生产指数 Industrial Production Index:2010 =100	月度	2010 = 100	2000 年 1 月 ~ 2016 年 11 月	282541104	俄罗斯联邦统计局
失业率 Unemployment Rate	月度	%	2000 年 1 月 ~ 2016 年 11 月	193165202	俄罗斯联邦统计局
实际工资指数 Real Wages Index:Same Month PY =100	月度	上年同月 = 100	2000 年 1 月 ~ 2016 年 11 月	236705403	俄罗斯联邦统计局
短期利率 MIBOR（1~3 个月） Short Term Interest Rate:Month End:MIBOR:1 to 3 Months	月度	年率%	2000 年 8 月 ~ 2016 年 12 月	240381603	俄罗斯联邦中央银行

续表

变量名称	频率	单位	起止时间	CEIC 编码	CEIC 注明的来源
俄罗斯央行短期债券利率 (DC)GKO - OFZ Bonds Rate ;Bank of Russia ;Short Term	月度	年率%	2004 年1 月~2016 年6 月	*107101101*	俄罗斯联邦中央银行
卢布兑美元汇率 Exchange Rate against US $:Monthly Average	月度	卢布/美元	2000 年1 月~2016 年12 月	240341103	CEIC 生成
消费者信心指数 Consumer Confidence Index	季度	%	2000 年1 季度~2016 年3 季度	69355101	俄罗斯联邦统计局
企业家信心指数(采矿业) Entrepreneur Confidence Indicator: Mining & Quarrying	月度	%	2005 年1 月~2016 年12 月	126619508	俄罗斯联邦统计局
企业家信心指数(制造业) Entrepreneur Confidence Indicator: Manufacturing(Mfg)	月度	%	2005 年1 月~2016 年12 月	126619808	俄罗斯联邦统计局
俄罗斯股票价格指数 RU: Index:Share Price	月度	2010 =100	2000 年1 月~2016 年11 月	229359101	国际货币基金组织
英国布伦特原油价格指数 Commodity Price Index: Petroleum: Spot: U. K. Brent	月度	2010 =100	2000 年1 月~2016 年11 月	217972901	国际货币基金组织
波罗的海干散货运价指数 Baltic Exchange Dry Index(BDI)	每日	一	2000 年1 月4 日~2017 年1 月5 日	268193601	波兰的海交易中心

注：①变量名称中的英文为 CEIC 数据库中的变量名称；②起止时间以 2017 年1 月10 日 CEIC 数据库中的信息为准，斜体字的数据序列已停止更新。

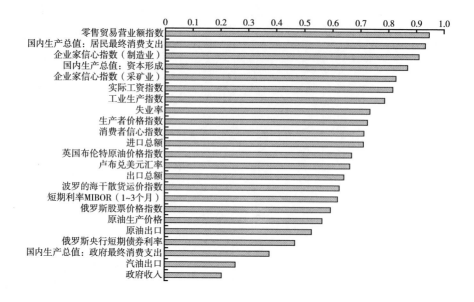

图 12 – 11　俄罗斯 GDP 增长率动态因子模型中各变量所对应的因子载荷

注：样本期为 2000 年 1 月至 2015 年 12 月。

资料来源：笔者计算。

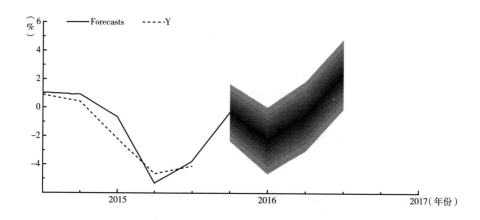

图 12 – 12　俄罗斯 GDP 增长率预测

注：基础数据截至 2015 年 12 月。

2016 年 3 月 2 日，根据这 5 个动态因子对俄罗斯 GDP 增长率进行的预测："2016 年上半年俄罗斯经济仍将处于衰退之中。"[①] 从俄罗斯已公布的数据看，2016 年 1~3 季度俄罗斯 GDP 季同比增长率均为负值，印证了笔者的判断。

第五节　南非 GDP 增长率动态因子模型

南非是二十国集团中经济规模最小的经济体。2000 年以来，南非在全球 GDP 中的占比徘徊在 0.3%~0.6%。

作为金砖五国中的一员，南非经济在 21 世纪之初振荡前行。2001 年南非 GDP 季同比增长率由 2000 年的平均 4% 以上，下滑至 2001 年第四季度的 2.2%。2002 年南非 GDP 增长率开始向上攀升，至 2002 年第四季度南非 GDP 季同比增长率达到 4.4%。2003 年南非 GDP 增长率再次回落，至 2003 年第四季度跌至 2.3%。2004 年南非经济开始起飞，自 2004 年第三季度起达到 5% 以上，并在此水平保持了长达十四个季度。在全球金融危机的冲击下，南非经济于 2009 年陷入负增长，并于 2009 年第三季度达到谷底 -2.2%。2010 年南非经济摆脱衰退，并于 2010 年第四季度实现了 GDP 季同比增长率 4.1% 的好成绩。但南非经济在这一增长水平上仅停留了四个季度左右，2011 年第三季度起南非经济增长速度再次回落。自 2011 年第四季度起南非 GDP 季同比增长率已低至 2% 左右，并且在此水平上保持了十个季度左右。2014 年第二季度起南非经济增长率基本呈下滑趋势，2016 年第一季度复又陷入负增长。

本研究项目所建立的南非 GDP 增长率动态因子模型基于 23 个变量组成的数据集（见表 12 - 5）。具体有以下几个主要组成部分：（1）居

[①]　http://xinhuahe.blog.sohu.com/321362349.html.

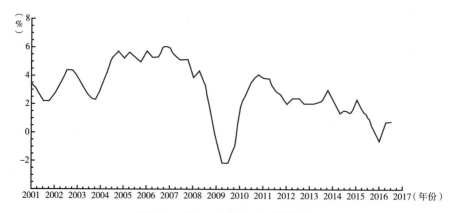

图 12 - 13　南非 GDP 增长率

资料来源：笔者根据 CEIC 数据库中的相关内容整理。

民消费、政府消费、固定资本形成、出口总额、进口总额、黄金出口
总额；（2）居民消费价格指数；（3）政府收入、政府支出；（4）单位
劳动成本指数；（5）政策性回购利率、短期国库券利率（91 天）、10
年期政府债券收益率；（6）工业生产指数、采购经理人指数、实际零售
销售额、消费者信心指数；（7）影响资产配置的股票市场走势；（8）南
非兰特兑美元汇率、布伦特原油价格指数和波罗的海干散货运价指数。

南非 GDP 增长率数据一般在下一季度第二个月的下旬公布。

本研究项目对南非 GDP 增长率动态因子模型的构建始于 2016 年
初。在 2000 年 1 月至 2015 年 12 月的样本期内，共提取到 5 个动态因
子。各变量所对应的因子载荷见图 12 - 14。

南非 GDP 增长率动态因子模型于 2016 年 2 月 4 日完成，因预测误
差过大，未发表。从南非统计局已发表的数据看，2015 年第四季度至
2016 年第三季度南非 GDP 季同比增长率分别为 0.2%、- 0.6%、
0.7% 和 0.7%，对比图 12 - 15 中的预测结果可知，南非 GDP 增长率动
态因子模型所给出的预测不具有参考价值。该动态因子模型建设是本
研究项目中最为失败的一例。

表 12 - 5　南非 GDP 增长率动态因子模型基础变量

变量名称	频率	单位	起止时间	CEIC 编码	CEIC 注明的来源
实际国内生产总值增长率 Real GDP:YoY:sa	季度	%	2000 年 1 季度~2016 年 3 季度	211921302	CEIC 生成
国内生产总值:居民最终消费支出 GDP:2010p:saar:Domestic:Final Consumption:Household	季度	南非兰特(百万)	2000 年 1 季度~2016 年 3 季度	360363127	南非统计局
国内生产总值:政府最终消费支出 GDP:2010p:saar:Domestic:Final Consumption:General Government	季度	南非兰特(百万)	2000 年 1 季度~2016 年 3 季度	360363137	南非统计局
国内生产总值:固定资本形成 GDP:2010p:saar:Domestic:Gross Capital Formation:Fixed	季度	南非兰特(百万)	2000 年 1 季度~2016 年 3 季度	360363147	南非统计局
出口总额(离岸价) ZA:Exports:fob:Local Currency	月度	南非兰特(百万)	2000 年 1 月~2016 年 8 月	220522601	国际货币基金组织
进口总额(到岸价) ZA:Imports:cif:Local Currency	月度	南非兰特(百万)	2000 年 1 月~2016 年 8 月	220523501	国际货币基金组织
黄金出口总额 Exports:Gold Output	月度	南非兰特(百万)	2000 年 1 月~2016 年 8 月	220523201	国际货币基金组织
政府收入 National Govt Revenue	月度	南非兰特(百万)	2000 年 1 月~2016 年 11 月	109556008	南非储备银行

续表

变量名称	频率	单位	起止时间	CEIC 编码	CEIC 注明的来源
政府支出 National Govt Expenditure	月度	南非兰特（百万）	2000 年 1 月～2016 年 11 月	109559208	南非储备银行
工业生产指数 Industrial Production Index（IPI）：sa：Volume：Goods	月度	2010＝100	2000 年 1 月～2016 年 9 月	296207404	南非储备银行
实际零售销售额 Real Retail Sales：2012p：sa	月度	南非兰特（百万）	2002 年 1 月～2016 年 10 月	283516204	南非统计局
采购经理人指数 Purchasing Managers' Index	月度	—	2000 年 1 月～2016 年 11 月	211227502	南非经济研究局
采购经理人指数（就业） Purchasing Managers' Index：sa：Employment	月度	—	2000 年 1 月～2016 年 11 月	211227202	南非经济研究局
居民消费价格指数 Consumer Price Index（CPI）	月度	2012 年 12 月＝100 *2000＝100*	2008 年 1 月～2016 年 11 月 *2002 年 1 月～2008 年 12 月*	350627502 *109697508*	南非统计局
单位劳动成本指数（非农业） Unit Labour Cost Index：sa：Non Agricultural	季度	2000＝100	2000 年 1 季度～2016 年 2 季度	211225202	南非储备银行
单位劳动成本指数（制造业） Unit Labour Cost Index：sa：Manufacturing	季度	2000＝100	2000 年 1 季度～2016 年 2 季度	211225402	南非储备银行
政策性回购利率 Policy Rate：Month End：Repo Rate	月度	年率%	2000 年 1 月～2016 年 12 月	227635402	南非储备银行

续表

变量名称	频率	单位	起止时间	CEIC 编码	CEIC 注明的来源
政府债券收益率（10 年期及以上）Government Bond Yield: Month End:10 Years and Over	月度	年率%	2006 年 8 月 ~ 2016 年 12 月	284322602	南非储备银行
短期国库券利率（91 天）Short Term Interest Rate: Month End: Treasury Bills Rate:91 Days	月度	年率%	2000 年 1 月 ~ 2016 年 12 月	255608002	南非储备银行
南非兰特兑美元汇率 Exchange Rate against US $: Monthly Average	月度	兰特/美元	2000 年 1 月 ~ 2016 年 12 月	211922302	CEIC 生成
消费者信心指数 Consumer Confidence Index (CCI)	季度	%	2000 年 1 月 ~ 2016 年 9 月	207204202	南非经济研究局
南非股票市场指数 Equity Market Index:Month End:All Share	月度	2002 年 1 月 2 日 =100	2000 年 1 月 ~ 2016 年 12 月	110164308	约翰内斯堡证券交易所
英国布伦特原油价格指数 Commodity Price Index: Petroleum: Spot: U. K. Brent	月度	2010 = 100	2000 年 1 月 ~ 2016 年 11 月	217972901	国际货币基金组织
波罗的海干散货运价指数 Baltic Exchange Dry Index (BDI)	每日	—	2000 年 1 月 4 日 ~ 2017 年 1 月 5 日	268193601	波罗的海交易中心

注：①变量名称中的英文为 CEIC 数据库中的变量名称；②起止时间以 2017 年 1 月 10 日 CEIC 数据库中的信息为准，斜体字的数据序列已停止更新。

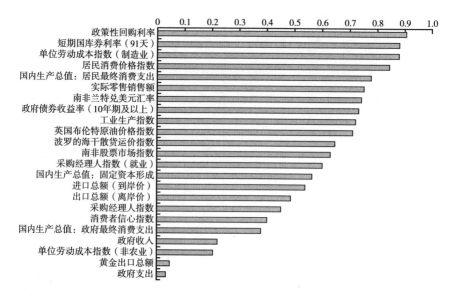

图 12 – 14　南非 GDP 增长率动态因子模型中各变量所对应的因子载荷

注：样本期为 2000 年 1 月至 2015 年 12 月。

资料来源：笔者计算。

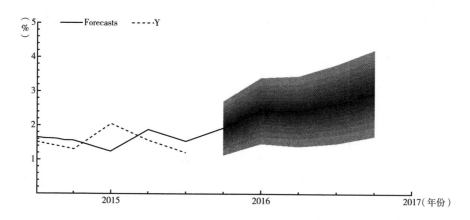

图 12 – 15　南非 GDP 增长率预测

注：基础数据截至 2015 年 12 月。

二十国集团成员概况

中文名称	英文名称	代码	总人口 （万人）	GDP （亿美元）	人均GDP （美元/人）
阿 根 廷	Argentina	AR	4298	5434.90	12645
澳 大 利 亚	Australia	AU	2362	14714.39	62290
巴 西	Brazil	BR	20608	23465.23	11387
加 拿 大	Canada	CA	3559	17853.87	50169
中 国	China	CN	136944	104305.90	7617
法 国	France	FR	6610	28291.92	42802
德 国	Germany	DE	8065	38682.91	47966
印 度	India	IN	129529	20549.41	1586
印度尼西亚	Indonesia	ID	25445	8885.38	3492
意 大 利	Italy	IT	5979	21411.61	35812
日 本	Japan	JP	12679	46024.19	36298
韩 国	Korea	KR	5007	14103.83	28166
墨 西 哥	Mexico	MX	12539	12946.95	10326
俄 罗 斯	Russia	RU	14343	18605.98	12972
沙特阿拉伯	Saudi Arabia	SA	3089	7524.60	24362
南 非	South Africa	ZA	5397	3498.19	6482

续表

中文名称	英文名称	代码	总人口 （万人）	GDP （亿美元）	人均 GDP （美元/人）
土　耳　其	Turkey	TR	7752	7984.14	10299
英　　　国	United Kingdom	GB	6433	29888.93	46461
美　　　国	United States of America	US	31945	173480.72	54306
欧　　　盟	European Union	EU	50819	174559.89	34349

注：①总人口为 2014 年末总人口；②GDP 为以现价汇率计算的 2014 年 GDP；③人均 GDP 由前两列数据计算得出；④除欧盟数据取自 CEIC 数据库外，其余数据取自联合国网上数据库。

资料来源：联合国网上数据库，http：//unstats. un. org/unsd/snaama/selbasicFast. asp；CEIC 数据库。

二十国集团成员官方统计数据网站

国别	单位	网址
澳大利亚	澳大利亚统计局	http://www.abs.gov.au/AUSSTATS/abs@.nsf/web + pages/statistics? opendocu ment#from – banner = GT
巴　西	巴西地理与统计局	http://www.ibge.gov.br/
加拿大	加拿大统计局	http://www.statcan.gc.ca/start – debut – eng.html
中　国	中国国家统计局	http://www.stats.gov.cn/tjsj/
法　国	法国国家统计与经济研究所	http://www.insee.fr/en/bases – de – donnees/default.asp? page = indices.htm

续表

国别	单位	网址
德　国	德国统计局	https://www.destatis.de/DE/Startseite.html
印　度	印度统计与方案实施部	http://mospi.nic.in/Mospi_New/site/home.aspx
印度尼西亚	印度尼西亚统计局	http://www.bps.go.id/
意 大 利	意大利央行	http://www.bancaditalia.it/statistiche/index.html? com.dotmarketing.htmlpage.language=1
日　本	日本统计局	http://www.stat.go.jp/english/data/index.htm
韩　国	韩国统计局	http://kostat.go.kr/portal/english/index.action
墨 西 哥	国家统计与地理研究所	http://www.inegi.org.mx/
俄 罗 斯	俄罗斯联邦国家统计局	http://www.gks.ru/wps/wcm/connect/rosstat_main/rosstat/en/main/
沙特阿拉伯	经济计划部	http://www.mep.gov.sa/en/economic-indicators/
南　非	南非统计局	http://beta2.statssa.gov.za/
土 耳 其	土耳其统计研究所	http://www.turkstat.gov.tr/
英　国	英国国家统计局	http://www.ons.gov.uk/
美　国	美国经济分析局	http://www.bea.gov/national/index.htm
欧　盟	欧盟统计局	http://epp.eurostat.ec.europa.eu/portal/page/portal/statistics/themes

2016 年二十国集团成员 GDP 发布时间

国别（地区）	季度数据										年度数据	
	第一季度		第二季度		第三季度		第四季度					
	初步数据	最终数据	初步数据	最终数据	初步数据	最终数据	初步数据	最终数据			初步数据	最终数据
阿根廷	6 月下旬	—	9 月下旬	—	12 月下旬	—	次年 3 月下旬	—			次年 3 月下旬	—
澳大利亚	6 月上旬	—	9 月上旬	—	12 月上旬	—	次年 3 月上旬	—			—	—

319

续表

国别(地区)	季度数据								年度数据	
	第一季度		第二季度		第三季度		第四季度			
	初步数据	最终数据	初步数据	最终数据	初步数据	最终数据	初步数据	最终数据	初步数据	最终数据
巴西	5月25~30日	—	8月25~30日	—	11月25~30日	—	次年2月底	—	—	—
加拿大	6月初	—	9月初	—	12月初	—	次年3月初	—	—	—
中国	4月中旬	—	7月中旬	—	10月中旬	—	次年1月中下旬	—	次年9月中旬	再次年1月中上旬
法国	5月中旬	5月下旬	8月中旬	8月下旬	11月中旬	11月下旬	次年2月中旬	次年2月下旬	—	—
德国	5月中旬	—	8月中旬	—	11月中旬	—	次年2月中旬	—	—	—
印度	5月25~31日	—	8月25~31日	—	11月底25~30日	—	次年2月底	—	次年5月底25~31日	—
印度尼西亚	5月1~6日	—	8月1~6日	—	11月1~6日	—	次年2月1~6日	—	次年2月1~6日	—
意大利	5月中旬	5月底	8月中旬	9月初	11月中旬	12月初	次年2月中旬	3月初	次年9月上旬	次年9月下旬

续表

国别（地区）	季度数据								年度数据	
	第一季度		第二季度		第三季度		第四季度		初步数据	最终数据
	初步数据	最终数据	初步数据	最终数据	初步数据	最终数据	初步数据	最终数据		
日本	5 月 15~20 日	6 月初	8 月 15~20 日	9 月初	11 月 15~20 日	12 月初	次年 2 月 15 日	3 月初	次年 12 月	—
韩国	5 月 10~15 日	—	8 月 10~15 日	—	11 月 10~15 日	—	次年 2 月 10~15 日	—	次年 12 月 23 日	再次年 5 月中旬
墨西哥	5 月 20~25 日	—	8 月 20~25 日	—	11 月 20~25 日	—	次年 2 月 20~25 日	—	—	—
俄罗斯	5 月	—	8 月	—	11 月	—	次年 1 月	—	次年 1 月（首次估算）	次年 3 月（二次估算）
沙特阿拉伯	6 月下旬	—	9 月下旬	—	12 月下旬	—	次年 3 月下旬	—	—	—
南非	5 月 24~26 日	—	8 月 24~26 日	—	11 月 24~26 日	—	次年 2 月 24~26 日	—	—	—
土耳其	6 月 10 日左右	—	9 月 10 日左右	—	12 月 10 日左右	—	次年 3 月底~4 月初	—	次年 3 月底~4 月初	—
英国	4 月 25~30 日	6 月 30 日	7 月 25~30 日	9 月 30 日	10 月 25~30 日	12 月 23 日	1 月 25~30 日	次年 3 月 31 日	—	—

续表

国别 （地区）	季度数据								年度数据	
	第一季度		第二季度		第三季度		第四季度			
	初步 数据	最终 数据	初步 数据	最终 数据	初步 数据	最终 数据	初步 数据	最终 数据	初步 数据	最终 数据
美国	5 月 上旬	—	8 月 上旬	—	11 月 上旬	—	次年 2 月 上旬	—	—	—
欧盟	5 月 10～15 日	6 月 5～10 日	8 月 10～15 日	9 月 5～10 日	11 月 10～15 日	12 月 5～10 日	次年 2 月 10～15 日	次年 3 月 5～10 日	—	—

资料来源：CEIC 数据库。

2016 年二十国集团成员 CPI 发布时间

国别（地区）	1 月	2 月	3 月	4 月	5 月	6 月	7 月	8 月	9 月	10 月	11 月	12 月
阿根廷	次月 15 日左右											次年 1 月 15 日左右
澳大利亚	4 月 25 ~ 27 日			7 月 25 ~ 27 日			10 月 25 ~ 27 日			次年 1 月 25 ~ 27 日		
巴西	次月 5 ~ 10 日											次年 1 月 8 日
加拿大	次月 15 ~ 25 日											次年 1 月 15 ~ 25 日
中国	次月 10 ~ 15 日											次年 1 月 10 ~ 15 日
法国	次月 10 ~ 15 日											次年 1 月 13 日
德国	次月 10 ~ 15 日											次年 1 月 10 ~ 15 日
印度	次月 10 ~ 15 日											次年 1 月 12 日
印度尼西亚	次月 1 ~ 5 日											次年 1 月 1 ~ 5 日
意大利	次月 13 ~ 15 日											次年 1 月 13 ~ 15 日
日本	次月 25 ~ 31 日											次年 1 月 27 ~ 31 日
韩国	次月 1 ~ 5 日											当年 12 月底/ 次年 1 月 1 ~ 10 日
墨西哥	次月 5 ~ 10 日											次年 1 月 5 ~ 10 日
俄罗斯	次月 20 ~ 25 日											次年 1 月 20 ~ 25 日
沙特阿拉伯	次月 20 ~ 30 日											次年 1 月 20 ~ 30 日
南非	次月 15 ~ 25 日											次年 1 月 15 ~ 25 日

续表

国别(地区)	1 月	2 月	3 月	4 月	5 月	6 月	7 月	8 月	9 月	10 月	11 月	12 月
土耳其	次月 3 ~ 5 日											次年 1 月 2 ~ 5 日
英国	次月 10 ~ 22 日											次年 1 月 10 ~ 22 日
美国	次月 14 ~ 20 日											次年 1 月 20 日
欧盟	次月 14 ~ 25 日											次年 1 月 14 ~ 25 日

注：澳大利亚为按季度公布。

资料来源：CEIC 数据库。

构建动态因子模型所用的 Eviews 程序

以对 G20 内经济体短期通货膨胀率和 GDP 增长率进行预测为目的开发的 Eviews 程序，由两个相对独立的程序组成。一是用于对月度通货膨胀率进行预测的程序 Monthly，二是用于对季度 GDP 增长率进行预测的程序 Quarterly。鉴于澳大利亚的通货膨胀率仅公布季度数据，我们在程序 Quarterly 中增加了一个选项，使之也能用于对季度通货膨胀率进行预测。

根据 Eviews 的语法规则：（1）以单引号开始的行为注释行，单引号之后直至回车前的内容为注释；（2）include 命令会将所对应的文件内容加入当前程序，为方便调试程序，除主程序外，程序的其余部分共分 9 个文件独立存放，即 pp、nfactors、princomp_sub、ols_sub、statespace_sub、r2adj_ sub、estimateQsub、estimateQinQsub、QVarForecast；（3）为保证程序能够顺利运行，这 9 个独立文件需与主程序放在同一子目录下。程序运行结束后，r2adj 中为各变量（需与 namexw 对比确定）所对应的因子载荷；nf 为所提取的因子个数；f1，f2，f3，……为各动态因子。

一　Monthly 动态因子模型主程序

（本程序用于采用混合数据滤出动态因子并对月度数据进行预测）

```
include pp
include nfactors
include princomp_sub
include ols_sub
include statespace_sub
include r2adj_sub
include estimateQsub
include estimateQinQsub
include QVarForecast
'***************************先期准备*********************************
'*    1、从数据库筛选与拟预测序列高度相关的原始数据导入Excel表                    *
'*    2、整理原始数据，为消除季节波动影响并获取平稳序列，取年增长率或差分并将其放入新的页面 *
'*    3、新页面中的第一行为变量名，依次命名为mg、mgs1、mgs2、……、mgsn           *
'*    4、新页面中的第一列格式取YYYYMM                                       *
'*    5、待预测序列放在第二列，变量名为mg                                    *
'*    6、将Excel表中的数据读入Eviews                                       *
'*    7、运行本程序前请为=============================前阴影部分的各项参数赋值    *
'*    8、程序运行结束后可根据eq_x中的内容进入PcGive做fan chart                 *
'*****************************************************************
'除CPI之外的变量总数
scalar tp=30
'样本区间
string sbgn="2001M1"
string send="2015M11"
'状态方程中的最大滞后阶数，小于等于3
scalar maxlag=3
'预测区间
string fbgn="2015M12"
string fend="2016M6"
'设定最大因子个数
scalar mfactor=5
'设定入选变量与待预测CPI间的最小相关系数
scalar mincov=0.2
'==================================================================
series x=mg
for !i=1 to tp
        series x{!i}=mgs{!i}
next !i
for !i=1 to tp
        x{!i}=@recode(x{!i}<>na, x{!i}, x{!i}(+1))
        x{!i}=@recode(x{!i}<>na, x{!i}, x{!i}(+1))
```

```
    next !i
    scalar p=0
    call pp(sbgn, send, tp, p, mincov)
    scalar nf
    call nfactors(mfactor, t, n, p, sbgn, send, nf, 0.85)
    scalar arlags=0
    vector(3) aicn
    for !l=1 to maxlag
        if @lasterrstr="" then
            arlags=arlags+1
            call princomp_sub(nf, n, sbgn, send)
            call ols_sub(nf, p, arlags,sbgn, send)
            call statespace_sub(nf, p, arlags,sbgn, send)
            aicn(arlags)=yspace.@aic
            delete yspace
        else
            arlags=arlags-1
        endif
    next !l
    if arlags>=1 then
        for !l=1 to arlags
            if aicn(!l)=@min(aicn) then
                arlags=!l
                exitloop
            endif
        next !l
        call princomp_sub(nf, n, sbgn, send)
        call ols_sub(nf, p, arlags,sbgn, send)
        call statespace_sub(nf, p, arlags,sbgn, send)
        call r2adj_sub(nf, p, arlags,sbgn, send)
            delete eq* b_*
            delete princomp
            delete cc n p t
            delete aicn
            delete pc*
            delete yspace
            delete signalE stateE
    else
        arlags=0
        @uiprompt("有效样本过小，请去除过短的序列后重新运行！")
        show nobs
```

327

```
        show namexw
        stop
endif
scalar ll=12
for !i=1 to nf
    svector(nf*ll) rrZ{!i}=""
next !i
vector((nf+1)*ll+(nf*nf)*ll) cp=0
scalar ti=1
vector((nf+1)*ll+nf*nf*ll) raic=0
vector((nf+1)*ll+nf*nf*ll) rsc=0
seterrcount 0
while @errorcount=0
        call DefineY(nf, ll)
        call DFiml(X, sbgn, send)
        if @errorcount<>0 or @left(fiml(8, 1), 7)="WARNING" then
            seterrcount 0
            ll=ll-1
        else
            exitloop
        endif
wend
scalar tn=0
    for !i=1 to nf
        tn=tn+zi{!i}
    next !i
    cp=0
    for !i=1 to tn
        cp(!i)=fiml(10+!i, 5)
    next !i
raic(ti)=@val(fiml(14+tn, 2))
rsc(ti)=@val(fiml(12+tn, 5))
string sl=""
while sl=""
    ll=ll-1
    call DefineY(nf, ll)
    call DFiml(X, sbgn, send)
    scalar tn=0
    for !i=1 to nf
        tn=tn+zi{!i}
    next !i
```

```
cp=0
for !i=1 to tn
    cp(!i)=fiml(10+!i, 5)
next !i
ti=ti+1
raic(ti)=@val(fiml(14+tn, 2))
rsc(ti)=@val(fiml(12+tn, 5))
    if raic(ti)>raic(ti-1) or rsc(ti)>rsc(ti-1) then
    ll=ll+1
    call DefineY(nf, ll)
    call DFiml(X, sbgn, send)
    scalar tn=0
    for !i=1 to nf
        tn=tn+zi{!i}
    next !i
    cp=0
    for !i=1 to tn
        cp(!i)=fiml(10+!i, 5)
    next !i
    ti=ti+1
    raic(ti)=@val(fiml(14+tn, 2))
    rsc(ti)=@val(fiml(12+tn, 5))
    sl="N"
    endif
wend
while @max(cp)>=0.05
    for !i=1 to nf
        scalar rzi{!i}=zi{!i}
        for !j=1 to zi{!i}
            rrZ{!i}(!j)=Z{!i}(!j)
        next !j
    next !i
    call RDefineY(nf,cp)
    call DFiml(X, sbgn, send)
    tn=0
    for !i=1 to nf
        tn=tn+zi{!i}
    next !i
    cp=0
    for !i=1 to tn
        cp(!i)=fiml(10+!i, 5)
```

```
        next !i
        ti=ti+1
        raic(ti)=@val(fiml(14+tn, 2))
        rsc(ti)=@val(fiml(12+tn, 5))
        if raic(ti)>raic(1) and rsc(ti)>rsc(1) then
            for !i=1 to nf
                scalar zi{!i}=rzi{!i}
                for !j=1 to zi{!i}
                    Z{!i}{!j}=rrZ{!i}{!j}
                next !j
            next !i
            call DFiml(X, sbgn, send)
            exitloop
        endif
    wend
    call VarForecast(sbgn, send, fbgn, fend)
    delete regressor*
    delete zi* rzi* tn ti cc
    delete rr*
    delete myfiml
    delete cp
    delete nobs
    delete *_0
    vector(12*(1+nf)) pval=0
    series x=mg
    smpl @all
    call QDefineY(nf, 12)
    call QDequation(sbgn, send)
    while @max(pval)>0.05
        call QRDefineY(nf, pval)
        vector(yi) pval=0
        call QDequation(sbgn, send)
    wend
    smpl {fbgn} {fend}
    eq_x.forecast mg_0 mg_se
```

二 Quarterly 动态因子模型主程序

（本程序用于采用混合数据滤出动态因子并对季度数据进行预测）

```
include pp
include nfactors
include princomp_sub
include ols_sub
include statespace_sub
include r2adj_sub
include estimateQsub
include EstimateQinQsub
include QVarForecast
'*********************************先期准备********************************
'*     1、从数据库筛选与拟预测序列高度相关的原始数据                          *
'*     2、整理原始数据，为消除季节波动影响并获取平稳序列，取年增长率并将其放入新的页面  *
'*     3、新页面中的第一行为变量名，依次命名为qg、qgs1、qgs2、……、qgsn         *
'*     4、新页面中的第一列格式取YYYYMM                                      *
'*     5、待预测序列放在第二列，变量名为qg                                   *
'*     6、将Excel表中的数据读入Eviews                                      *
'*     7、运行本程序前请为========================================前的各项参数赋值 *
'*     8、程序运行结束后可根据quarterlydata页中的eq_x中的相关内容进入PcGive做fan chart *
'*********************************************************************
'序列总数
scalar tp=25
'样本区间
string sbgn="2001M01"
string send="2015M11"
'状态方程中的最大滞后阶数，小于等于3
scalar maxlag=3
'因子预测区间
string fbgn="2015M12"
string fend="2016M12"
'季度数据对应区间
string qsbgn="2001Q1"
string qsend="2015Q3"
string qfbgn="2015Q4"
string qfend="2016Q4"
'设定最大因子个数
scalar mfactor=5
'设定入选序列与待预测序列间的最小相关系数
scalar mincov=0.15
'区分待预测变量为GDP或CPI
string datatype="GDP"
'====================================================================
smpl {sbgn} {send}
series x=qg
for !i=1 to tp
     series x{!i}=qgs{!i}
next !i
```

```
if datatype="CPI" then
        for !i=1 to tp
                x{!i}=@recode(x{!i}<>na, x{!i}, x{!i}(+1))
                x{!i}=@recode(x{!i}<>na, x{!i}, x{!i}(+1))
        next !i
endif
scalar p=0
call pp(sbgn, send, tp, p, mincov)
scalar nf
call nfactors(mfactor, t, n, p, sbgn, send, nf, 0.85)
scalar arlags=0
vector(3) aicn
for !l=1 to maxlag
    if @lasterrstr="" then
        arlags=arlags+1
        call princomp_sub(nf, n, sbgn, send)
        call ols_sub(nf, p, arlags,sbgn, send)
        call statespace_sub(nf, p, arlags,sbgn, send)
        aicn(arlags)=yspace.@aic
        delete yspace
    else
        arlags=arlags-1
    endif
next !l
if arlags>=1 then
    for !l=1 to arlags
        if aicn(!l)=@min(aicn) then
            arlags=!l
            exitloop
        endif
    next !l
    call princomp_sub(nf, n, sbgn, send)
    call ols_sub(nf, p, arlags,sbgn, send)
    call statespace_sub(nf, p, arlags,sbgn, send)
    call r2adj_sub(nf, p, arlags,sbgn, send)
        delete eq* b_*
        delete princomp
        delete cc p t
        delete aicn
        delete pc*
        delete yspace
        delete signalE stateE
else
    arlags=0
    @uiprompt("有效样本过小，请去除过短的序列后重新运行！")
    show nobs
```

```
        show namexw
endif
scalar ll=12
for !i=1 to nf
    svector(nf*ll) rrZ{!i}=""
next !i
vector((nf*nf)*ll) cp=0
scalar ti=1
vector(nf*nf*ll) raic=0
vector(nf*nf*ll) rsc=0
seterrcount 0
while @errorcount=0
        call DefineY(nf, ll)
        call DFiml(X, sbgn, send)
        if @errorcount<>0 or @left(fiml(8, 1), 7)="WARNING" then
            seterrcount 0
            ll=ll-1
        else
            exitloop
        endif
wend
scalar tn=0
    for !i=1 to nf
        tn=tn+zi{!i}
    next !i
    cp=0
    for !i=1 to tn
        cp(!i)=fiml(10+!i, 5)
    next !i
raic(ti)=@val(fiml(14+tn, 2))
rsc(ti)=@val(fiml(12+tn, 5))
string sl=""
while sl=""
    ll=ll-1
        call DefineY(nf, ll)
        call DFiml(X, sbgn, send)
        scalar tn=0
    for !i=1 to nf
        tn=tn+zi{!i}
    next !i
    cp=0
    for !i=1 to tn
        cp(!i)=fiml(10+!i, 5)
    next !i
    ti=ti+1
    raic(ti)=@val(fiml(14+tn, 2))
```

```
    rsc(ti)=@val(fiml(12+tn, 5))
    if raic(ti)>raic(ti-1) or rsc(ti)>rsc(ti-1) then
        ll=ll+1
        call DefineY(nf, ll)
        call DFiml(X, sbgn, send)
        scalar tn=0
        for !i=1 to nf
            tn=tn+zi{!i}
        next !i
        cp=0
        for !i=1 to tn
            cp(!i)=fiml(10+!i, 5)
        next !i
        ti=ti+1
        raic(ti)=@val(fiml(14+tn, 2))
        rsc(ti)=@val(fiml(12+tn, 5))
        sl="N"
    endif
wend
while @max(cp)>=0.05
    for !i=1 to nf
        scalar rzi{!i}=zi{!i}
        for !j=1 to zi{!i}
            rrZ{!i}(!j)=Z{!i}(!j)
        next !j
    next !i
    call RDefineY(nf,cp)
    call DFiml(X, sbgn, send)
    tn=0
    for !i=1 to nf
        tn=tn+zi{!i}
    next !i
    cp=0
    for !i=1 to tn
        cp(!i)=fiml(10+!i, 5)
    next !i
    ti=ti+1
    raic(ti)=@val(fiml(14+tn, 2))
    rsc(ti)=@val(fiml(12+tn, 5))
    if raic(ti)>raic(1) and rsc(ti)>rsc(1) then
        for !i=1 to nf
            scalar zi{!i}=rzi{!i}
            for !j=1 to zi{!i}
                Z{!i}(!j)=rrZ{!i}(!j)
            next !j
        next !i
```

```
            call DFiml(X, sbgn, send)
            exitloop
    endif
wend
call VarForecast(sbgn, send, fbgn, fend)
smpl @all
delete regressor*
delete zi* rzi* tn ti cc
delete rr*
delete myfiml
delete cp
delete nobs
delete Varf
delete x*
delete sl
delete cf
string myname=@pagename
pagerename {myname} monthlydata
delete myname
pagecreate(page=quarterlydata) Q
copy monthlydata\qsbgn qsbgn
copy monthlydata\qsend qsend
copy monthlydata\qfbgn qfbgn
copy monthlydata\qfend qfend
copy monthlydata\nf nf
link qg linkto(c=l) monthlydata\qg
for !i=1 to nf
link f{!i}.linkto(c=l) monthlydata\f{!i}
next !i
vector(4*(1+nf)) pval=0
series x=qg
smpl @all
call QDefineY(nf,4)
call QDequation(qsbgn, qsend)
while @max(pval)>0.05
            call QRDefineY(nf, pval)
            vector(yi) pval=0
            call QDequation(qsbgn, qsend)
wend
smpl {qfbgn} {qfend}
eq_x.forecast qg_0 qg_se
delete yi cc
delete pval
delete regressory
```

三、独立存放的 Eviews 文件

1. 文件 pp（整理数据）

```
subroutine pp(string %sbgn, string %send, scalar !tp,scalar !p, scalar !mincov)
    svector(!tp) namexw=""
    vector(!tp) nobs=0
    smpl %sbgn %send
    for !i=1 to !tp
        series w{!i}=(x{!i}-@mean(x{!i}))/@stdev(x{!i})
    next !i
    series fw=(x-@mean(x))/@stdev(x)
    for !i=1 to !tp
        if @abs(@cov(fw, w{!i}))> !mincov then
            !p=!p+1
            namexw(!p)="s"+@str(!i)
            nobs(!p)=@obs(w{!i})
            x{!p}=w{!i}
        endif
    next !i
    if !tp>!p then
            for !i=!p+1 to !tp
                delete x{!i}
            next !i
    endif
    delete fw
    for !i=1 to !p
        w{!i}=x{!i}
    next !i
    for !i=!p to 2 step -1
        for !j=1 to !i
            if @obs(w{!j})<@obs(w{!i}) then
                    series tempw=w{!j}
                    w{!j}=w{!i}
                    w{!i}=tempw
                    string tempnamexw=namexw(!j)
                    namexw(!j)=namexw(!i)
                    namexw(!i)=tempnamexw
                    scalar tempobs=nobs(!j)
                    nobs(!j)=nobs(!i)
                    nobs(!i)=tempobs
            endif
        next !j
    next !i
    for !i=1 to !p
        x{!i}=w{!i}
    next !i
```

```
        scalar n=0
        scalar t=@max(nobs)
        for !li=1 to !p
                if t=nobs(!li) then
                        n=n+1
                endif
        next    !li
        delete temp*
        delete w*
endsub
```

2. 文件 nfactors（确定因子个数）

```
subroutine nfactors(scalar !mfactor, scalar !t,scalar    !n, scalar !p, string %sbgn, string %send,
scalar !nfactors, scalar cp)
        if !n <= !t then
                !min_nt = !n
        else
                !min_nt = !t
        endif
        smpl %sbgn %send
        group gvars_bn x1
        for !li = 2 to !n
                gvars_bn.add x{!li}
        next
        %pc_bn = ""
        for !li = 1 to !mfactor
                %i = @str(!li)
                %pc_bn = %pc_bn + "pc" + %i + "_bn "
        next !li
        freeze(mode=overwrite, princomp) gvars_bn.pcomp(cov=corr) {%pc_bn}
        !li=0
        while princomp(13+!li, 6)<cp
          !li=!li+1
        wend
        !npc=@val(princomp(13+!li,1))
        if !mfactor>!npc    then
                !nfactors=!npc
        else
                !nfactors=!mfactor
        endif
        delete princomp
endsub
```

3．文件 princomp_sub（主成分分析）

```
subroutine princomp_sub(scalar !nf, scalar !n, string %sbgn, string %send)
    smpl %sbgn %send
    group gvars x1
    for !i = 2 to !n
        gvars.add x{!i}
    next
    %pc = ""
    for !i = 1 to !nf
        %pc = %pc + "pc" +   @str(!i) + " "
    next !i
    freeze(mode=overwrite, princomp) gvars.pcomp(cov=corr) {%pc}
    delete gvars
endsub
```

4．文件 ols_sub（最小二乘法）

```
subroutine ols_sub(scalar !nf, scalar !p, scalar !arlags,string %sbgn, string %send)
    smpl %sbgn %send
    %pc = ""
    for !i = 1 to !nf
        %pc = %pc + "pc" +@str(!i) + " "
    next !i
    for !j = 1 to !p
        equation eq_x{!j}.ls x{!j} {%pc}
        coef b_x{!j} = eq_x{!j}.@coefs
    next !j
    if !arlags=1 then
        for !k = 1 to !nf
            equation eq_pc{!k}.ls pc{!k} pc{!k}(-1)
            coef b_pc{!k}=eq_pc{!k}.@coefs
        next !k
    else
    if !arlags=2 then
        for !k = 1 to !nf
            genr pc{!k}2=pc{!k}(-1)
            equation eq_pc{!k}.ls pc{!k} pc{!k}(-1) pc{!k}2(-1)
            coef b_pc{!k} = eq_pc{!k}.@coefs
        next !k
    else
    if !arlags=3 then
        for !k = 1 to !nf
            genr pc{!k}2=pc{!k}(-1)
            genr pc{!k}3=pc{!k}2(-1)
            equation eq_pc{!k}.ls pc{!k} pc{!k}(-1) pc{!k}2(-1) pc{!k}3(-1)
```

```
            coef b_pc{!k} = eq_pc{!k}.@coefs
        next !k
    endif
    endif
    endif
endsub
```

5．文件 statespace_sub（滤出动态因子）

```
subroutine statespace_sub(scalar !nf, scalar !p, scalar !arlags,string %sbgn, string %send)
    smpl %sbgn %send
    sspace yspace
    string signalE=""
    for !i=1 to !nf
        signalE=signalE+ "b_x!k("+@str(!i)+")*pc"+@str(!i)+"+"
    next !i
    signalE=signalE+"[var=1]"
        for !k = 1 to !p
                yspace.append x{!k} ={signalE}
        next !k
    string stateE=""
    for !i=1 to !arlags
        if !i=1 then
            stateE=stateE+"b_pc!k("+@str(!i)+")*pc!k(-1)+"
        else
            stateE=stateE+"b_pc!k("+@str(!i)+")*pc!k"+@str(!i)+"(-1)+"
        endif
    next !i
    stateE=stateE+"[var=1]"
      for !k = 1 to !nf
            yspace.append @state pc{!k} = {stateE}
            if   !arlags=2 then
                yspace.append @state pc{!k}2=pc{!k}(-1)
            endif
            if !arlags=3 then
                yspace.append @state pc{!k}2=pc{!k}(-1)
                yspace.append @state pc{!k}3=pc{!k}2(-1)
            endif
      next !k
    scalar cc = 0.05
    yspace.ml(m=40, c=cc)
    yspace.makestates(t=filt) *f
endsub
```

6．文件 r2adj_sub（计算因子载荷）

```
subroutine r2adj_sub(scalar !nf, scalar !p, scalar !arlags,string %sbgn, string %send)
    if !arlags=1 then
        %pc_r2 = ""
        for !i = 1 to !nf
            %i = @str(!i)
            series f{%i}=pc{%i}f
            %pc_r2 = %pc_r2 + "pc" + %i + "f(-1) "
        next !i
    else
        %pc_r2 = ""
        for !i = 1 to !nf
            %i = @str(!i)
            %arlags=@str(!arlags)
            series f{%i}=pc{%i}{%arlags}f
            %pc_r2 = %pc_r2 + "pc" + %i+%arlags + "f(-1) "
        next !i
    endif
    vector(!p) r2adj
    matrix (!p, !nf) fl
    for !j = 1 to !p
        equation eq_x{!j}.ls x{!j} {%pc_r2}
        scalar r2adj_x{!j} = eq_x{!j}.@rbar2
        r2adj(!j) = r2adj_x{!j}
        delete r2adj_x{!j}
        for !i=1 to !nf
            fl(!j,!i)=c(!i)
        next !i
    next !j
endsub
```

7．文件 estimateQsub（单方程 LSE 约化）

```
subroutine DefineY(scalar nf, scalar ll)
        for !i=1 to nf
            svector(nf*ll) Z{!i}=""
            scalar zi{!i}=0
        next !i
        for !k=1 to nf
            for !i=1 to nf
                for !j=1 to ll
                    zi{!k}=zi{!k}+1
                    Z{!k}(zi{!k})="f"+@str(!i)+"(-"+@str(!j)+")"
                next !j
            next !i
```

```
        next !k
endsub
subroutine   DFiml(series X, string %sbgn, string %send)
    system MyFiml
    scalar cc=0
    for !i=1 to nf
        cc=cc+1
        string regressorZ{!i}="c("+@str(cc)+")*"+Z{!i}(1)
        for !j=2 to zi{!i}
            cc=cc+1
            regressorZ{!i}=regressorZ{!i}+"+c("+@str(cc)+")*"+Z{!i}(!j)
        next !j
    next !i
    smpl %sbgn %send
    for !i=1 to nf
        MyFiml.append f{!i}={regressorZ{!i}}
    next !i
    c=0
    freeze(mode=overwrite, fiml) MyFiml.fiml(i) table=fiml
endsub
subroutine RDefineY(scalar nf,vector cp)
            cc=0
            for !k=1 to nf
                for !i=cc+1 to cc+zi{!k}
                    if cp(!i)-@max(cp) then
                        for !j=!i to cc+zi{!k}-1
                            Z{!k}(!j-cc)=Z{!k}(!j-cc+1)
                        next !j
                        Z{!k}(zi{!k})=""
                        zi{!k}=zi{!k}-1
                        return
                    endif
                next !i
                cc=cc+zi{!k}
            next !k
endsub
```

8. 文件 estimateQinQsub（单方程 LSE 约化）

```
subroutine QDefineY(scalar nf, scalar ll)
        svector((nf+1)*ll) Y=""
        scalar yi=0
        for !j=1 to ll
            yi=yi+1
            Y(yi)="x(-"+@str(yi)+")"
```

```
            next !j
        for   !i=1 to nf
                for !j=1 to ll
                        yi=yi+1
                        Y(yi)="f"+@str(!i)+"(-"+@str(!j)+")"
                    next !j
            next !i
endsub
subroutine   QDequation(string %qsbgn, string %qsend)
        scalar cc=1
        string regressorY=""
        string regressorY=regressorY+" "+Y(cc)
        for !j=2 to yi
            cc=cc+1
            regressorY=regressorY+" "+Y(!j)
        next !j
        smpl %qsbgn %qsend
        equation eq_x.ls x {regressorY}
        for !i=1 to yi
            pval(!i)=eq_x.@pval(!i)
        next !i
endsub
subroutine QRDefineY(scalar nf,vector pval)
                for !i=1 to yi
                    if pval(!i)=@max(pval) then
                        pval(!i)=0
                        for !j=!i to yi-1
                            Y(!j)=Y(!j+1)
                        next !j
                        Y(yi)=""
                        yi=yi-1
                        return
                    endif
                next !i
endsub


9. 文件QvarForecast（预测）
subroutine VarForecast(string %sbgn, string %send, string %fbgn, string %fend)
        scalar cc=0
        for !i=1 to nf
            cc=cc+zi{!i}
        next !i
        vector(cc) cf
        for !i=1 to cc
```

```
        cf(!i)=c(!i)
    next !i
    smpl %sbgn %send
    scalar cc=0
    for !i=1 to nf
        string regressorZ{!i}=""
            for !j=1 to zi{!i}-1
            cc=cc+1
              regressorZ{!i}= regressorZ{!i}+"cf("+@str(cc)+")*"+Z{!i}(!j)+"+ "
        next !j
            cc=cc+1
            regressorZ{!i}= regressorZ{!i}+"cf("+@str(cc)+")*"+Z{!i}(!j)
    next !i
    model varF
    for !i=1 to nf
            varF.append   f{!i}={regressorZ{!i}}
    next !i
    expand %sbgn %fend
    smpl %fbgn %fend
    varF.solveopt(d=d, s=s, c=0.001)
    varF.solve
    smpl %fbgn %fend
    for !i=1 to nf
        f{!i}=f{!i}_0m
    next !i
    smpl @all
    delete *_0?
endsub
```

参考文献

Allen, P. G. and B. J. Morzuch. 2006. "Twenty – five Years of Progress, Problems, and Conflicting Evidence in Econometric Forecasting. What about Next 25 years?". *International Journal of Forecasting* 22 (3): 475 – 492.

Bai, J. and S. Ng. 2002. "Determining the Number of Factors in Approximate Factor Models". *Econometrica* 70 (1): 191 – 221.

Diebold, F. X. 1998. "The Past, Present and Future of Macroeconomic Forecasting". *Journal of Economic Perspectives* 12 (2): 175 – 192.

Faust, J., and J. H. Wright. 2013. "Forecasting Inflation". in *Handbook of economic forecasting* (*Volume 2A*), G. Elliott and A. Timmermann (eds), North – Holland.

Geweke, J. 1977. "The Dynamic Factor Analysis of Economic Time Series". In *Latent Variables in Socio – Economic Models*, D. J. Aigner and A. S. Goldberger (eds), Amsterdam: North – Holland.

Giannone, D., L. Reichlin, and D. Small. 2008. "Nowcasting: The Real – Time Informational Content of Macroeconomic Data". *Journal of Monetary Economics* 55: 665 – 676.

Hendry, David F. 2001. *Dynamic Econometrics*. Oxford University Press.

Klein, L. R. , and A. S. Goldberger. 1955. *An Econometric Model of the United States, 1929 – 1952*. North – Holland Pub. Co.

Maddala, G. S. and In – Moo Kim. 1998. *Unit Roots Cointegration and Structural Change*. Cambridge University Press.

Onatski, A. 2010. "Determining the Number of Factors from Empirical Distribution of Eigenvalues". *The Review of Economics and Statistics* 92 (4): 1004 – 1016.

Pagan, A. 2003. "Report on Modeling and Forecasting at the Bank of England, Bank of England", http: //www. bankofengland. co. uk/ publications/news/2003/paganreport. pdf.

Qin, D. , and X. He. 2012. "Modelling the Impact of Aggregate Financial Shocks External to the Chinese Economy". *Bofit Discussion Papers* 25.

Sargent, T. J. , and C. A. Sims. 1977. "Businesscycle Modeling Without Pretending to have too Much a – Priori Economic Theory". In *New Methods in Business Cycle Research*, C. A. Sims (eds), Minneapolis: Federal Reserve Bank of Minneapolis.

Stock, J. H. , and M. W. Watson. 2002. "Forecasting Using Principal Components from a Large Number of Predictors". *Journal of the American Statistical Association* 97: 1167 – 1179.

Stock, J. H. , and M. W. Watson. 2011. "Dynamic Factor Models". in *The Oxford Handbook of Economic Forecasting*, M. P. Clements and D. F. Hendry (eds). Oxford University Press.

D. F. 韩德瑞、秦朵, 1998,《动态计量经济学》, 上海人民出版社。

大卫·亨德里、尼尔·埃里克松, 2003,《理解经济预测》, 雷薇、张晓艳、钱莹译，中信出版社。

高铁梅，2009，《计量经济分析方法与建模》，清华大学出版社。

何新华、吴海英、曹永福、刘睿，2005，《中国宏观经济季度模型 China_QEM》，社会科学文献出版社。

何新华，2014，《当前应用经济学论文中存在的一些基础问题》，载 《世界经济》第 1 期。

何新华，2010，《关于中国国民经济核算数据的一点思考》，载何新 华、刘仕国等著《世界经济解读：2010——危机、对策与效 果》，中国财政经济出版社。

何新华，2007，《宏观应用计量经济学现状及发展趋势》，载李向阳 主编《世界经济前沿问题》，社会科学文献出版社。

何新华，2006，《中国价格指数间的关系研究》，《世界经济》第 4 期。

后　记

　　本研究项目的申请书由我独自完成，本拟由我和吴海英、曹永福、朱一平、王旭五人组成项目组。2011 年本项目获得国家自然科学基金立项。由于朱一平未能如期调入我所在的中国社会科学院世界经济与政治研究所，因此在项目计划书中将朱一平调整为刘仕国。2012 年下半年起，我的眼睛感觉极度不适，已难以从事项目研究工作。后经多方检查确诊为患脑垂体瘤，并于北京天坛医院实施手术。长达数月的术后恢复，使我不得不暂停了项目研究工作。适逢我所在的中国社会科学院进行科研体制改革，原项目组成员刘仕国、吴海英、曹永福全部被纳入"创新工程"，承担了新的科研工作，已无精力承担本项目的相关研究。王旭也于 2013 年取得博士学位后到山东烟台工作。在我独自一人承担本项目研究工作一年之后，2015 年我邀请北京师范大学的刘一萌等 3 人加入了本项目的研究工作，保证了本项目的顺利开展。鉴于当前我的身体状况已不再适合开展科研工作，经所在单位批准，我于 2017 年初办理了退休手续。

　　过去几年的动态因子模型建模实践表明，采用动态因子模型对宏观经济指标进行短期预测是可行的，其预测结果有较高的精度，对开展宏观经济分析具有较高的参考价值。采用附录五中给出的 Eviews

程序，对任何一个国家（地区）的经济指标进行预测，均可在几分钟内完成。为了能惠及更多的宏观经济模型建设者，我决定通过本书把相关动态因子模型建设资料和全部 Eviews 程序代码公之于众，也算为我的经济学研究职业生涯画上一个圆满的句号。

何新华

2017 年 5 月于北京

图书在版编目（CIP）数据

动态因子模型：理论与 G20 经济体建模实践 / 何新
华著 . -- 北京：社会科学文献出版社，2017.10
ISBN 978 - 7 - 5201 - 1330 - 4

Ⅰ.①动⋯　Ⅱ.①何⋯　Ⅲ.①中国经济 – 动态模型 –
经济模型 – 研究　Ⅳ.①F12

中国版本图书馆 CIP 数据核字（2017）第 211668 号

动态因子模型：理论与 G20 经济体建模实践

著　　者／何新华

出 版 人／谢寿光
项目统筹／邓泳红　吴　敏
责任编辑／张　超

出　　版／社会科学文献出版社·皮书出版分社（010）59367127
　　　　　　地址：北京市北三环中路甲 29 号院华龙大厦　邮编：100029
　　　　　　网址：www. ssap. com. cn
发　　行／市场营销中心（010）59367081　　59367018
印　　装／三河市东方印刷有限公司

规　　格／开　本：787mm × 1092mm　1/16
　　　　　　印　张：22.5　字　数：289 千字
版　　次／2017 年 10 月第 1 版　2017 年 10 月第 1 次印刷
书　　号／ISBN 978 - 7 - 5201 - 1330 - 4
定　　价／89.00 元